体育院校通用教材

运动生理学习题集

（第3版）

汪军 周越 主编

人民体育出版社

图书在版编目（CIP）数据

运动生理学习题集 / 汪军，周越主编. -- 3 版. -- 北京：人民体育出版社，2024
体育院校通用教材
ISBN 978-7-5009-6466-7

Ⅰ.①运… Ⅱ.①汪… ②周… Ⅲ.①运动生理学—高等学校—习题集 Ⅳ.①G804.2-44

中国国家版本馆 CIP 数据核字（2024）第 110509 号

*

人 民 体 育 出 版 社 出 版 发 行
天津中印联印务有限公司印刷
新 华 书 店 经 销

*

787×1092 16 开本 15.75 印张 352 千字
2005 年 11 月第 1 版 2024 年 10 月第 3 版
2024 年 10 月第 3 版第 1 次印刷（总第 22 次印刷）
印数：1—5,000 册

*

ISBN 978-7-5009-6466-7
定价：52.00 元

社址：北京市东城区体育馆路 8 号（天坛公园东门）
电话：67151482（发行部） 邮编：100061
传真：67151483 邮购：67118491
网址：www.psphpress.com

（购买本社图书，如遇有缺损页可与邮购部联系）

编写组

顾　　问	王瑞元	教　授	北京体育大学
主　　编	汪　军	教　授	北京体育大学
	周　越	教　授	北京体育大学
副 主 编	李良鸣	教　授	广州体育学院
	张日辉	教　授	沈阳体育学院

编写成员（以姓氏笔画为序）

于　亮	教　授	北京体育大学
许寿生	教　授	北京体育大学
孙君志	教　授	成都体育学院
李　岩	副教授	北京体育大学
李良鸣	教　授	广州体育学院
吴　迎	副教授	北京体育大学
汪　军	教　授	北京体育大学
张日辉	教　授	沈阳体育学院
周　越	教　授	北京体育大学
孟思进	教　授	武汉体育学院
赵　丽	教　授	北京体育大学
曹振波	教　授	上海体育大学

前言

　　《运动生理学习题集》自2005年首次出版至今已有二十余年，是全国体育院校通用教材《运动生理学》的配套用书，也是一本独立的学习参考书。

　　《运动生理学习题集》（第3版）在前两版内容的基础上，根据最新版教材《运动生理学》（第6版）的教学要求，强调了基础理论知识的训练及巩固，兼顾了运动生理学在实践中的运用，并结合一线教师多年的教学经验，针对运动生理学的重点、难点精心编写而成。本习题集的二十二章分别与《运动生理学》（第6版）中各章对应，尽可能做到与教材每章内容密切相关，重点突出、覆盖面广，能够很好地指导学生学习。

　　本习题集共有名词解释、单选题、多选题、判断题、思考题和实践应用题六种题型。在老版习题集的基础上，增加实践应用题的题量，强调运动生理学原理的应用，并力求题材广泛、内容新颖，使习题更加灵活、更具实用性。每章习题后均附有参考答案，学生可在做完习题后，自行对照检测。

　　本习题集是在北京体育大学运动生理学教研室王瑞元教授的指导下，由汪军和周越两位教授主持，组织《运动生理学》（第6版）教材编写组部分作者编写的，具体分工如下：第一章和第二章由周越编写，第三章和第十一章由孟思进编写，第四章由孙君志编写，第五章由李岩编写，第六章和第十八章由曹振波编写，第七章、第二十章和第二十二章由许寿生编写，第八章和第九章由张日辉编写，第十章和第二十一章由赵丽编写，第十二章和第十九章由于亮编写，第十三章和第十七章由汪军编写，第十四章和第十五章由李良鸣编写，第十六章由吴迎编写。此外，部分研究生参与了本习题集的初稿审稿、试答和排版等工作，包括何海军、曾书浓、齐博钊、田浩楠、臧峰、杜伟、李金娟、王子怡、彭杨璐琳、李超翔、罗志炫、潘颖、周旭、张锋等人，在此一并表示感谢！

　　本习题集主要适用于全国高校体育相关专业本科生，如高等体育院校、师范类院校和综合性大学等的体育教育、运动训练、民族传统体育、社会体育、运动人体科学等专业本科学生学习,也可作为相关专业硕士、博士研究生招生考试的参考书。

  由于编写时间仓促,水平有限,问题和错误在所难免,希望大家在使用本书的过程中,发现问题并提出改进意见,不足之处也敬请读者批评指正。

编写组
2024 年 3 月于北京

目 录 CONTENTS

第一章　绪　论 ······ 001

习题部分 ······ 001
参考答案 ······ 003

第二章　运动与骨骼肌 ······ 008

习题部分 ······ 008
参考答案 ······ 012

第三章　运动与血液 ······ 018

习题部分 ······ 018
参考答案 ······ 022

第四章　运动与循环机能 ······ 026

习题部分 ······ 026

参考答案 ··· 033

第五章　运动与呼吸 ·· 046

习题部分 ··· 046
参考答案 ··· 050

第六章　运动与物质能量代谢 ·· 056

习题部分 ··· 056
参考答案 ··· 060

第七章　运动与肾脏 ·· 068

习题部分 ··· 068
参考答案 ··· 071

第八章　运动与感觉 ·· 077

习题部分 ··· 077
参考答案 ··· 082

第九章　运动与神经系统 ·· 091

习题部分 ··· 091
参考答案 ··· 097

第十章　运动与内分泌 ·· 106

习题部分 ··· 106
参考答案 ··· 109

第十一章 运动与免疫 ... 115

习题部分 ... 115
参考答案 ... 117

第十二章 运动技能学习与控制 ... 123

习题部分 ... 123
参考答案 ... 127

第十三章 有氧、无氧工作能力 ... 136

习题部分 ... 136
参考答案 ... 141

第十四章 身体素质 ... 147

习题部分 ... 147
参考答案 ... 151

第十五章 运动过程中人体机能变化规律 ... 156

习题部分 ... 156
参考答案 ... 161

第十六章 特殊环境与运动 ... 165

习题部分 ... 165
参考答案 ... 169

第十七章　运动机能的生理学评定 175

　　习题部分 175
　　参考答案 180

第十八章　运动与代谢综合征 190

　　习题部分 190
　　参考答案 195

第十九章　儿童少年生长发育与体育运动 204

　　习题部分 204
　　参考答案 207

第二十章　女性与体育运动 215

　　习题部分 215
　　参考答案 218

第二十一章　衰老与运动 223

　　习题部分 223
　　参考答案 227

第二十二章　运动健身的生理学基础 232

　　习题部分 232
　　参考答案 235

第一章 绪 论

习题部分

一、名词解释

1. 运动生理学
2. 新陈代谢
3. 兴奋性
4. 应激性
5. 适应性
6. 内环境
7. 稳态
8. 神经调节
9. 体液调节
10. 自身调节
11. 生物节律
12. 反馈控制系统
13. 前馈

二、单选题

1. 用心率遥测仪测定运动员训练时的心率变化,就是典型的（　　）。
   A. 实验室测试法　　B. 运动现场测试法　　C. 慢性实验测试法　　D. 急性实验测试法
2. 对整体、器官和系统水平的研究属于（　　）。
   A. 宏观研究　　B. 微观研究　　C. 动物实验法　　D. 人体实验法
3. 可兴奋组织由相对静止状态转变为活动状态,或是兴奋性由弱变强,这种活动是（　　）。
   A. 极化状态　　B. 静息电位　　C. 兴奋活动　　D. 抑制活动
4. 在一定范围内,肌肉的初长度增加时收缩力量会相应增加,而肌肉的初长度缩短时收缩力量就减小。这属于肌肉的（　　）。
   A. 神经调节　　B. 体液调节　　C. 自身调节　　D. 生物节律

5. 能引起可兴奋组织兴奋的各种环境变化称为（　　）。
   A. 兴奋　　　　B. 抑制　　　　C. 应激　　　　D. 刺激
6. （　　）等组织不属于可兴奋组织，受到刺激后不能产生兴奋，但可引起细胞代谢改变。
   A. 上皮　　　　B. 神经　　　　C. 肌肉　　　　D. 腺体
7. 长期居住在高原地区的居民，其血液中的红细胞数量远远超过长期居住在平原地区的居民。这是（　　）的表现。
   A. 新陈代谢　　B. 兴奋性　　　C. 应激性　　　D. 适应性
8. 人体在维持正常体温、血压、心率和某些激素水平等的过程中，（　　）发挥着重要作用。
   A. 正反馈调节　B. 负反馈调节　C. 前馈调节　　D. 生物节律

三、多选题

1. 生物体的生命现象主要表现为以下基本特征，即（　　）和生殖。
   A. 新陈代谢　　B. 兴奋性　　　C. 应激性　　　D. 适应性
2. （　　）等组织受刺激后，能迅速地产生可传布的动作电位，即发生兴奋，这些组织被称为可兴奋组织。
   A. 骨骼　　　　B. 神经　　　　C. 肌肉　　　　D. 腺体
3. 生物节律可按发生的频率高低分为（　　）。
   A. 周期节律　　B. 近似昼夜节律　C. 亚日节律　　D. 超日节律
4. 体液调节的特点是（　　）。
   A. 缓慢　　　　B. 精确　　　　C. 持久　　　　D. 弥散
5. 正反馈往往是不可逆的，是不断增强的调控过程，直到整个生理过程结束。如（　　）均属于正反馈调控过程。
   A. 排尿反射　　B. 分娩过程　　C. 血液凝固　　D. 血糖的调节
6. 下列与内环境相对稳定性有关说法正确的是（　　）。
   A. 人体内环境中的各种理化因素经常在一定的生理范围内变动
   B. 内环境的相对稳定是细胞正常新陈代谢的保证
   C. 内环境相对稳定性不能被机体调节因素调节
   D. 内环境相对稳定性被严重破坏可引起疾病

四、判断题

1. 动物实验是进行生理学和运动生理学研究时不可缺少的手段，但是应用动物实验得到

结论时，应充分考虑人和动物的差异，不可简单地生搬硬套。（　　）
2. 运动生理学的各种理论和观点绝大部分是从理论推导获得的。（　　）
3. 神经调节具有反应快、准确、作用时间长的特点。（　　）
4. 可兴奋组织感受刺激产生兴奋能力的高低反映了该组织兴奋性的高低。（　　）
5. 具有兴奋性的组织必然具有应激性，而非可兴奋组织只有应激性没有兴奋性。（　　）
6. 负反馈是可逆的，是维持人体生理机能活动经常处于稳态的重要调节机制。（　　）
7. 非自动控制系统是一个闭环系统，在体内非自动控制系统的活动较少。反馈控制系统是一个开环系统，具有自动控制能力。（　　）
8. 被调节的细胞或组织称为靶细胞或靶组织。（　　）
9. 机体内环境的生理因素不发生变化，处于绝对稳定状态。（　　）

五、思考题

1. 运动生理学的任务是什么？
2. 运动生理学研究的基本方法有哪些？
3. 运动生理学的研究现状如何？
4. 生理机能的调节有哪些？
5. 人体生理机能调节的控制系统有哪些？

六、实践应用题

1. 根据运动生理学的学科任务，你认为学习运动生理学应具备什么样的基础知识？应如何学好运动生理学？
2. 你认为运动生理学主要应用于哪些领域？

参考答案

一、名词解释

1. **运动生理学**：运动生理学是人体生理学的一个分支，是研究人体的运动能力和对运动的反应与适应过程的科学，是体育科学中一门重要的应用基础理论学科。
2. **新陈代谢**：新陈代谢是生物体自我更新的最基本的生命活动过程，包括物质代谢和能量代谢两个方面，也包括同化和异化两个过程。
3. **兴奋性**：在生物体内可兴奋组织具有感受刺激、产生兴奋的特性称为兴奋性。

4. **应激性**：机体或一切活体组织对周围环境变化产生反应的能力或特性称为应激性。

5. **适应性**：生物体长期生存在某一特定的环境中，在客观环境的影响下可以逐渐形成一种与环境相适应的、适合自身生存的反应模式。生物体所具有的这种适应环境变化的能力称为适应性。

6. **内环境**：为了区别整个机体所生存的外环境，将细胞生存的环境——细胞外液称为机体的内环境。

7. **稳态**：细胞生存要求内环境各项理化因素相对稳定。然而，内环境理化性质不是绝对静止不变的，而是各种物质在不断交换、转变中达到相对平衡状态，即动态平衡状态。这种平衡状态称为稳态。

8. **神经调节**：神经调节是指在神经活动的直接参与下所实现的生理机能调节过程，是人体最重要的调节方式。

9. **体液调节**：人体血液和其他体液中的某些化学物质，包括内分泌腺分泌的激素、某些组织细胞产生的化学物质，以及细胞的代谢产物等，可借助血液循环到达全身或某些器官、组织，从而引起某些特殊的生理反应。这种调节过程是通过体液的运输来实现的，因而称为体液调节。

10. **自身调节**：自身调节是指组织、细胞在不依赖于外来神经或体液调节的情况下，自身对刺激发生的适应性反应。

11. **生物节律**：生物体在维持生命活动过程中，除了需要进行神经调节、体液调节和自身调节外，各种生理功能活动会按一定的时间顺序发生周期性变化，这种生理机能活动的周期性变化称为生物的时间结构，或称为生物节律。

12. **反馈控制系统**：在控制系统中，控制部分不断受受控部分的影响，即受控部分不断有反馈信息返回输入给控制部分，并改变它的活动，这种控制系统称为反馈控制系统。

13. **前馈**：在调控系统中，有时干扰信息在作用于受控部分并引起输出效应变化的同时，还可以通过感受装置直接作用于控制部分。这种干扰信息对控制部分的直接作用称为前馈。

二、单选题

1. B   2. A   3. C   4. C   5. D   6. A   7. D   8. B

三、多选题

1. ABCD   2. BCD   3. BCD   4. ACD   5. ABC   6. ABD

四、判断题

1. √ 2. × 3. × 4. √ 5. √ 6. √ 7. × 8. √ 9. ×

五、思考题

1. 运动生理学的任务是什么？

运动生理学的任务是在对人体生命活动规律有了基本认识的基础之上，揭示体育运动对人体机能影响的规律及机理，阐明运动训练、体育教学和运动健身过程中的生理学原理，指导不同年龄、性别和训练程度的人群进行科学的运动锻炼，以达到提高竞技运动水平、增强体质、延缓衰老、提高工作效率和生活质量的目的。运动生理学主要研究一次性运动对人体产生的应激性反应和长时间运动产生的生理性适应。

2. 运动生理学研究的基本方法有哪些？

实验研究法是运动生理学研究的基本方法，运动生理学的各种理论和观点绝大部分是从实验中获得并总结出来的，基本的研究方法包括动物实验法和人体实验法。

（1）动物实验法。动物实验一般分为急性动物实验和慢性动物实验两类。急性动物实验是以完整动物或动物的器官、组织为研究对象，在人工控制的实验环境下，在短时间内对动物某些生理活动进行观察和记录，或对动物的器官、组织进行测试分析的实验。慢性动物实验是在实验动物清醒状态下，以动物整体为实验对象，对动物生理参数和反应等进行长期实验和观测。应用动物实验得到结论时，应充分考虑人和动物之间的差异，不可简单地生搬硬套。

（2）人体实验法。人体实验法分为实验室测试法和运动现场测试法。实验室测试法是指让受试者在实验室按照设计好的运动方案进行运动，利用各种仪器设备测试受试者在运动过程中的各种生理指标变化，观察不同强度和形式的运动对人体某些生理机能的影响。运动现场测试法是指在运动现场直接监测运动员运动前、运动中和运动后恢复过程中某些生理机能的变化，借以了解不同运动项目的生理特点，或不同人群在完成同一运动项目时的生理反应。

3. 运动生理学的研究现状如何？

（1）微观研究不断深入。随着研究的不断深入和研究手段的不断优化，运动生理学研究从宏观水平深入到细胞和分子的微观水平。

（2）宏观研究备受重视。虽然进行细胞、分子水平研究的优点是可直接、客观地研究分析某一生理现象的机制，但是只能得到一些零散的生理生化指标，解释一些孤立的微观生理现象，或揭示一些相互独立的生理机能的成因。因此，在运动生理学研究中，必须在宏观研究的指导下，开展深入的微观研究，然后对微观研究的结果进行综合分析，在整体水平上分析人体的机能变化及其规律。

（3）研究方法日益创新。随着科学技术的发展，许多新仪器、新技术和新研究方法被应用到运动生理学的研究中。

（4）应用研究规模扩大。运动生理学在基础理论研究不断深入的同时，也在把基础理论的研究成果应用到运动训练的实践中，为运动训练实践服务。同时也在积极地加强运动健身的基础理论和应用研究。

（5）学科交叉广泛深入。运动生理学这门年轻的学科从一诞生起就与医学、生物化学、解剖学、遗传学、生物学及其他自然学科有着密切联系，而且这种联系正在日益加强。

4. 生理机能的调节有哪些？

通过体内调控机制，人体内环境得以相对稳定，并实现生物节律的维持和存在。人体各种生理机能的调节均是通过神经调节、体液调节、自身调节和生物节律四种途径实现的。

（1）神经调节。神经调节是指在神经活动的直接参与下实现的生理机能调节过程，是人体最重要的调节方式。神经活动的基本过程是反射。反射活动的结构基础是反射弧。反射弧包括感受器、传入神经纤维、神经中枢、传出神经纤维和效应器五个环节。神经调节具有反应快、准确、作用时间短的特点。

（2）体液调节。人体血液和其他体液中的某些化学物质，包括激素、某些化学物质及细胞的代谢产物，可借助血液循环的运输，到达全身或某些器官、组织，从而引起某些特殊的生理反应。这种调节过程是通过体液运输实现的，因而称为体液调节。体液调节的特点是比较缓慢、持久而弥散。

（3）自身调节。自身调节是指组织、细胞在不依赖外来神经或体液调节的情况下，自身对刺激发生的适应性反应过程。例如，骨骼肌或心肌收缩前的长度对其收缩力量有调节作用。在一定范围内，肌肉的初长度增加，收缩力量会相应增加，而肌肉的初长度缩短，收缩力量就会相应减小。

（4）生物节律。生物体在维持生命活动过程中，除了需要进行神经调节、体液调节和自身调节外，各种生理机能活动会按一定的时间顺序发生周期性变化，这种生理机能活动的周期性变化称为生物的时间结构，或称为生物节律。

5. 人体生理机能调节的控制系统有哪些？

人体生理机能调节的控制系统可分为非自动控制系统、反馈控制系统和前馈控制系统三种。

（1）非自动控制系统。在控制系统中，控制部分不受受控部分的影响，即受控部分不能通过反馈活动改变控制部分的活动，这种控制系统称为非自动控制系统。

（2）反馈控制系统。在控制系统中，控制部分不断受受控部分的影响，即受控部分不断有反馈信息返回输入给控制部分，并改变它的活动，这种控制系统称为反馈控制系统。反馈控制系统是一个闭环系统，具有自动控制能力。

（3）前馈控制系统。在控制系统中，有时干扰信息在作用于受控部分引起输出效应变化的同时，还可以通过感受装置直接作用于控制部分。前馈控制系统所起的作用是预先监测干扰，防止干扰的扰乱；或是超前洞察动因，及时作出适应性反应。条件反射活动是一种前馈控制系统活动。

六、实践应用题

1. 根据运动生理学的学科任务，你认为学习运动生理学应具备什么样的基础知识？应如何学好运动生理学？

【参考解答】

学习运动生理学应具备对于人体基础结构组成，即解剖学、运动解剖学知识的了解和掌握。另外还应具备对生物学、细胞生物学、生物化学等基础知识的了解。

学好运动生理学应从实际出发，思考运动生理学的应用，通过在运动实践中体验、总结运动生理学知识，尝试应用运动生理学原理解决运动实践中的各种问题。

2. 你认为运动生理学主要应用在哪些领域？

【参考解答】

运动生理学是体育学的基础学科，是学习掌握运动训练学、运动医学、运动生物力学、运动心理学等学科的基础；是在揭示体育运动对人体机能影响的规律及机理基础之上，指导不同年龄、性别和训练程度的人群进行科学的运动锻炼，提高竞技运动水平、增强体质、延缓衰老、提高工作效率和生活质量。

第二章 运动与骨骼肌

习题部分

一、名词解释

1. 肌小节
2. 静息电位
3. 动作电位
4. 运动单位
5. 运动单位募集
6. 向心收缩
7. 等长收缩
8. 离心收缩
9. 超等长收缩
10. 等张收缩
11. 等动收缩
12. 延迟性肌肉酸痛
13. 肌电图

二、单选题

1. 每条肌纤维外面包有一层薄的结缔组织膜，称为（　　）。
   A. 肌内膜　　　B. 肌束膜　　　C. 肌外膜　　　D. 肌筋膜
2. 横小管系统是（　　）从表面横向伸入肌纤维内部的膜小管系统。
   A. 肌质网膜　　B. 终末池　　　C. 纵小管　　　D. 肌细胞膜
3. 肌丝成分中只有粗肌丝的部分是（　　）。
   A. I 带　　　　B. A 带　　　　C. H 区　　　　D. Z 线
4. 粗肌丝主要由（　　）组成，呈双头长杆状，由一对重链和两对轻链组成。
   A. 肌球蛋白　　　　　　　　　B. 肌动蛋白
   C. 原肌球蛋白　　　　　　　　D. 肌钙蛋白

5. 横桥部具有（　　）活性，可分解 ATP 获得能量，用于横桥的运动。
   A. 肌酸激酶　　　　　　　　　　B. 二磷酸腺苷（ADP）
   C. ATP 酶　　　　　　　　　　　D. 磷酸肌酸

6. 动作电位包括锋电位和后电位两种电位变化，或者说包括去极化和复极化两个时相。一般所说的动作电位就是指（　　）。
   A. 锋电位　　B. 后电位　　C. 复极化　　D. 反极化

7. 动作电位在有髓神经纤维上传导时，是越过每一段带髓鞘的神经纤维呈（　　）传导的。
   A. 局部电流　　B. 跳跃式　　C. 扩散式　　D. 主动运输

8. 骨骼肌在受到外力牵拉或负重时可被拉长，这种特性称为（　　）。
   A. 弹性　　　　　　　　　　　　B. 黏滞性
   C. 黏弹性　　　　　　　　　　　D. 伸展性

9. 成年哺乳动物骨骼肌中 MHC-Ⅰ、MHC-Ⅱa、MHC-Ⅱx（或 MHC-Ⅱd）和 MHC-Ⅱb 类型是按照肌纤维（　　）来区分的。
   A. 收缩速度　　　　　　　　　　B. 颜色
   C. 代谢特点　　　　　　　　　　D. 肌球蛋白重链异形体

10. 参加时间短、强度大的项目的运动员，其骨骼肌中快肌纤维百分比比从事耐力项目的运动员和一般人（　　）。
    A. 高　　　B. 低　　　C. 相当　　　D. 无规律

11. 优秀运动员某种肌纤维占优势的现象可能是（　　）的结果。
    A. 自然选择　　　　　　　　　　B. 训练适应
    C. 自然选择与训练适应综合　　　D. 遗传

12. 一个人所能举起的最大重量称为该人的（　　）。
    A. 绝对力量　　　　　　　　　　B. 相对力量
    C. 绝对肌力　　　　　　　　　　D. 相对肌力

13. "如果要克服更大的负荷阻力，肌肉的收缩速度就要减慢" 与 "肌肉力量增加可以提高运动速度" 这两句话的表述（　　）。
    A. 前错后对　　　　　　　　　　B. 前对后错
    C. 都对　　　　　　　　　　　　D. 都错

14. 从高处跳下时，脚先着地，通过反射活动使股四头肌和臀大肌产生（　　）。
    A. 向心收缩　　　　　　　　　　B. 等长收缩
    C. 离心收缩　　　　　　　　　　D. 等动收缩

15. 运动生理学中所说的爆发力，实际上就是人体运动时所输出的（　　）。
    A. 功　　　　　　　　　　　　　B. 功率
    C. 冲量　　　　　　　　　　　　D. 扭矩

三、多选题

1. 肌原纤维间有两种不同的小管系统，即（　　），这些肌管系统是骨骼肌兴奋引起收缩—耦联过程的形态学基础。
   A. 横小管系统　　B. 纵小管系统　　C. 两联管系统　　D. 肾小管

2. 细肌丝主要由（　　）组成。
   A. 肌球蛋白　　B. 肌动蛋白　　C. 原肌球蛋白　　D. 肌钙蛋白

3. 体育科学研究中广泛应用的（　　）所记录的就是各相应组织细胞生物电的综合变化。
   A. 心电图　　B. 脑电图　　C. 肌电图　　D. 超声心动图

4. 在动作电位变化过程中，神经细胞的兴奋性也发生相应的变化。兴奋性变化分为（　　）和恢复期。
   A. 绝对不应期　　B. 相对不应期　　C. 超常期　　D. 低常期

5. 动作电位所具有的特点包括（　　）。
   A. "全或无"现象　　B. 不衰减性传导
   C. 脉冲式　　D. 自动节律性

6. 神经—肌肉接头的结构又称为运动终板，其结构包括（　　）等部分。
   A. 终板前膜　　B. 终板后膜　　C. 终板间隙　　D. 终板末梢

7. 根据肌肉的色泽可将肌纤维划分为红肌和白肌两种。如果再结合肌肉的收缩速度，可将肌纤维划分为（　　）三种类型。
   A. 快缩白　　B. 慢缩白
   C. 快缩红　　D. 慢缩红

8. 根据肌纤维的收缩速度及代谢特征可将肌纤维划分为（　　）。
   A. 快缩—糖酵解型　　B. 快缩—氧化—糖酵解型
   C. 慢缩—氧化型　　D. 慢缩—糖酵解型

9. 对骨骼肌纤维类型进行划分，依据肌纤维的（　　）等有不同的分类方法。
   A. 色泽　　B. 收缩速度
   C. 肌球蛋白重链同功型　　D. 代谢特点

10. 时域分析中，反映肌电信号振幅的指标包括（　　）。
    A. 积分肌电　　B. 均方根振幅
    C. 平均功率频率　　D. 中心频率

四、判断题

1. 骨骼肌是人体内最多的组织，约占体重的40%。（　　）

2. 肌腹和肌腱串联，其中肌腱是没有收缩功能的。（　　）
3. 肌细胞又称肌纤维，是肌肉的基本结构和功能单位。（　　）
4. 针电极可以引导记录较大范围乃至整块肌肉的电活动，目前已被较广泛地应用于体育科研中。（　　）
5. 试图拉起根本不可能拉起的杠铃时，肱二头肌所进行的收缩就是离心收缩。（　　）
6. 做蹲起动作时，腿部和臀部的伸肌肌群做向心收缩。（　　）
7. 下坡跑和下楼梯时，股四头肌主要进行离心收缩。（　　）
8. 肌肉收缩时产生的张力大小取决于活化的横桥数目。（　　）
9. 收缩速度取决于活化的横桥数目，与能量释放速率和肌球蛋白 ATP 酶活性无关。（　　）
10. 跳深练习时，股四头肌进行的就是一种典型的超等长收缩。（　　）
11. 等动练习与其他力量练习相比，更接近比赛时人体的运动形式，肌肉发力突然，技术结构相似，传递速度快，因而可得到更好的训练效果。（　　）
12. 延迟性肌肉酸痛是不适应的运动方式，尤其是离心运动诱发的一种亚临床疼痛症状，如果不及时处理，则不会自行治愈。（　　）
13. 一般来说，一个运动单位中的肌纤维数目越少则产生的张力越小，但灵活性好，而肌纤维数目越多则产生的张力越大，但灵活性差。（　　）
14. 当肌肉做持续最大收缩时，运动单位募集可以达到最高水平，肌肉力量会随收缩时间的延长而下降，但运动单位动员基本保持不变。（　　）
15. 如果让肌肉保持次最大力量（50%最大力量）收缩至疲劳，可以发现，在持续的收缩过程中，肌肉的张力基本保持不变，但运动单位动员却逐渐升高。（　　）
16. 投掷项目运动员应增加肌肉的体积，提高相对爆发力。（　　）

五、思考题

1. 简述兴奋—收缩耦联过程。
2. 神经—肌肉接头的兴奋是如何传递的？
3. 以神经细胞为例，试述静息电位与动作电位的产生原理。
4. 试述表面肌电图在体育科研中的应用。
5. 试述不同类型肌纤维的形态、机能及代谢特征。
6. 运动时不同类型的运动单位是如何动员的？
7. 比较向心收缩、等长收缩和离心收缩三种不同骨骼肌收缩形式的特点。
8. 等动收缩和等张收缩的收缩特点有什么差异？
9. 延迟性肌肉酸痛的防治方法有哪些？
10. 试述长期运动训练对骨骼肌的影响。

六、实践应用题

1. 有人认为延迟性肌肉酸痛是由运动后乳酸升高引起的,剧烈运动后的第二天仍然要想办法去除乳酸以缓解酸痛。请用运动生理学原理来判断此观点是否正确并加以说明。
2. 在运动队测试下肢肌肉力量时,通常用测力台测试下肢垂直起跳的高度,起跳方式有反向跳和蹲跳两种。请从肌肉收缩类型的原理解释这两种起跳方式的效果和实际应用。
3. 优秀运动员通常会在大负荷训练或比赛后泡冰水浴,请分析其原理和作用。

参考答案

一、名词解释

1. **肌小节**:两条Z线之间的结构是肌纤维最基本的结构和功能单位,称为肌小节。
2. **静息电位**:细胞处于安静状态,细胞膜内外所存在的电位差称为静息电位。这种电位差存在于细胞膜两侧,所以又称跨膜电位或简称膜电位。
3. **动作电位**:可兴奋细胞兴奋时,细胞内产生的可扩布的电位变化称为动作电位,它是一个连续的电位变化过程。
4. **运动单位**:一个α-运动神经元和受其支配的肌纤维所组成的最基本的肌肉收缩单位称为运动单位。
5. **运动单位募集**:参与活动的运动单位数目与兴奋频率的结合,称为运动单位募集,也称为运动单位动员。
6. **向心收缩**:肌肉收缩时,长度缩短的收缩称为向心收缩,又称缩短收缩。
7. **等长收缩**:肌肉在收缩时其长度不变,这种收缩称为等长收缩,又称为静力收缩。
8. **离心收缩**:肌肉在收缩产生张力的同时被拉长的收缩称为离心收缩。
9. **超等长收缩**:超等长收缩是指骨骼肌工作时先做离心式拉长,继而做向心式收缩的一种复合式收缩形式。
10. **等张收缩**:肌肉张力在肌肉开始缩短后即不再增加,直到收缩结束称为等张收缩,又称为动力性或时相性收缩。
11. **等动收缩**:在整个关节运动范围内,肌肉以恒定的速度,且外界的阻力与肌肉收缩时肌肉产生的力量始终相等的收缩称为等动收缩。由于在整个收缩过程中收缩速度是恒定的,等动收缩有时也称为等速收缩。
12. **延迟性肌肉酸痛**:无论是普通人还是优秀运动员,从事不适应的运动负荷或大负荷运动,运动停止后24~72h,运动肌会产生不同程度的酸痛,并伴随僵硬、肿胀和肌力下降等症状。肌肉酸痛不发生在运动期间或运动后即刻,而是在运动后 24h 逐渐加剧,因而称为延迟性肌肉酸痛。
13. **肌电图**:用适当的方法将骨骼肌兴奋时发生的电位变化引导、记录所得到的图形,称为肌电图。

二、单选题

1. A　2. D　3. C　4. A　5. C　6. A　7. B　8. D　9. D　10. A
11. C　12. A　13. C　14. C　15. B

三、多选题

1. AB　2. BCD　3. ABC　4. ABCD　5. ABC　6. ABC　7. ACD
8. ABC　9. ABCD　10. AB

四、判断题

1. √　2. √　3. √　4. ×　5. ×　6. √　7. √　8. √　9. ×　10. √
11. ×　12. ×　13. √　14. √　15. √　16. ×

五、思考题

1. 简述兴奋—收缩耦联过程。

通常把以肌细胞膜电变化为特征的兴奋过程和以肌丝滑行为基础的收缩过程之间的过程称为兴奋—收缩耦联。兴奋—收缩耦联过程包括以下三个主要步骤。

(1) 通过横小管的传递。兴奋(动作电位)通过横小管系统传导到肌细胞内部。横小管是肌细胞膜的延续,动作电位可沿着肌细胞膜传导到横小管,并深入三联管结构。

(2) 三联管结构处的信息传递。横小管膜上的动作电位可引起与其邻近的终末池膜及肌质网膜上的大量 Ca^{2+} 通道开放,Ca^{2+} 顺着浓度梯度从肌质网内进入肌浆,肌浆中 Ca^{2+} 浓度升高后,Ca^{2+} 与肌钙蛋白结合,使一系列蛋白质的构型发生改变,最终导致肌丝滑行。

(3) 肌质网对 Ca^{2+} 再回收。肌质网膜上存在钙泵,当肌浆中 Ca^{2+} 浓度升高时,钙泵将肌浆中的 Ca^{2+} 逆浓度梯度转运到肌质网中贮存,从而使肌浆中 Ca^{2+} 浓度保持较低水平。由于肌浆中的 Ca^{2+} 浓度降低,Ca^{2+} 与肌钙蛋白亚单位 C 分离,最终引起肌肉舒张。

2. 神经—肌肉接头的兴奋是如何传递的?

当动作电位沿神经纤维传到轴突末梢时,引起轴突末梢处的接头前膜上的 Ca^{2+} 通道开放，Ca^{2+}从细胞外液进入轴突末梢，促使轴浆中含有乙酰胆碱的突触小泡向接头前膜移动。当突触小泡到达接头前膜后，突触小泡膜与接头前膜融合进而破裂，并将乙酰胆碱释放到接头间隙。乙酰胆碱通过接头间隙到达接头后膜后，和接头后膜上的特异性的乙酰胆碱受体结合，引起接头后膜上的 Na^+、K^+ 通道开放，使 Na^+ 内流、K^+ 外流，结果使接头后膜处的膜电位幅度减小，即去极化。这一电位变化称为终板电位。当终板电位达到一定幅度（肌细胞的阈电位）时，可引发肌细胞膜产生动作电位，从而使骨骼肌细胞产生兴奋。

3. 以神经细胞为例，试述静息电位与动作电位的产生原理。

（1）静息电位的产生原理。哺乳类动物神经细胞内的 K^+ 浓度高于细胞外，而 Na^+、Cl^- 细胞外浓度高于细胞内。细胞膜对离子的通透是有选择的，当细胞处于静息状态时，细胞膜对 K^+ 的通透性大，而对 Na^+ 的通透性较小。离子的流动伴随着电荷的转移，造成细胞外电位高而细胞内电位低的电位差。随着 K^+ 外流，细胞膜两侧形成的外正内负的电场力会阻止细胞内 K^+ 的继续外流，当促使 K^+ 外流的由浓度差形成的向外扩散力与阻止 K^+ 外流的电场力相等时，K^+ 的净移动量就会等于零。这时细胞内外的电位差值就稳定在一定水平上，这就是静息电位。静息电位为 K^+ 平衡电位。

（2）动作电位的产生原理。Na^+ 在细胞外的浓度比细胞内高得多，它有由细胞外向细胞内扩散的趋势。在安静时，膜上 Na^+ 通道关闭，当作用于细胞膜上的刺激达到一定强度时（阈刺激），膜上的 Na^+ 通道被激活而开放，Na^+ 顺浓度梯度瞬间大量内流，细胞内正电荷增加，导致电位急剧上升，负电位从静息电位水平减小到消失，进而出现膜内为正膜外为负的电位变化，形成锋电位的上升支，即去极化和反极化时相。当膜内正电位所形成的电场力增大到足以对抗 Na^+ 内流时，膜电位达到一个新的平衡点，即 Na^+ 平衡电位。与此同时，Na^+ 通道逐渐失活而关闭，K^+ 通道逐渐被激活而重新开放，导致 Na^+ 内流停止，K^+ 快速外流，细胞内电位迅速下降，恢复到兴奋前的负电位状态，形成动作电位的下降支，即复极化时相。

4. 试述表面肌电图在体育科研中的应用。

肌电图被广泛地应用于体育科研中，主要表现为以下四个方面。

（1）利用肌电图测定神经的传导速度。对神经通路的两个或两个以上的点给予电流刺激，从该神经所支配的肌肉上记录诱发电位，然后计算出神经的传导速度。

（2）利用肌电评定神经和肌肉的机能状态。肌肉疲劳时其肌电活动也会发生变化，因此可以用肌电评定骨骼肌的机能状态。在一定的范围内，肌电幅值随着肌肉疲劳程度的加深而增大。随着疲劳程度的加深，肌电的频谱左移，即平均功率频率降低。肌肉工作的负荷强度越大，疲劳的程度越大，平均功率频率和中心频率的降低越明显。

（3）利用肌电评价肌力。当肌肉以不同的负荷进行收缩时，其积分肌电同肌力成正比关系，即肌肉产生的张力越大，积分肌电越大。

（4）利用肌电进行动作分析。在运动过程中可用多导肌电记录仪将肌电记录下来，然后根据运动中每块肌肉的放电顺序和肌电幅度，结合高速摄像等技术，对运动员的动作进行诊断分析。

5. 试述不同类型肌纤维的形态、机能及代谢特征。

（1）不同类型肌纤维的形态特征。快肌纤维的直径较慢肌纤维大，含有较多收缩蛋白，快肌纤维的肌浆网也较慢肌纤维的发达。慢肌纤维周围的毛细血管网较快肌纤维丰富。慢肌纤维含有较多的肌红蛋白，因而通常呈红色。与快肌纤维相比，慢肌纤维含有较多的线粒体，并且线粒体的体积较大。在神经支配上，慢肌纤维由较小的运动神经元支配，运动神经纤维较细，传导速度较慢，一般为2～8m/s；而快肌纤维由较大的运动神经元支配，运动神经纤维较粗，传导速度较快，可达8～40m/s。

（2）不同类型肌纤维的机能特征。①收缩速度方面。快肌纤维收缩速度快，慢肌纤维收缩速度慢。②肌肉力量方面。由于快肌纤维的直径大于慢肌纤维，而且快肌运动单位中包含的肌纤维数量多于慢肌运动单位。因此，快肌运动单位的收缩力量明显大于慢肌运动单位。③疲劳方面。慢肌纤维抵抗疲劳的能力比快肌纤维强得多。

（3）不同类型肌纤维的代谢特征。慢肌纤维中氧化酶系统（如细胞色素氧化酶、苹果酸脱氢酶和琥珀酸脱氢酶等）的活性明显高于快肌纤维，因此慢肌纤维的有氧代谢能力较快肌纤维强。而快肌纤维中一些重要的与无氧代谢有关的酶，如镁-三磷酸腺苷酶、肌激酶、肌酸激酶、乳酸脱氢酶等的活性明显高于慢肌纤维，因此快肌纤维的无氧代谢能力较慢肌纤维强。

6. 运动时不同类型的运动单位是如何动员的？

在运动中不同类型的肌纤维参与工作的程度依运动强度而定。研究发现，在以较低的强度运动时，慢肌纤维首先被动员，运动强度较大时，快肌纤维首先被动员。

在运动训练时，采用不同强度的练习，可以发展不同类型的肌纤维。为了增强快肌纤维的代谢能力，训练计划必须包括大强度的练习；如果要提高慢肌纤维的代谢能力，训练计划就要由低强度、持续时间较长的练习组成。

7. 比较向心收缩、等长收缩和离心收缩三种不同骨骼肌收缩形式的特点。

（1）力量。肌肉最大收缩时产生张力的大小取决于肌肉收缩的类型和收缩速度。同一块肌肉，在收缩速度相同的情况下，离心收缩或者超等长收缩可产生最大的张力。离心收缩产生的力量比向心收缩大50%左右，比等长收缩大25%左右。

（2）肌电。在等速向心收缩和离心收缩时，肌电与肌张力在一定范围内呈直线关系。积分肌电值与肌肉张力成正比。在负荷相同的情况下，离心收缩的积分肌电值较向心收缩低。

（3）代谢。在输出功率相同的情况下，肌肉离心收缩时消耗的能量低于向心收缩，其耗氧量也低于向心收缩。肌肉离心收缩时其他与代谢有关的生理指标的反应（如心率、心输出量、肺通气量、肺换气效率、肌肉的血流量和肌肉温度等）均低于向心收缩。

（4）肌肉酸痛。肌肉做退让工作时容易引起肌肉酸痛和损伤。研究表明，肌肉大负荷离心收缩引起的肌肉延迟性酸痛和肌纤维超微结构改变及收缩蛋白代谢变化最为显著，等长收缩次之，向心收缩最低。

8. 等动收缩和等张收缩的收缩特点有什么差异？

（1）等动收缩。通常要让肌肉做等动收缩就必须有专门的仪器设备（即等动练习器）才能实现。等动练习器的主要部件是一个速度控制器。速度控制器可以保证无论参与工作的肌肉在收缩时产生多大的张力，其收缩速度不变，同时速度可调。在练习中可根据不同的目的和要求选择适当的速度。另外还有力量的测试和记录装置，用来评定运动时的肌肉力量。

（2）等张收缩。等张收缩是相对的，在肌肉收缩过程中是通过骨的杠杆作用克服阻力做功的。在负荷不变的情况下，要使肌肉在整个关节活动范围内以同样的力量收缩是不可能的。如当肌肉收缩克服重力垂直举起杠铃时，随着关节角度变化，肌肉做功的力矩也会发生变化，因此需要肌肉用力的程度也不同。在整个运动范围内，肌肉用力最大的一点称为"顶点"。在整个关节的运动范围内，只有在"顶点"，肌肉才有可能达到最大力量收缩。这是等张训练的不足之处。

（3）等动收缩和等张收缩具有本质的不同。肌肉进行等动收缩时在整个运动范围内都能产生最大的肌张力，等张收缩则不能。此外，等动收缩的速度可以根据需要进行调节。因此，理论和实践证明，等动练习是提高肌肉力量的有效手段。

9. 延迟性肌肉酸痛的防治方法有哪些？

（1）热敷或热疗。运动后对肌肉进行热敷可减轻延迟性肌肉酸痛和超微结构改变，其原因是肌组织温度增加，改善了结缔组织伸展性和关节活动范围，导致肌组织抗损伤能力加强；热疗加快了血液流动速度，进而提高了肌组织性炎性介质的清除速率。

（2）静力牵张。在大负荷运动后，对参加工作的肌肉进行静力牵张，可有效地减轻肌肉的延迟性酸痛和超微结构改变。

（3）按摩。在大负荷运动后，对参加工作的肌肉进行按摩，可有效地缓解肌肉酸痛和促进超微结构改变的恢复。按摩治疗延迟性肌肉酸痛的机理可能是按摩产生的机械压力导致血流加快、肌肉张力减少和神经兴奋性改变。

（4）冷敷或冷疗。冷敷是非常有效的控制局部出血、肿胀及炎症的好方法，可以有效地减弱延迟性肌肉酸痛的症状。

（5）针刺。针刺和静力牵张能显著地促进离心运动导致的骨骼肌超微结构改变的恢复。

10. 试述长期运动训练对骨骼肌的影响。

长期运动训练至少可以从以下两个方面对骨骼肌产生较大的影响。

（1）肌纤维选择性肥大。耐力训练可引起慢肌纤维选择性肥大，速度、爆发力训练可引起快肌纤维选择性肥大。

（2）酶活性改变。肌纤维对训练的适应还表现为肌肉中有关酶活性的选择性增强。考斯特尔研究了不同项目赛跑运动员和无训练者腿肌中琥珀酸脱氢酶、乳酸脱氢酶及磷酸化酶的活性，发现在长跑运动员的肌肉中，与氧化供能有密切关系的琥珀酸脱氢酶活性较高，而与糖酵解及磷酸化供能有关的乳酸脱氢酶及磷酸化酶则活性较低。短跑运动员则相反，乳酸脱氢酶和磷酸化酶活性较高，而琥珀酸脱氢酶活性较低。中跑运动员相关酶活性居短跑和长跑运动员之间。

六、实践应用题

1. 有人认为延迟性肌肉酸痛是由运动后乳酸升高引起的，剧烈运动后的第二天仍然要想办法去除乳酸以缓解酸痛。请用运动生理学原理来判断此观点是否正确并加以说明。

【参考解答】

血乳酸在高强度运动后1~2h就可以完全代谢清除，因此不是第二天感受到的延迟性肌肉酸痛的直接原因。

延迟性肌肉酸痛并不是直接由运动中乳酸升高引起的。产生延迟性肌肉酸痛的原因主要是骨骼肌强有力的收缩产生的张力及应力会引起肌丝断裂，肌细胞膜的通透性增大或破损，使骨骼肌中的一些酶，如肌酸激酶、乳酸脱氢酶等由细胞内流出。骨骼肌中含多种蛋白水解酶，在肌肉损伤后，这些蛋白水解酶降解损伤的蛋白质结构，结果不仅使缓激肽、组胺和前列腺素在损伤区域堆积，还使单核细胞和中性粒细胞浸润到肌肉损伤部位，使损伤肌肉内部出现水肿。这一过程一般在运动后24~48h达到最大。

大负荷运动会导致骨骼肌中包括肌球蛋白、肌动蛋白在内的收缩蛋白，以及包括结蛋白、肌联蛋白、伴肌动蛋白在内的骨架蛋白等降解或解聚过程加强，而合成过程减弱。骨骼肌蛋白的降解导致骨骼肌出现炎症。最终，炎症因子和升高的渗透压刺激Ⅳ类神经感受器，引起肌肉酸痛。

2. 在运动队测试下肢肌肉力量时，通常用测力台测试下肢垂直起跳的高度，起跳方式有反向跳和蹲跳两种。请从肌肉收缩类型的原理解释这两种起跳方式的效果和实际应用。

【参考解答】

运动员蹲跳时，下肢蹬伸肌群（如小腿三头肌、股四头肌和臀大肌等）做向心收缩。当进行反向跳时，下肢蹬伸肌群先进行被动拉长的离心收缩，再进行向心收缩。二者的纵跳高度差反映了下肢蹬伸肌群的神经肌肉特性（牵张反射的神经调节）和对肌肉弹性能利用能力（弹性成分的自身调节）的水平。

3. 优秀运动员通常会在大负荷训练或比赛后泡冰水浴，请分析其原理和作用。

【参考解答】

大负荷训练或比赛后进行冰水浴可以减轻延迟性肌肉酸痛，加速机体恢复。在短时间内对肌肉进行极低温度刺激，可以使血管收缩，从而减少肿胀；可以使身体麻痹，起到镇痛的作用；可以减慢神经传递，从而放松肌肉；最重要的是可以降低肌肉温度，减慢细胞受损的代谢反应，抑制炎症。

第三章 运动与血液

习题部分

一、名词解释

1. 红细胞比容
2. 体液
3. 氧合作用
4. 氧离作用
5. 晶体渗透压
6. 胶体渗透压
7. 碱储备
8. 缓冲体系
9. 循环血量
10. 贮存血量
11. 运动白细胞增多症

二、单选题

1. 血小板属于血液中（　　）的组成成分。
   A. 血浆　　　　　B. 血细胞　　　　　C. 红细胞　　　　　D. 血清
2. 血浆由（　　）组成。
   A. 水分及血浆蛋白　　　　　　　　　B. 血细胞及水分
   C. 水分及多种有机物、无机物　　　　D. 水分及无机盐离子
3. 血液在神经—体液调节过程中的作用主要为（　　）。
   A. 调节酸碱度　　B. 维持体温　　　C. 维持渗透压　　　D. 运输激素
4. 血液中血红蛋白浓度低于正常值会出现（　　）。
   A. 贫血　　　　　　　　　　　　　　B. 血液黏度增高
   C. 血流阻力变大　　　　　　　　　　D. 心脏负荷加重

5. 下列选项中（　　）不属于内环境。
   A. 组织间液　　　B. 血浆　　　C. 细胞内液　　　D. 关节腔内液体
6. 血浆中最重要的缓冲对是指（　　）。
   A. $NaHCO_3/H_2CO_3$　　　　　　　B. $KHCO_3/H_2CO_3$
   C. Na_2HPO_4/NaH_2PO_4　　　　　D. K_2HPO_4/KH_2PO_4
7. （　　）可因红细胞数目增多而使血液黏滞性增高。
   A. 游泳　　　B. 太极拳　　　C. 高原训练　　　D. 体育舞蹈
8. （　　）是一次性短时间大强度运动导致血液浓缩的原因。
   A. 贮存血量释放入循环增加，血液内血细胞增加，血浆量相对减少
   B. 骨髓造血机能加强，红细胞生成增多
   C. 大量出汗使血浆水分丧失增多
   D. 血液内无机盐离子增多
9. 下列选项中（　　）项目的运动员在运动时循环血量增加最多。
   A. 举重　　　B. 长跑　　　C. 短跑　　　D. 投掷
10. 关于运动性贫血，下列说法正确的是（　　）。
    A. 一次性大强度运动时，红骨髓产生较少的红细胞是血液浓缩的主要原因
    B. 耐力性运动员不会出现运动性贫血
    C. 运动员假性贫血是运动员血液系统对运动的适应性反应
    D. 运动员假性贫血可造成运动员有氧工作能力下降
11. 进行耐力性运动员选材，应选择血红蛋白（　　）。
    A. 正常波动大者　　　　　　B. 偏高波动小者
    C. 偏低波动小者　　　　　　D. 正常波动小者
12. 一般女运动员血红蛋白最佳值上限为（　　）。
    A. 130g/L　　　B. 160g/L　　　C. 170g/L　　　D. 140g/L
13. 不含纤维蛋白原的血液液体成分为（　　）。
    A. 血浆　　　B. 血清　　　C. 细胞外液　　　D. 细胞内液
14. 细胞内液占人体体重的（　　）。
    A. 15%～20%　　　B. 5%　　　C. 60%～70%　　　D. 30%～40%
15. 细胞摄取营养物质或排出代谢产物不必通过（　　）。
    A. 组织间液　　　B. 血浆　　　C. 细胞膜　　　D. 细胞核
16. 血浆正常pH值是（　　）。
    A. 6.00～6.50　　　B. 7.35～7.45　　　C. 6.00～7.00　　　D. 7.00～8.00
17. 男性红细胞的正常值是（　　）。
    A. 1000～10000个/毫米^3　　　　　B. 10万～30万个/毫米^3
    C. 380万～460万个/毫米^3　　　　D. 450万～550万个/毫米^3

18. 具有加速止血和凝血作用的是（　　）。
    A. 白细胞　　　B. 红细胞　　　C. 血小板　　　D. 血浆抗体
19. 具有吞噬作用的是（　　）。
    A. 白细胞　　　B. 红细胞　　　C. 血小板　　　D. 血浆抗体

三、多选题

1. 下列选项中（　　）参与血液的组成。
    A. 血浆蛋白　　B. 组织液　　　C. 白细胞　　　D. 大量水分
2. 运动中大量出汗可引起（　　）。
    A. 红细胞比容增高　　　　　　B. 红细胞比容降低
    C. 红细胞数量减少　　　　　　D. 血浆水分减少
3. 下列选项中（　　）不是血液的主要功能。
    A. 气体运输　　　　　　　　　B. 分解能源物质
    C. 传导兴奋　　　　　　　　　D. 吞噬进入人体的微生物
4. 血液具有（　　）等作用。
    A. 维持内环境的相对稳定　　　B. 运输
    C. 调节　　　　　　　　　　　D. 防御和保护
5. 细胞生活的环境是指（　　）。
    A. 细胞外液　　B. 组织间液　　C. 血浆　　　　D. 红细胞胞浆
6. 运动中（　　）的供血量减少。
    A. 心脏　　　　B. 消化器官　　C. 泌尿器官　　D. 骨骼肌
7. 血红蛋白的个体差异包括（　　）。
    A. 氧合型　　　　　　　　　　B. 偏高型
    C. 偏低型　　　　　　　　　　D. 氧离型
8. 测定女运动员血红蛋白值时，应结合（　　）分析。
    A. 月经周期情况　　　　　　　B. 自我感觉
    C. 本人全年平均值　　　　　　D. 运动项目
9. 血液pH值的变化如果超过正常范围，又得不到有效调整时，会使（　　）。
    A. 体内酶的活性受到影响　　　B. 组织细胞兴奋性改变
    C. 运动能力下降　　　　　　　D. 各种生理机能紊乱
10. 下列影响血液黏滞性的主要因素是（　　）。
    A. 血浆中的电解质离子　　　　B. 血浆蛋白含量
    C. 红细胞数量　　　　　　　　D. 白细胞数量

11. 使红细胞数量发生明显变化的运动性因素是（　　）。
    A. 运动强度　　　　　　　　B. 运动持续时间
    C. 运动种类　　　　　　　　D. 运动员身体状况
12. 下列关于贮存血量概念描述说法正确的是（　　）。
    A. 贮存血量在心血管内快速流动
    B. 贮存血量在肝、脾、腹腔静脉、皮下静脉丛缓慢流动
    C. 贮存血量中血细胞数量较多
    D. 贮存血量中血浆量较多
13. 运动对白细胞数量的影响有（　　）。
    A. 运动负荷越大，运动后即刻白细胞总数变化幅度越大
    B. 运动强度越大，运动后白细胞的恢复时间越长
    C. 运动持续时间越长，运动后白细胞的恢复时间越长
    D. 运动持续时间越长，运动后即刻白细胞总数变化幅度越大

四、判断题

1. 血液由红细胞和水分组成。（　　）
2. 由于血液内含有大量的水分，所以血液无黏滞性。（　　）
3. 血浆内与血细胞内的物质经常透过细胞膜进行交换。（　　）
4. 血液的运输功能可以在新陈代谢过程中起作用。（　　）
5. 血液可维持人体内环境的相对稳定，维持人体组织细胞的正常兴奋性和生理活动。（　　）
6. 血浆属细胞外液，是体液的组成部分，也是血细胞直接生活的环境，因此可称为内环境。（　　）
7. 运动状态下乳酸生成增多造成的内环境酸碱度明显变化在运动后不能恢复。（　　）
8. 循环血量为人体的总血液量。（　　）
9. 运动状态下骨骼肌血管舒张，骨骼肌血流量可增加4～20倍。（　　）
10. 长时间耐力性运动大量出汗时发生血液浓缩，会使代谢产物积聚。（　　）
11. 一次性大强度运动后，运动员血液中红细胞、白细胞和血小板总数都会增加。（　　）
12. 耐力性项目男性运动员血红蛋白值200g/L者较血红蛋白值160g/L者机体供氧状况好。（　　）
13. 血红蛋白正常值存在个体差异。（　　）
14. 血红蛋白值的变化不是影响运动员自我感觉和运动能力的重要因素。（　　）
15. 血液中的红细胞具有吞噬作用。（　　）
16. 运动中大量出汗可引起血浆水分减少，红细胞相对增多，导致血液黏滞性增高，血流速度减慢。（　　）

17. 缓冲体系由血液中数对缓冲对组成，其主要作用是维持血液的正常酸碱度。（　　）

五、思考题

1. 简述血液的组成和功能。
2. 何为内环境？简述血液对维持内环境相对稳定的作用和意义。
3. 如何运用血红蛋白指标进行运动员选材？
4. 何为运动员假性贫血？请谈谈运动员假性贫血的生理意义。
5. 试述血液是如何维持酸碱平衡的。
6. 简述血小板的生理特点和功能。

六、实践应用题

高水平耐力运动员在医院进行血液常规体检时，发现血红蛋白浓度偏低，只有110g/L，因此被诊断为贫血，但是该运动员没有任何贫血的症状，运动能力也非常强。请从运动对血液的影响方面解释此现象。

参考答案

一、名词解释

1. **红细胞比容**：血细胞中的主要成分是红细胞，它在全血中所占的容积百分比称为红细胞比容。
2. **体液**：人体内含有大量的液体，人体内的水分和溶解于水中的各种物质，统称为体液，占人体体重的60%~70%。
3. **氧合作用**：血红蛋白中的亚铁在氧分压高时（肺内）易与氧结合，生成氧合血红蛋白，这种现象称为氧合作用。
4. **氧离作用**：血红蛋白中的铁在氧分压低时（组织内）易与氧分离，释放氧，供细胞代谢的需要，这种现象称为氧离作用。
5. **晶体渗透压**：血液中由晶体物质产生的渗透压称为晶体渗透压。
6. **胶体渗透压**：血液中由胶体物质产生的渗透压称为胶体渗透压。
7. **碱储备**：血液中缓冲酸性物质的主要成分是$NaHCO_3$，通常以每100mL血浆的$NaHCO_3$含量来表示碱储备量。
8. **缓冲体系**：血液中含有数对具有抗酸和抗碱作用的物质（称为缓冲对），统称为缓冲体系。
9. **循环血量**：人体在安静状态下，大部分的血量都在心血管中迅速流动，这部分血量称为循环血量。
10. **贮存血量**：人体有一部分血量潴留在肝、脾等处，流动缓慢，血浆较少，红细胞较多，这部分血量称为贮存血量。
11. **运动白细胞增多症**：运动白细胞增多症是指运动后外周血中白细胞增多的现象，可将其分为三个时相，即淋巴细胞时相、中性粒细胞时相和中毒时相。

二、单选题

1. B   2. C   3. D   4. A   5. C   6. A   7. C   8. A   9. B   10. C
11. B   12. B   13. B   14. D   15. D   16. B   17. D   18. C   19. A

三、多选题

1. ACD   2. AD   3. BC   4. ABCD   5. ABC   6. BC   7. BC   8. ABCD
9. ABCD 10. BC 11. ABC 12. BC   13. ABC

四、判断题

1. ×   2. ×   3. √   4. √   5. √   6. √   7. ×   8. ×   9. √   10. √
11. √ 12. × 13. √ 14. × 15. × 16. √ 17. √

五、思考题

1. 简述血液的组成和功能。

血液由血浆和血细胞组成。血浆由水、无机离子、血浆蛋白，以及在血液中转运的氧、二氧化碳、营养物、代谢产物和激素等组成。其中水充当溶剂，无机离子和血浆蛋白则影响血浆的渗透压和酸碱度，血浆蛋白还有参与凝血和免疫防御的功能。血细胞由红细胞、白细胞和血小板组成，红细胞的功能主要是运输氧和二氧化碳，白细胞的功能主要是参与免疫防御，血小板的主要功能是促进止血和加速凝血。

血液的主要功能有维持内环境相对稳定、运输、调节、防御和保护。

2. 何为内环境？简述血液对维持内环境相对稳定的作用和意义。

细胞生活的环境——细胞外液，称为机体的内环境。只有内环境保持相对稳定，细胞新陈代谢才能正常进行，才能保持细胞的正常兴奋性和各器官的正常机能活动。血液能维持水、氧和营养物质的含量；维持渗透压、酸碱度、体温和血液有形成分等的相对稳定。这些因素的相对稳定会使人体的内环境相对稳定。内环境的相对稳定是机体正常生命活动的必要条件。

3. 如何运用血红蛋白指标进行运动员选材？

血红蛋白载氧能力是有氧工作能力的基础，血红蛋白指标可用于耐力性运动员选材。

运动员血红蛋白浓度理想值：成年男性为 140~170g/L，女性为 130~160g/L。

实际工作中常见血红蛋白类型有四种：偏高波动小者、正常波动大者、正常波动小者和偏低波动小者。其中偏高波动小者为从事耐力性项目的最佳类型，偏低波动小者为最差类型。

血红蛋白可在训练周期中每周或隔周测定一次，连续观察 1~2 个月，并结合运动训练的实际情况进行综合分析，此外，与同队的其他运动员进行横向比较才能获得较为客观的结果。

4. 何为运动员假性贫血？请谈谈运动员假性贫血的生理意义。

运动员尤其是耐力性训练的运动员在安静时，单位体积内红细胞数量和单位容积中血红蛋白含量不高于甚至低于正常值，这是运动员血液系统对长期运动的适应性反应。其主要原因是长期耐力训练使运动员血浆容量和红细胞量增多，而血浆容量相对增加更多，红细胞和血红蛋白被相对稀释。

运动员假性贫血的生理意义：可降低血黏度，减小循环阻力，减轻心脏负担，保证运动时血红蛋白含量相应提高，提高氧运输潜力。

5. 试述血液是如何维持酸碱平衡的。

血液酸碱度的相对恒定对生命活动有重要意义。如果血液 pH 值的变动超出正常范围，就会影响各种酶的活性，从而引起组织细胞的新陈代谢、兴奋性及各种生理机能的紊乱，甚至会出现酸或碱中毒现象。

组织代谢所产生的酸性物质进入血浆，与血浆中的 $NaHCO_3$ 发生作用，形成 H_2CO_3（弱酸），在碳酸酐酶作用下，H_2CO_3 又解离出 CO_2，并由呼吸器官排出，从而降低酸度，保持血液的酸碱度。又如，肌肉运动时的代谢产物——乳酸等进入血液后，一部分被肝脏重新合成为肝糖原，另一部分在血浆中与碳酸盐类结合形成 H_2CO_3 和乳酸钠，H_2CO_3 在碳酸酐酶的作用下分解为 CO_2 和 H_2O，缓冲血液的酸度。

当碱性物质（主要来自食物）进入血浆后与弱酸发生作用，形成弱酸盐，降低碱度。经过这两方面的调节，血液的酸碱度就能维持相对恒定。体内产生的酸性物质往往多于碱性物质，所以血液中的缓冲物质抗酸的能力远远大于抗碱的能力。

6. 简述血小板的生理特点和功能。

血小板是从骨髓中成熟的巨核细胞裂解下来的小块胞质。血小板在止血、凝血及纤溶过程中起着重要作用，还与毛细血管的完整性保持有关。

血小板的功能和生理特性主要表现为黏着、聚集、释放、收缩和吸附。这些特性与血小板的止血和凝血功能密切相关，一旦这些特性失常，血小板的功能也就发生紊乱。

六、实践应用题

高水平耐力运动员在医院进行血液常规体检时，发现血红蛋白浓度偏低，只有110g/L，因此被诊断为贫血，但是该运动员没有任何贫血的症状，运动能力也非常强。请从运动对血液的影响方面解释此现象。

【参考解答】

目前运动员所采用的检测贫血的指标依据的是临床医学的方法和标准，即单位容积中血红蛋白的含量和单位体积中红细胞的数量。我国成年男性血红蛋白浓度为120～160g/L，成年女性为110～150g/L。高水平耐力运动员在医院进行血液常规体检时，发现血红蛋白浓度偏低，只有110g/L，因此被诊断为贫血，这是医学诊断标准。但是该运动员没有任何贫血的症状，运动能力也非常强。这种现象在耐力性项目运动员中较为常见，值得注意的是，须具体加以分析才能区别真性贫血和假性贫血。

由于运动员血容量增加与红细胞量增加相比在很大限度上是以增加血浆量为前提的，所以血细胞容量的相应指标，如红细胞数、红细胞压积、血红蛋白含量等与一般人相比有降低的趋势。假性贫血是红细胞机能性稀释的反映，是一种适应及健康的表现，不能误认为"贫血"。但也不能忽视还有一些运动员是由于真正的运动性贫血而造成的红细胞数和血红蛋白含量的下降。虽然血液某些指标的测定结果相似，但发生机制和机能反应与假性贫血是有区别的。

由于运动员血红蛋白值存在个体差异，不能用一个统一的正常值标准来评定其血红蛋白含量，因此，应针对每一个个体情况进行测定和分析。通过观察和分析运动员血红蛋白含量的变动，掌握运动员机能状态，有的放矢地调整运动员身体机能，以帮助其达到最佳状态。

第四章 运动与循环机能

习题部分

一、名词解释

1. 血液循环
2. 心肌的自动节律性
3. 窦性节律
4. 期前收缩
5. 心动周期
6. 窦性心动过速、窦性心动过缓
7. 每搏输出量
8. 射血分数
9. 心输出量
10. 心指数
11. 心力储备
12. 血压
13. 动脉血压
14. 收缩压
15. 舒张压
16. 平均动脉压
17. 中心静脉压
18. 外周静脉压
19. 减压反射
20. 运动心脏
21. 运动性心脏肥大
22. 运动性心动徐缓
23. 运动性猝死
24. 心电图
25. 心电图运动负荷试验

二、单选题

1. 兴奋传导在心肌细胞间同时进行的结构基础是（　　）。
 A. Ca^{2+} 通道　　　　　　　　B. 闰盘
 C. 浦肯野纤维　　　　　　　　D. 肌质网

第四章 运动与循环机能

2. 以下表述正确的是（　　）。
   心肌工作细胞不具有_____，自律细胞不具有_____。
   A. 自动节律性　兴奋性　　　　　　B. 传导性　收缩性
   C. 自动节律性　收缩性　　　　　　D. 传导性　兴奋性

3. 正常情况下，心跳的节律来自（　　）。
   A. 窦房结　　　B. 房室结　　　C. 房室束　　　D. 浦肯野氏纤维

4. 兴奋传导至房室交界处时，传导速度变慢，有一个时间延搁，其作用是（　　）。
   A. 避免心室肌痉挛
   B. 使心室收缩不会太快，避免疲乏
   C. 使前一次的收缩不会与这一次的合并
   D. 使心室收缩与心房收缩时间分开

5. 心室期前收缩之后出现的代偿间歇是由于（　　）。
   A. 窦性节律传导速度减慢
   B. 房室传导阻滞
   C. 窦性心律不齐
   D. 窦性下传的一次兴奋节律落在室性期前兴奋后的有效不应期中

6. 心肌与骨骼肌在兴奋性变化方面的区别是心肌的（　　）。
   A. 兴奋性低　　　　　　　　　　B. 有效不应期短
   C. 有效不应期长　　　　　　　　D. 兴奋性高

7. 心室肌的有效不应期较长，一直要延续到（　　）。
   A. 舒张早期　　B. 舒张晚期　　C. 收缩期开始　　D. 整个收缩期

8. 心肌不产生强直收缩的原因是（　　）。
   A. 兴奋性低　　　　　　　　　　B. 兴奋传导速度快
   C. 有效不应期长　　　　　　　　D. 兴奋性高

9. 健康成年人在安静状态下，心率的正常范围是（　　）。
   A. 50～70 次/分　　　　　　　　B. 60～80 次/分
   C. 70～100 次/分　　　　　　　 D. 60～100 次/分

10. 以下表述正确的是（　　）。
    最大心率随着年龄的增长逐渐_____，运动训练对最大心率无影响或使其略有_____。
    A. 降低　增加　　B. 增加　增加　　C. 降低　降低　　D. 增加　降低

11. 正常成年人每搏输出量约为（　　）。
    A. 40mL　　　　B. 50mL　　　　C. 70mL　　　　D. 120mL

12. 健康人的射血分数为（　　）。
    A. 55%～65%　　B. 20%～30%　　C. 70%～80%　　D. 80%～85%

13. 正常成年人心输出量约为（　　）。
    A. 2L　　　　　　B. 5L　　　　　　C. 15L　　　　　　D. 25L
14. 中等身材的成年人心指数为（　　）。
    A. 2.0~2.5L/（min·m²）　　　　B. 2.5~3.0L/（min·m²）
    C. 3.0~3.5L/（min·m²）　　　　D. 4.5~5.0L/（min·m²）
15. 个体的心指数（　　）。
    A. 在10岁时达到最大　　　　B. 在20~25岁时最大
    C. 在5~7岁时最大　　　　　D. 在25~40岁时最大
16. 从卧位转为站立位时，静脉回心血量（　　）。
    A. 增加　　　　B. 减少　　　　C. 不变　　　　D. 先增加后减少
17. 心脏收缩能力增强时，静脉回心血量增加，是因为（　　）。
    A. 血流快　　　　　　　　　B. 血流阻力小
    C. 心室内舒张期压力低　　　D. 血压高
18. （　　）的舒缩对全身血压的影响最大。
    A. 大动脉　　　B. 中型动脉　　　C. 小动脉和微动脉　　　D. 主静脉
19. 每搏输出量增加主要会引起（　　）的升高。
    A. 收缩压　　　B. 舒张压　　　C. 中心静脉压　　　D. 外周静脉压
20. 心率的变化主要影响（　　）。
    A. 收缩压　　　B. 脉压　　　C. 平均动脉压　　　D. 舒张压
21. 影响动脉血压的因素中，下列叙述正确的是（　　）。
    A. 心输出量增加，则血压下降　　B. 血黏度增加，则血压下降
    C. 末梢小动脉收缩，则血压上升　D. 血量减少，则血压上升
22. 正常成年人安静时的收缩压为（　　）mmHg。
    A. 30~40　　　B. 60~80　　　C. 80~100　　　D. 100~120
23. 正常成年人安静时的舒张压为（　　）mmHg。
    A. 30~40　　　B. 60~80　　　C. 80~100　　　D. 100~120
24. 正常成年人安静时的脉压为（　　）mmHg。
    A. 30~40　　　B. 40~50　　　C. 50~60　　　D. 60~70
25. 如果血量增加或血管容量减少，则循环系统平均充盈压（　　）。
    A. 增高　　　B. 降低　　　C. 不变　　　D. 先降低后增高
26. 在每一个心动周期中，心室的充盈主要是由于（　　）。
    A. 血液依赖地心引力而回流　　B. 骨骼肌的挤压作用加速静脉血的回流
    C. 心房的收缩　　　　　　　　D. 心室舒张的抽吸作用
27. 衡量血管机能的常用指标是（　　）。
    A. 心率　　　B. 血压　　　C. 心输出量　　　D. 心电图

第四章 运动与循环机能

28. 在体循环中,血压最低的是( )。
    A. 主动脉弓　　B. 右心房　　C. 上腔静脉　　D. 左心室

29. 人体的大多数血管接受( )支配。
    A. 交感缩血管神经　　　　　　B. 迷走神经
    C. 交感和迷走神经的双重　　　D. 交感舒血管神经

30. 心交感神经的节后纤维末梢释放的是( )。
    A. 乙酰胆碱　　　　　　　　　B. 去甲肾上腺素
    C. 肾上腺素　　　　　　　　　D. 乙酰胆碱和去甲肾上腺素

31. 心迷走神经节后纤维释放的是( )。
    A. 乙酰胆碱　　　　　　　　　B. 去甲肾上腺素
    C. 乙酰胆碱和去甲肾上腺素　　D. 肾上腺素

32. 调控心血管活动最重要的中枢部位是( )。
    A. 下丘脑　　B. 垂体　　C. 延髓　　D. 脑干

33. 由卧位转为立位时会引起动脉血压暂时性降低,但接着通过( )可恢复正常。
    A. 加强肌肉收缩活动　　　　　B. 增加减压反射
    C. 减弱减压反射　　　　　　　D. 加强体液调节

34. 剧烈的肌肉运动,开始阶段的心率剧烈加快是神经反射引起的,而( )可能参与了其中的调节。
    A. 颈动脉窦和主动脉弓压力感受器　　B. 颈动脉体和主动脉体
    C. 肌纤维、肌腱和关节囊　　　　　　D. 心脏压力感受器

35. 心率或脉搏的变化情况可以作为评定运动强度的生理负荷指标,其中,中等强度是指心率为( )。
    A. 150~169次/分　　　　　　B. 130~149次/分
    C. 110~129次/分　　　　　　D. 120~149次/分

36. 耐力训练可导致安静时心率减慢,其机制是( )。
    A. 迷走神经紧张性增强
    B. 交感神经紧张性增强
    C. 迷走神经和交感神经紧张性均增强
    D. 迷走神经和交感神经紧张性均减弱

37. 以静力性及力量性运动为主的投掷、摔跤、举重等项目的运动员,心脏的主要变化为( )。
    A. 心肌增厚　　　　　　　　　B. 心室容积增大
    C. 心肌、心室容积都增大　　　D. 无明显变化

38. 以游泳、长跑等耐力性项目为主的运动员,心脏的主要变化为( )。
    A. 心肌增厚　　　　　　　　　B. 心室容积增大

C. 心肌、心室容积都增大　　　　　　D. 无明显变化

39. 有训练的人，在进行定量工作时，心率和血压（　　）。
   A. 变化大　　　　　　　　　　　B. 变化小
   C. 无明显变化　　　　　　　　　D. 开始变化较大但后来无明显变化

40. 有训练的人，在进行最大强度工作时，心率和血压（　　）。
   A. 变化大　　　　　　　　　　　B. 变化小
   C. 无明显变化　　　　　　　　　D. 开始变化较大但后来无明显变化

41. 运动时各器官进行血液的重新分配，脑血流量保持不变，但内脏器官的血流量（　　）。
   A. 先增加后减少　　B. 不变　　　C. 增加　　　D. 减少

42. 运动性心动徐缓在（　　）运动员中尤其明显。
   A. 耐力性　　　B. 力量性　　　C. 速度性　　　D. 所有类型

43. 表示左右心房兴奋除极时产生的电变化的是（　　）。
   A. P 波　　　B. QRS 波群　　　C. T 波　　　D. PQ 间期

44. QRS 波群表示（　　）。
   A. 心房除极化开始到心室除极化开始产生的电变化
   B. 心室开始兴奋除极化到全部复极化产生的电变化
   C. 心室除极完毕到复极尚未开始产生的电变化
   D. 左右心室兴奋除极时产生的电变化

三、多选题

1. 心肌的电生理特性是指（　　）。
   A. 兴奋性　　　B. 自律性　　　C. 传导性　　　D. 收缩性

2. 心交感神经兴奋时，心脏活动的效应表现为（　　）。
   A. 心肌收缩加强　　B. 心肌收缩减弱　　C. 心率加快　　D. 心率减慢

3. 评价心脏泵血功能的指标有（　　）。
   A. 心输出量　　　B. 静息心指数　　　C. 射血分数　　　D. 心电图

4. 下列关于心输出量的叙述正确的是（　　）。
   A. 心输出量与机体的新陈代谢水平相适应
   B. 心输出量可因性别、年龄、情绪和肌肉活动而改变
   C. 左右心室的心输出量基本相同
   D. 正常人在剧烈运动后的心输出量为 15~20mL/s

5. 可导致心输出量增加的是（　　）。
   A. 交感神经兴奋　　　　　　　B. 在一定范围内心率增加
   C. 静脉回心血量增加　　　　　D. 主动脉血压升高

6. 动脉血压是在有足量的血液充满血管的前提下,由（　　）协同作用产生的。
   A. 静脉回心血量　　　　　　　　B. 心室收缩射血
   C. 外周阻力　　　　　　　　　　D. 主动脉和大动脉的弹性

7. 影响动脉血压的因素有（　　）。
   A. 心输出量　　　　　　　　　　B. 外周阻力
   C. 动脉管壁的弹性　　　　　　　D. 循环血量

8. 影响心输出量的因素有（　　）。
   A. 心率　　　　B. 心肌收缩力　　C. 每搏输出量　　D. 静脉回流量

9. 影响静脉回心血量的因素有（　　）。
   A. 体循环平均充盈压　　　　　　B. 心肌收缩力
   C. 骨骼肌的节律性舒缩　　　　　D. 呼吸运动

10. 增进静脉血液回流的因素有（　　）。
    A. 骨骼肌收缩产生的肌肉泵作用
    B. 深呼吸导致胸内压降低
    C. 由直立位改为平卧位
    D. 刺激副交感神经引起全身血管收缩

11. 下列能引起血管舒张的物质有（　　）。
    A. CO_2　　　　B. H^+　　　　C. ATP　　　　D. O_2

12. 进行动力性运动时,舒张压变化相对较小,甚至可能下降,其机理是（　　）造成的。
    A. 外周阻力增加　　　　　　　　B. 外周阻力减小
    C. 心输出量增加　　　　　　　　D. 循环血量增加

四、判断题

1. 自律性最高的心肌细胞是窦房结的自律细胞。（　　）
2. 在正常情况下,窦房结、房室束和心室肌能表现出自动节律性。（　　）
3. 心交感神经提高兴奋性,心迷走神经降低兴奋性。（　　）
4. 人体内的心肌和骨骼肌一样,都可以做单收缩和强直收缩。（　　）
5. 心肌有"全或无"式的同步收缩的特性,是因为房室结发放兴奋是一个个的有自动节律性的。（　　）
6. 心肌不会产生强直收缩,是因为兴奋后有效不应期特别长,一直要延续到舒张早期。（　　）
7. 安静心输出量的大小反映心脏泵血功能对代谢需要的适应能力,以及心脏的训练水平。（　　）

8. 心率贮备等于最大心率减去安静心率。（　）

9. 收缩压在一定限度上反映心脏收缩力和大动脉的弹性贮器能力；舒张压在一定限度上反映外周阻力高低，即小动脉、微动脉的弹性情况。（　）

10. 由于老年人心血管功能下降，所以动脉血压的波动要小于青年人。（　）

11. 如果搏出量不变，动脉管壁的可扩张性和弹性变小，心脏舒张期血液向外周流动的速度减慢，心脏舒张期存留在动脉中的血量增多，舒张压升高。（　）

12. 一般来说，随着年龄的增加，动脉血压逐渐升高，但收缩压的升高比舒张压更加明显。（　）

13. 在体循环中，如果大动脉弹性强，可降低收缩压，升高舒张压。（　）

14. 一定范围内，每搏输出量增多或心率加快时，都会使收缩压和舒张压升高。（　）

15. 在其他条件不变的情况下，外周阻力增加，致使舒张压降低，脉压增大。（　）

16. 心迷走神经的节后纤维末梢释放乙酰胆碱，它对心脏有抑制作用，可使心率减慢、心肌收缩力量减弱。（　）

17. 交感缩血管神经纤维的节后纤维末梢释放的去甲肾上腺素能使血管平滑肌收缩血管口径变小、外周阻力增加，最终导致血压升高。（　）

18. 调节心血管活动的最基本的中枢在大脑皮质。（　）

19. 减压反射是维持正常人体血压恒定进行自身调节的反射。（　）

20. 在一次性运动期间，心率在初期迅速上升，达到一定水平后会较长时间保持在一个波动不大的范围。（　）

21. 肌肉运动时心输出量增多，主要是心肌收缩力量增加、心率加快和外周动脉血管的紧张增加等的整合效应。（　）

22. 动力性运动时收缩压明显升高，其机理主要是交感神经缩血管纤维兴奋，引起小动脉收缩，外周阻力增加。（　）

23. 运动心脏以较低心率、较大的搏出量、较小的能量消耗保证了同样的供血量。（　）

24. 运动开始时，由于迷走神经活动加强，交感神经活动减弱，所以心率加快、血压升高、心输出量增多。（　）

25. 安静时，每搏输出量增多、心率下降，说明心脏对运动训练的适应。（　）

26. 有训练者进行定量工作时，心血管机能变化的特点是动员快、潜力大、恢复快。（　）

27. 心电图不仅能反映心脏产生兴奋的过程，还能反映心肌的机械收缩过程。（　）

五、思考题

1. 简述血液循环的主要作用。
2. 同骨骼肌相比，心肌细胞的兴奋性变化特点和意义是什么？
3. 正常情况下，兴奋如何在心脏中传播？有何特点和意义？

4. 同骨骼肌细胞相比，心肌细胞的收缩特点是什么？
5. 心肌的各种生理特性有何生理意义？
6. 有哪些指标可以评价心脏泵血功能？
7. 试述心输出量的影响因素。
8. 试述为什么耐力运动员最大心输出量比普通人大。
9. 心力储备在反映心脏机能上有何生理意义？
10. 试述动脉血压的形成原因。
11. 试述动脉血压的影响因素。
12. 试述静脉回心血量的影响因素。
13. 试述肾上腺素和去甲肾上腺素对心血管系统的调节作用。
14. 以减压反射为例，说明心血管活动神经调节的生理过程。
15. 试述心血管的自身调节机制。
16. 试述动力性运动和静力性运动时动脉血压的变化情况。
17. 试述一次性运动对血流量的影响和意义。
18. 试述长期运动对心脏结构和功能的影响。

六、实践应用题

小王为一名大二学生，男，20岁，在一次体育测试中，完成1000m冲刺到达终点后即刻停下，随即感觉眼前发黑并晕倒，1min后清醒。请结合本章知识分析发生此情况的可能原因。

参考答案

一、名词解释

1. **血液循环**：在整个生命活动过程中心脏不停地跳动，而推动血液在心血管系统内循环流动的过程称为血液循环。
2. **心肌的自动节律性**：心肌的自动节律性是指心肌在没有外来刺激条件下，自动地产生节律性兴奋的能力或特性。
3. **窦性节律**：特殊传导系统中以窦房结的自律细胞自律性最高，为心脏活动的正常起搏点，以窦房结为起搏点的心脏节律称为窦性节律。
4. **期前收缩**：在某些异常情况下，如果在心室肌的有效不应期后、下一次窦房结兴奋到达之前，心室受到一次外来刺激，则可能引起心室提前兴奋和收缩活动，故称为期前兴奋和期前收缩。在临床上，期前收缩通常被称为早搏。

5. **心动周期**：心脏的一次收缩和舒张构成一个机械活动周期，称为心动周期。

6. **窦性心动过速、窦性心动过缓**：正常成年人安静心率为60～100次/分，若超过100次/分称为窦性心动过速，低于60次/分则称为窦性心动过缓。

7. **每搏输出量**：每搏输出量是指一侧心室一次心脏搏动所射出的血液量，简称搏出量。左、右心室搏出量基本相等。

8. **射血分数**：每搏输出量占心室舒张末期的容积百分比称为射血分数。

9. **心输出量**：心输出量是指一侧心室每分钟射出的血量，又称为每分心输出量，通常以左心室每分射血量来表示。心输出量等于每搏输出量与心率的乘积。

10. **心指数**：人体的心输出量与身体体表面积呈正相关，因此将心输出量除以身体体表面积后得到的数值作为心输出量的相对值，称为心指数。

11. **心力储备**：心力储备是指心输出量随机体代谢需要而增长的能力，又称为心泵功能贮备或心力贮备，可以用最大心输出量与安静心输出量之差来表示。

12. **血压**：血压是指血液在血管内流动时对单位面积血管壁的侧压力。

13. **动脉血压**：动脉血压是指血液对单位面积动脉管壁产生的侧压力。

14. **收缩压**：心室收缩期动脉血压达到最高值时的血压，称为收缩压。

15. **舒张压**：心室舒张末期动脉血压达到最低值时的血压，称为舒张压。

16. **平均动脉压**：一个心动周期中每一瞬间动脉血压的平均值称为平均动脉压，其数值较接近舒张压，约等于舒张压与1/3脉压之和。

17. **中心静脉压**：通常将右心房和胸腔内大静脉的血压称为中心静脉压。

18. **外周静脉压**：通常将各器官静脉的血压称为外周静脉压。

19. **减压反射**：在机体血压突然升高时，压力感受器和心血管中枢活动将升高的血压恢复正常的过程称为减压反射。减压反射是一种典型的负反馈调节，它的生理意义在于保持动脉血压的相对稳定。

20. **运动心脏**：运动心脏是指机体长期接受系统运动刺激后逐渐形成的具有明显结构功能特征的心脏。

21. **运动性心脏肥大**：长期系统的运动训练使运动员心脏发生明显的增大，称为运动性心脏肥大。

22. **运动性心动徐缓**：运动训练可以使机体出现安静心率明显低于正常值的现象，称为运动性心动徐缓。

23. **运动性猝死**：运动性猝死是指运动过程中或运动后24h内发生的非创伤性意外死亡。

24. **心电图**：通过将引导电极置于肢体或躯体的一定部位记录的心脏电变化曲线，称为心电图。

25. **心电图运动负荷试验**：通过运动诱发心肌缺血，导致心电图异常，借以诊断冠心病或判断受试者心脏功能的方法，称为心电图运动负荷试验。

二、单选题

1. B　2. C　3. A　4. D　5. D　6. C　7. A　8. C　9. D　10. C
11. C　12. A　13. B　14. C　15. A　16. B　17. C　18. C　19. A　20. D
21. C　22. D　23. B　24. A　25. A　26. D　27. B　28. B　29. A　30. B
31. A　32. C　33. C　34. C　35. D　36. A　37. A　38. B　39. B　40. A
41. D　42. A　43. A　44. D

三、多选题

1. ABC　2. AC　3. ABC　4. ABC　5. ABC　6. BCD　7. ABCD　8. ABCD
9. ABCD　10. ABC　11. ABC　12. BC

四、判断题

1. √　2. ×　3. √　4. ×　5. ×　6. √　7. ×　8. √　9. √　10. ×
11. ×　12. √　13. √　14. √　15. ×　16. √　17. √　18. ×　19. ×　20. √
21. √　22. ×　23. √　24. ×　25. √　26. √　27. ×

五、思考题

1. 简述血液循环的主要作用。

在整个生命活动过程中，心脏不停地跳动推动血液在心血管系统内循环流动的过程，称为血液循环。血液循环的主要功能是保证体内 O_2、CO_2、各种营养物质、代谢产物及各种体液调节物质的运输，维持内环境稳定，调节体温，以及分泌生物活性物质，对全身其他多个脏器进行调节。

2. 同骨骼肌相比，心肌细胞的兴奋性变化特点和意义是什么？

心肌细胞与神经元和骨骼肌细胞一样具有对刺激产生反应的能力，即具有兴奋性。心肌细胞每产生一次扩布性兴奋之后，兴奋性都要经历有效不应期、相对不应期和超常期，然后才恢复到正常周期性变化。

与骨骼肌细胞相比，心肌细胞兴奋性变化的特点是有效不应期特别长，可达200ms，而骨骼肌细胞有效不应期仅约2ms。正是这种特点使心肌兴奋收缩一次后有足够长的时间舒张静息，而不会像骨骼肌那样出现强直收缩，使心脏能够有节律地舒缩活动，从而保证心脏泵血活动的正常进行。

3. 正常情况下，兴奋如何在心脏中传播？有何特点和意义？

心肌细胞具有传导兴奋的能力或特性，称为心肌的传导性。心肌的收缩以生物电兴奋为前提，窦房结自律细胞产生的兴奋通过自律细胞构成的特殊传导系统按一定的途径和时程传递到工作细胞，引起工作细胞兴奋从而产生收缩，依次传向心房肌和心室肌，引起整个心脏的兴奋。心脏的特殊传导系统主要包括窦房结、房室结、房室束、左右束支和与工作心肌细胞相连的浦肯野纤维。兴奋由特殊传导系统传至工作心肌细胞并引起兴奋。

特点和意义：兴奋传导至房室交界处时，传导速度较慢，称为房室延搁，之后才传向心室，这就使得心室在心房收缩完毕之后才开始收缩，避免产生心房和心室收缩重叠的现象，有利于心室的充盈和射血。

在心脏内，心肌细胞之间通过闰盘端对端互相连接，闰盘内较多存在的缝隙连接保证了兴奋可以跨细胞传递。连接之间距离很近，且出现相互连通的亲水性通道，形成一个低电阻的区域，兴奋以局部电流的形式通过缝隙连接直接进入临近细胞，并引起动作电位且迅速扩布。所以，虽然心房和心室兴奋收缩不同步，但由于闰盘的存在，使心房肌各细胞的兴奋和收缩几近同步，心室肌各细胞的兴奋和收缩亦几近同步。

4. 同骨骼肌细胞相比，心肌细胞的收缩特点是什么？

心肌细胞和骨骼肌细胞一样，在接受刺激发生兴奋后，诱发肌质网释放 Ca^{2+}，分解 ATP，消耗能量，粗肌丝横桥扭动引起细肌丝滑入，致使肌细胞缩短，发生心肌收缩。但与骨骼肌收缩过程相比，心肌收缩有其自身的特点，主要表现为以下四方面。

（1）自动节律性收缩。由于心脏存在特殊传导系统，其中的细胞具有自动节律性，窦房结是引起心肌收缩的兴奋源，窦房结有节律地产生兴奋而引起心肌收缩。而骨骼肌收缩的兴奋源是运动神经中枢，不能通过自身引起肌肉的收缩。

（2）对细胞外液的 Ca^{2+} 浓度有明显依赖性。心肌细胞的终末池不发达，容积很小，贮存 Ca^{2+} 量比骨骼肌少，因此，受细胞外 Ca^{2+} 浓度改变影响较大。心肌兴奋—收缩耦联所需的 Ca^{2+} 除终末池释放外，有10%～20%需要依赖于细胞外液中的 Ca^{2+} 通过 Ca^{2+} 通道内流来补充。兴奋过后，肌浆中的 Ca^{2+} 一部分返回终末池储存，另一部分则转运出细胞，当血液等细胞外液 Ca^{2+} 浓度下降时，可导致心肌收缩力减弱。

（3）"全或无"同步收缩。骨骼肌产生的同步收缩只能通过不同运动神经元和神经末梢同时发放神经冲动来引发，兴奋不能在细胞之间直接传递，由于各神经元的兴奋性高低不同，所以其同步收缩性较差。心肌由于低电阻闰盘的存在，兴奋能通过闰盘在细胞间迅速传递，可以将整个心房肌或心室肌看成一个功能合胞体，兴奋传至心房或心室时，几乎同时遍及整个心房或心室肌细胞，从而引起所有心房肌或心室肌同时收缩。显然，对心室肌来说，这种同步收缩可大大提高心室的泵血效果。由于存在同步收缩，心脏要么不收缩，如果发生收缩，其收缩就达到一定强度，称为"全或无"式收缩。

（4）不发生强直收缩。心肌发生一次兴奋后，其有效不应期特别长，可达200ms，在

第四章 运动与循环机能

有效不应期内,心肌细胞不再接受任何刺激而发生兴奋和收缩,因此心脏不会产生强直收缩,始终保持收缩和舒张交替的节律活动,从而保证了心脏的充盈与射血。而骨骼肌有效不应期仅为2ms左右,上次兴奋产生的收缩尚在进行中,下次兴奋引起的收缩又发生了,前后收缩的叠加使骨骼肌出现持续的强直收缩活动。

5. 心肌的各种生理特性有何生理意义?

心肌的生理特性包括自动节律性、传导性、兴奋性和收缩性。

(1) 自动节律性。自动节律性是指心肌在不受外来刺激的情况下,自动产生节律性兴奋的能力和特性。自动节律性的意义在于自律细胞能自动产生节律性兴奋使整个心脏活动,即使在没有外来刺激的作用下也能做自动节律性舒缩。同时心脏又受神经系统控制,心脏的功能活动可随着神经冲动的变化而变化,心肌的自动节律性保证了心脏不停地泵血并使心脏的活动适应体内代谢的需要。

(2) 传导性。传导性是指心肌细胞具有传导兴奋的能力。心肌与心肌之间通过闰盘相连,借助闰盘,兴奋以局部电流的形式通过缝隙连接直接进入临近细胞,并引起动作电位迅速扩布,以极快的速度在心肌细胞间传导。由于闰盘的存在,兴奋几乎同时传到所有的心房肌或所有的心室肌,使心房肌或心室肌产生同步收缩。兴奋在房室交界处传导的速度较慢,传导延搁时间较长,这就使心房收缩后,要经过较长时间才引起心室收缩。因此,心房收缩可将血液进一步挤入心室,使心室在收缩前充分充盈,有利于心室射血。

(3) 兴奋性。兴奋性是指心肌细胞在受到刺激时产生兴奋的能力。心肌细胞的有效不应期特别长,使心脏不会像骨骼肌那样产生强直收缩,从而保证心脏有节律地收缩。

(4) 收缩性。收缩性是指心肌细胞在接受刺激产生兴奋时,首先爆发动作电位,然后通过兴奋—收缩耦联引起肌丝滑行,肌细胞缩短。心脏不会产生强直收缩而始终保持收缩和舒张交替的节律活动,从而保证了心脏的充盈与射血。

6. 有哪些指标可以评价心脏泵血功能?

(1) 心动周期与心率。心脏的一次收缩和舒张构成一个机械活动周期,称为心动周期;心脏每分钟搏动的次数称为心率。心率是指一分钟的心动周期数,二者成反比关系。每一心动周期可分为收缩期和舒张期,其长短与心率的快慢有关。如果心率加快,心动周期相应缩短,收缩期和舒张期也都相应缩短。其中,舒张期缩短更为显著。

心率是了解循环系统机能的简易指标,也是反映身体整体代谢水平的重要指标,其快慢直接反映心脏收缩的情况。但心率的个体差异很大,且受机能水平、性别等因素的影响。

(2) 每搏输出量。每搏输出量是反映心脏收缩功能的重要指标,是指一侧心室一次心脏搏动所射出的血液量,简称搏出量。左、右心室搏出量基本相等。每搏输出量是心室舒张末期容积与收缩末期容积之差,正常成年人安静时每搏输出量约70mL,随着代谢水平的提高而增加,达到最大值后,如果代谢水平进一步提高,搏出量有可能下降。

受静脉回心血量和心肌收缩力的影响，一定范围内搏出量随着静脉回心血液增加（如身体姿势从立位改为卧位）而增大。因为回心血量的充盈增加了心肌纤维收缩的初长度，反射性地提高心肌收缩力，通过增加心室舒张末期容积来提高搏出量。另外，当心交感神经兴奋、肾上腺素和去甲肾上腺素分泌增加时，心肌纤维收缩性也会明显增强，通过加强收缩，减小心室收缩末期容积（余血量）也可提高搏出量。

（3）射血分数。每搏输出量占心室舒张末期的容积百分比，称为射血分数。射血分数是反映心脏泵血功能的重要指标。正常成年人安静时的射血分数为55%~65%，在代谢水平增高（如剧烈运动）时，心肌收缩力增强使搏出量增加，射血分数会明显上升。射血分数下降表明心脏泵血功能降低。

与搏出量相比，射血分数能更准确地反映心脏的泵血功能。心室舒张末期容积增大时，每搏输出量相应增加，其射血分数不变。但若心室病理性扩大，心室功能减退，每搏输出量可能与正常人无异，但其射血分数明显下降。

（4）心输出量。心输出量又称每分心输出量，是指一侧心室每分钟射出的血液量，左、右两侧心室的心输出量基本相等，通常以左心室每分射血量来表示。心输出量等于每搏输出量与心率的乘积。心输出量除与机体代谢水平相适应外，还因性别、年龄和生理状况不同而有差异。心输出量反映机体单位时间的血液循环量，是评定心脏泵血功能最重要的指标之一。

（5）心指数。对不同身高、体重的个体而言，相同的心输出量并不能保证单位身体体积获得相同的供血量，还需考虑其身材对机体相对供血量的影响。实验表明，人体的心输出量并不与体重成正比，而与身体体表面积成正比。以单位体表面积（m^2）计算的心输出量称为心指数。安静和空腹情况下测定的心指数称为静息心指数，可以作为分析比较不同个体间心脏泵血功能的评定指标。

（6）心力储备。心脏的泵血功能能够广泛地适应机体在不同生理条件下的代谢需要，表现为心输出量可随机体代谢率的增长而增加。心输出量随机体代谢需要而增加的能力，称为心力储备或心泵功能储备，包括搏出量储备和心率储备。心力储备的大小反映心脏泵血功能对代谢需要的适应能力，以及心脏的训练水平。有良好耐力训练的人的最大心输出量可为静息输出量的6~7倍，个别优秀耐力运动员甚至可达静息输出量的8倍。

（7）心室舒张功能。研究发现，心室舒张功能较收缩功能可更加敏感地反映心肌泵血功能状态。当心肌出现疲劳或早期损伤时，心肌收缩功能加强，心脏射血量无明显降低，但心肌舒张功能可出现明显减弱，主要表现在心室血液快速充盈速率和快速充盈量下降，心室血液充盈量减少，最终导致心脏泵血功能降低。

7. 试述心输出量的影响因素。

影响心输出量的直接因素是每搏输出量和心率。心输出量等于每搏输出量与心率的乘积，而每搏输出量主要取决于心室的前负荷、后负荷和心肌收缩力。

（1）每搏输出量：每搏输出量是心室舒张末期容积和收缩末期容积之差。心室舒张末期容积增加或收缩末期容积减少都会引起搏出量增加,而舒张末期心室容积受到心舒张期静脉回心血量的影响,因此,只要有助于静脉回流的因素都可导致搏出量的增加。如果运动引起交感神经兴奋、儿茶酚胺分泌增加,可引起心肌收缩力增强,使心室收缩末期余血量减少,更多的血液射入动脉,搏出量也会明显增加。可见,静脉回心血量和心肌收缩力直接影响每搏输出量,从而间接影响心输出量。

(2) 心率:心率是影响心输出量的另一个重要因素。在一定心率范围内,心输出量随着心率的加快而增加,但超过一定心率范围,心输出量将不再随心率的加快而增加,心率过快时甚至还会随之减少。究其原因是搏出量随心率而改变。在一定心率范围内,搏出量随着心率的加快而增加,此时心输出量因心率和搏出量的共同增加而明显增高。随着心率继续加快,搏出量的增加幅度减慢甚至停止增加,此时达到最大搏出量。一般人心率在120~130次/分时,搏出量达到最大。当心率进一步加快至140~150次/分时,由于心动周期缩短,特别是心脏舒张期大幅缩短,使静脉回心血量减少,搏出量开始降低,降低的程度随心率的加快而增大。当心率超过180次/分后,心率的增加会导致每搏输出量的急剧下降。从理论上来说,单纯心率的增加会增加心输出量,但是由于此时每博输出量的急剧下降又会显著降低心输出量。可见,并不是心率越快,心输出量越大。同样,如果心率过缓(低于40次/分),虽然舒张期延长,心脏能获得足够的血液充盈,使每搏输出量有所增加,但因心率过低,心输出量同样会减少。

8. 试述为什么耐力运动员最大心输出量比普通人大。

心输出量是指一侧心室每分钟射入动脉的血量,又称为每分心输出量。左右两侧心室的心输出量基本相等,通常以左心室每分射血量来表示。心输出量等于每搏输出量与心率的乘积。心输出量反映机体单位时间的血液循环量,是评定心泵功能最重要的指标之一。最大心输出量是指心脏每分钟能够射出的最大血量。心输出量随机体代谢需要而增加的能力,称为心力储备。心力储备包括搏出量储备和心率储备,搏出量储备用最大搏出量与安静搏出量之差来表示,心率储备用最大心率与安静心率之差来表示。

耐力运动员因长期从事耐力运动,其心脏以心室腔扩大为主,并伴有心室壁增厚,表现为静脉回心血量增加。静脉回心血量决定了心脏舒张末期心室血量,直接影响心脏每搏输出量,与此同时,心腔的容积和每搏输出量增加改善心脏泵血功能。由于耐力运动员的心肌纤维变粗,心壁相对普通人增厚,收缩力增强,故每搏输出量明显增加,加之肌小节长度和数量增加,回心血量实质性增多,从而提高了心脏的储备力量(心力储备)。同时耐力运动员与普通人相比,心率储备增大,在完成最大运动负荷时,负荷动员快、幅度大、恢复快,幅度大表现为极量运动时心输出量大幅度提高,心力储备大。

9. 心力储备在反映心脏机能上有何生理意义?

心脏的泵血功能能够广泛适应机体不同生理条件下的代谢需要,表现为心输出量可随机体代谢率的增长而增加。健康成年人静息状态下的心输出量为4.5~6.0L/min。剧烈体育运动时,心率高达200次/分,心输出量可为25~30L/min,为安静值的5~6倍,表明心脏泵血功能有较大的可变性。心输出量随机体代谢需要而增长的能力称为心泵功能储备或心力储备,可以用最大心输出量与安静心输出量之差来表示。同样,亦可用最大心率与安静心率之差来表示心率储备,用最大每搏量与安静每搏量之差表示每搏量储备。

心力储备的大小反映心脏泵血功能对代谢需要的适应能力,也反映心脏的训练水平。有良好耐力训练的人,心力储备明显高于一般人,其最大心输出量可为静息输出量的6~7倍。个别优秀的耐力运动员甚至可达静息输出量的8倍(40L/min以上)。

10. 试述动脉血压的形成原因。

动脉血压的形成是在有足够的血液充盈的前提下,由心室收缩射血、外周阻力、主动脉和大动脉的弹性贮器协同作用产生的。

(1)心血管系统中有足够的血液充盈是动脉血压形成的前提条件。循环系统中血液的充盈程度可以用循环系统平均充盈压来表示,它的高低取决于血量和循环系统容积之间的相对关系。若血量增多或循环系统容积减小,则循环系统平均充盈压增高,若血量减少或循环容积增大,则循环系统平均充盈压降低。

(2)心室收缩射血是形成动脉血压的必要条件,它为血压的形成提供能量。每次射出的血量在心缩期只有约1/3的血液流向外周,其余的2/3血液潴留在主动脉内,对管壁施加侧压力,拉长了管壁的弹性纤维,使动脉管壁被动扩张。通过这种方式,将一部分能量以势能的形式储存于被拉长的弹性纤维中。心室舒张时,在心缩期被扩张的主动脉由于管壁弹性纤维的回缩,压迫血液继续向外周流动,保证了血流的连续,并保持一定的血压。

(3)外周阻力主要是指小动脉和微动脉对血流产生的阻力,它是影响血压形成的重要因素。心脏每次射出的血液在血管中流动时,由于血液质点的相互摩擦,以及血液与血管壁的摩擦而产生血流阻力,特别是外周小动脉和微动脉,由于其数量庞大,血管口径变化较大,对血流形成的阻力较大。

(4)主动脉和大动脉的弹性贮器对血液循环起着两种作用:一是把心室收缩时释放的一部分能量以势能的形式储存起来,于心脏舒张期推动血液继续流动;二是缓冲动脉血压的变化,使心室收缩时动脉血压不致过高,舒张时动脉血压不致过低。这种弹性贮器作用可以减小动脉血压在一个心动周期中的波动幅度。

11. 试述动脉血压的影响因素。

凡是能影响心输出量、外周阻力和循环系统的血液充盈程度的因素都能影响动脉血压。具体影响因素如下。

(1)每搏输出量。每搏输出量的变化主要影响收缩压。每搏输出量增加时,心脏收缩射入主动脉的血量增多,动脉管壁承受的压强增大,故收缩压明显升高。舒张末期,大动脉内存留的血液比每搏输出量未增加以前略有增多,但也不会增加得太多。因此,当每搏输出量增加而外周阻力和心率变化不大时,动脉血压的变化主要表现在收缩压明显升高,而舒张压升高幅度低于收缩压升高幅度,脉压增大。在运动中,每搏输出量增加，收缩压显著升高，而舒张压增加的幅度不大。

（2）心率。心率的变化主要影响舒张压。如果心率加快，而每搏输出量和外周阻力都没有变化时，由于心脏舒张期缩短，在心脏舒张期内流至外周的血液也就减少，造成舒张末期储存于大动脉中的血液增多，舒张期血压也就升高，脉压减小。反之，心率减慢时，舒张压降低，脉压增大。

（3）外周阻力。外周阻力主要影响舒张压。如果搏出量不变而外周阻力加大时，心脏舒张期中血液向外周流动的速度减慢，舒张末期存留在动脉中的血量增多，舒张压升高。外周阻力增加时，收缩期血压升高，血流速度加快，但由于收缩压的升高不如舒张压的升高明显，所以脉压变小。反之，当外周阻力减小时，舒张压的降低比收缩压的降低更为明显，故脉压增大。可见，在一般情况下，舒张压的高低主要反映外周阻力的大小。

（4）主动脉和大动脉的弹性贮器作用。弹性贮器作用主要是缓冲心动周期中动脉血压的波动幅度，减小脉压。主动脉和大动脉管壁的可扩张性和弹性在短时间内不会有明显的变化。但老年人由于动脉管壁中的弹力纤维变性，主动脉和大动脉口径变大，容量也增大，而可扩张性和弹性变小，所以主动脉和大动脉作为弹性贮器的作用减弱。因此，老年人动脉血压的波动（即脉压）较青年人大。

（5）循环血量与血管容量的关系。在正常机体内，循环血量与血管容量相适应，体循环平均充盈压是形成动脉血压的前提。但在失血时，循环血量减少，此时如果血管容量改变不大，则体循环平均充盈压必将降低，使回心血量减少，心输出量随之减少，动脉血压显著降低。如果循环血量不变，而血管容量大大增加，也会造成回心血量减少，导致心输出量减少，动脉血压降低。

为了便于分析，以上都是在假设其他因素不变的前提下讨论某一因素变化对动脉血压的影响。实际上，在机体中，这样的情况是不存在的，也就是说，在各种不同的生理情况下，上述各种影响动脉血压的因素都可能改变。因此，在某种生理情况下动脉血压的变化，往往是各种因素相互作用的综合结果。

12. 试述静脉回心血量的影响因素。

静脉回心血量在单位时间内等于心输出量，取决于外周静脉压和中心静脉压的差，以及静脉对血流的阻力。故凡能影响外周静脉压、中心静脉压以及静脉阻力的因素，都能影响静脉回心血量。

（1）体循环平均充盈压。血管系统内血液充盈程度越高，静脉回心血量越多。当血流量增加或容量血管收缩时，体循环平均充盈压升高，静脉回心血量增多。反之，血流量减少或容量血管舒张时，体循环平均充盈压降低，静脉回心血量减少。

（2）心肌收缩力。心肌收缩为血液在循环系统中运行提供动力，心肌收缩力与静脉回心血量呈正变关系。心脏收缩时将血液射入动脉，舒张时则可从大静脉抽吸血液。心肌收缩力增强时，心脏收缩射血量增加，心室内剩余血量减少，舒张时心室内压降低，从而对心房和大静脉内血液的抽吸力量增强，静脉回心血量增多；反之，则静脉回心血量减少。

（3）体位改变。体位改变主要影响静脉的跨壁压，进而改变静脉回心血量。当体位从卧位转变为立位时，身体低垂部分的静脉因跨壁压增大而扩张，容量增大，故静脉回心血量减少。长期卧床的病人，静脉管壁的紧张性较低，可扩张性较高，加之腹壁和下肢肌肉的收缩力量减弱，对静脉的挤压作用减小，此时，由平卧位突然站起来时，可使大量的血液因重力作用而瘀滞于下肢，使静脉回心血量减少，导致心输出量减少，动脉血压降低，引起脑部供血不足而发生头晕甚至昏厥。体位改变对静脉回心血量的影响，在高温时更为明显。在高温环境中，皮肤血管舒张，容纳的血量增多。如果人在高温环境中长时间站立不动，更易引起头晕和休克。

（4）骨骼肌的挤压作用。运动时，下肢骨骼肌收缩对肌肉内和肌肉间的静脉血管产生挤压作用，使静脉回流加快。同时因静脉内有瓣膜存在，使静脉内的血液只能向心脏方向流动而不能倒流。因此，骨骼肌和静脉瓣膜一起对静脉回流起着"泵"的作用，称为"静脉泵"或"肌肉泵"。肌肉泵对于立位时降低下肢静脉压和减少血液在下肢静脉内潴留具有重要的意义。

（5）呼吸运动。呼吸运动能促进静脉回流，起着"泵"的作用，称为"呼吸泵"。由于胸膜腔内压为负压，胸腔内大静脉的跨壁压较大，故经常处于充盈扩张状态。在吸气时，胸腔容积加大，胸膜腔负压值进一步增高，使胸腔内的大静脉和右心房更加扩张，压力也进一步降低，因此有利于外周静脉内的血液回流至右心房。呼气时，胸膜腔负压值减小，由静脉回流入右心房的血量也相应减少。

13. 试述肾上腺素和去甲肾上腺素对心血管系统的调节作用。

由肾上腺髓质分泌的肾上腺素和去甲肾上腺素在化学结构上同属儿茶酚胺类。当情绪激动、体力劳动或剧烈的肌肉运动时，交感神经兴奋，肾上腺髓质细胞分泌肾上腺素和去甲肾上腺素进入血液，使心率加快，心肌收缩力加强，心输出量增加，血压升高；使皮肤、肾脏、肠胃等内脏的血管收缩，骨骼肌和肝脏中的血管及冠状血管舒张，有助于血液的重新分配，以满足机体代谢增强的需要。

肾上腺素和去甲肾上腺素对心血管的作用有许多共同点，但由于不同受体的结合能力存在差异，它们对心脏和血管的作用也不尽相同。肾上腺素主要表现出增强心脏活动，升压作用较弱；去甲肾上腺素则主要表现出升高血压，强心作用较弱。

14. 以减压反射为例，说明心血管活动神经调节的生理过程。

心血管活动的神经调节是通过心血管反射实现的。各种心血管反射的生理意义都在于维持体内环境的相对稳定，以及使有机体适应外界环境的各种变化。

在颈动脉窦和主动脉弓的血管外膜下有丰富的、对压力变化非常敏感的感觉神经末梢，分别称为颈动脉窦压力感受器和主动脉弓压力感受器。当动脉血压突然升高时，上述感受器兴奋，神经冲动经各自的传入神经分别经窦神经（入舌咽神经）和迷走神经进入延髓。一方面使心迷走中枢的活动加强，另一方面又使心交感中枢和交感缩血管中枢活动减弱，使心脏的活动减弱、减慢，血管外周阻力下降，从而使动脉血压恢复到正常水平。机体在血压突然升高时,通过压力感受器,可发射性地引起心率减慢、心输出量减少、血管舒张、外周阻力减小,血压下降,称为压力感受性反射或减压反射。减压反射是一种典型的负反馈调节,它的生理意义在于保持动脉血压的相对稳定。减压反射主要对迅速出现的动脉血压变化进行调节,对缓慢增加的血压变化不敏感。

15. 试述心血管的自身调节机制。

　　心血管的自身调节包括心脏泵血功能的自身调节和组织器官血流量的自身调节。在一定血压变动范围内,器官、组织的血流量仍能通过局部的机制得到适当的调节。这种调节机制存在于器官组织或血管本身,故也称为自身调节。一般认为主要有以下两类。

　　(1) 代谢性自身调节局部机制。当组织代谢活动增强时(如肌肉运动),局部组织中氧分压降低,代谢产物积聚增加,CO_2、H^+、腺苷、ATP、K^+等能刺激局部的微动脉和毛细血管前括约肌舒张,使局部的血流量增多,从而向组织提供更多的氧,并带走代谢产物,这一效应称为代谢性自身调节。对于一些功能性活动变化较大的器官,如骨骼肌和皮肤,这种自身调节的局部舒血管效应很明显,即使在同时发生交感缩血管神经活动增强的情况下,该部位的血管仍然舒张。

　　(2) 肌源性自身调节机制。许多血管平滑肌本身经常保持一定的紧张性收缩,称为肌源性活动。血管平滑肌还有一个特性,即被牵张时,其肌源性活动加强。因此,当供应某一器官血管的灌注压突然升高时,由于血管跨壁压增大,血管平滑肌受到牵张刺激,所以血管的肌源性活动增强。这种现象在毛细血管前阻力血管段特别明显。肌源性自身调节的结果是当器官的血流阻力增大时,器官血流量能保持相对稳定。

16. 试述动力性运动和静力性运动时动脉血压的变化情况。

　　不同类型的运动对动脉血压的影响是不同的。

　　(1) 动力性运动时,收缩压明显升高,舒张压的变化相对较小,甚至可能略有下降。主要原因是动力性运动导致心脏收缩增强,血流速度加快,使血压增高,但同时运动时交感舒血管神经兴奋,使外周血管扩张,加之肌肉收缩的推挤,加快静脉回流,使动静脉压力差增加,促进了动脉血外流,使外周阻力相对下降,以上升压和降压两种因素的共同作用使舒张压变化幅度较小。

　　(2) 静力性运动时,由于憋气使胸腔压力增大,后负荷增高,搏出量有所下降,心室余血量较多,静脉回流阻力亦增加,加之肌肉紧张性收缩对外周血管的静力性压迫,外周血流不畅,外周阻力显著增高,所以收缩压的升高幅度相对较小,而舒张压十分明显地增高,对小血管造成很大的压力。中老年人由于血管硬化程度增加,弹性下降,脆性增加,因此在大强度静力性运动时,因外周阻力过大易发生小血管的破裂,应尽量少进行大强度静力性运动。

17. 试述一次性运动对血流量的影响和意义。

　　运动时心输出量增加,但增加的心输出量并不是平均分配给全身各个器官的。通过体内调节机制,各器官将进行血流量的重新分配。其结果是参与运动的肌肉血流量明显增加,不参与运动的肌肉及内脏的血流量减少。在运动开始时，皮肤血流量减少，但随着肌肉产热增加，体温升高，通过体温调节机制，皮肤血管舒张，血流量增加，促进皮肤散热。

运动时各器官血流量的重新分配具有十分重要的生理意义，即通过减少对不参与活动的器官的血流分配，保证有较多的血流分配给运动的肌肉。由于阻力血管舒张，肌肉中开放的毛细血管数目增加，血液和肌肉组织之间进行气体交换的面积增大，气体扩散的距离缩短，从而能满足肌肉运动时增加的氧耗。对于心脏机能不健全的人来说，运动时心输出量的增加有限，因此血流量的重新分配显得更为重要。

运动时血流量重新分配的生理意义，还在于维持一定的动脉血压，如果没有不参与活动器官的缩血管效应，仅有运动的肌肉的舒血管效应，总的外周阻力就会减小，动脉血压也会降低。或者说，必须使心输出量大大增加，才能使动脉血压维持在原先的水平。

18. 试述长期运动对心脏结构和功能的影响。

（1）运动性心动徐缓。运动训练可以使机体出现安静心率明显低于正常值的现象，称为运动性心动徐缓。其在优秀耐力性运动员中特别明显。运动性心动徐缓发生的原因是安静状态心迷走神经紧张性相对增高，而心交感神经的作用减弱。运动性心动徐缓是可逆的，停止训练一段时间后，心率可以恢复到接近正常值。一般认为，运动员的运动性心动徐缓是经过长期训练后心功能改善的良好反映，故可将运动性心动徐缓作为判断训练程度的参考指标。

（2）运动性心脏肥大。长期系统的运动训练使运动员心脏发生明显的增大，称为运动性心脏肥大。运动性心脏肥大表现在心腔扩大和心肌肥厚两方面。长期承受耐力性运动刺激的心脏肥大以心腔内径扩大为主，以心肌肥厚为辅；长期承受力量性运动刺激的心脏肥大则以心肌肥厚为主，其心腔内径的改变相对较小甚至无改变。

（3）心脏泵血功能改善。在进行定量工作时，有训练者心血管机能动员快、潜力大、恢复快。运动开始后，有训练者能迅速动员心血管系统功能，以适应运动的需要。此时，其心脏较未训练者心脏泵血功能变化幅度小。进行最大强度运动时，有训练者在神经和体液的调节下可发挥心血管系统的最大机能潜力，充分动员心力储备，心脏泵血功能表现出更高水平。同时，有训练者运动后恢复期短，也就是说有训练者在进行最大强度运动时机能变化大，但运动一停止，机体很快就恢复到安静时的水平。

六、实践应用题

小王为一名大二学生，男，20岁，在一次体育测试中，完成1000m冲刺到达终点后即刻停下，随即感觉眼前发黑并晕倒，1min后清醒。请结合本章知识分析发生此情况的可能原因。

【参考解答】

小王在1000m测试后即刻停下，随即晕倒，此现象为重力性休克。在剧烈运动过程中，心脏能够强烈收缩射血，增加每搏输出量和心输出量以满足全身血液的供应，其中下肢肌肉有节律地收缩和舒张可以使下肢静脉血回流到心脏，从而增加心脏射血。当人体在运动后即刻停止，在短时间内大脑、心血管等系统仍处于高代谢状态，还需要大量的血液供应，但是运动后即刻停止下肢肌肉的收缩和舒张，导致下肢肌肉挤压作用消失。而血液在重力的作用下，迅速在下肢聚集导致静脉回心血量减少，血压下降，大脑短暂缺血、缺氧而晕厥。此时，应该马上把小王扶起来，继续走几步以增加静脉回心血量，使症状得到缓解。

第五章 运动与呼吸

习题部分

一、名词解释

1. 呼吸
2. 外呼吸
3. 内呼吸
4. 腹式呼吸
5. 胸式呼吸
6. 胸内压
7. 潮气量
8. 补呼气量
9. 肺活量
10. 功能余气量
11. 肺总容量
12. 肺通气量
13. 肺泡通气量
14. 解剖无效腔
15. 时间肺活量
16. 最大通气量
17. 氧离曲线
18. 氧储备
19. 氧利用率
20. 氧脉搏

二、单选题

1. 呼吸过程中气体交换的部位是（　　）。
   A. 肺泡　　　　B. 呼吸道　　　　C. 肺泡、组织　　　　D. 组织
2. 下列关于平静呼吸的错误叙述是（　　）。
   A. 吸气时膈肌收缩　　　　B. 吸气时肋间外肌收缩
   C. 呼气时呼气肌收缩　　　　D. 呼气时膈肌舒张

3. 用力呼气时，呼吸肌的收缩情况是（　　）。
   A. 肋间内肌、腹壁肌同时收缩　　　　B. 膈肌收缩
   C. 肋间内肌收缩　　　　　　　　　　D. 腹肌收缩

4. 平静呼吸时正常成人潮气量为（　　）mL。
   A. 100～200　　　　　　　　　　　　B. 400～500
   C. 700～800　　　　　　　　　　　　D. 400～600

5. 人体进行气体交换的动力是（　　）。
   A. 肺泡膜的通透性　　　　　　　　　B. 气体的理化特性
   C. 气体的分压差　　　　　　　　　　D. 局部器官的血流量

6. 胸膜腔内压等于（　　）。
   A. 大气压减去肺回缩力　　　　　　　B. 大气压减去非弹性阻力
   C. 大气压加上肺回缩力　　　　　　　D. 大气压加上肺内压

7. 补呼气量等于肺活量减去（　　）。
   A. 补吸气量　　　　　　　　　　　　B. 深吸气量
   C. 余气量　　　　　　　　　　　　　D. 功能余气量

8. 运动时在感到呼吸困难、缺氧严重的情况下，采用（　　）的呼吸方法，更有助于提高机体的肺泡通气量。
   A. 加快呼吸频率，适当加大呼吸深度
   B. 加快呼吸频率，适当节制呼吸深度
   C. 节制呼吸频率，适当加大呼吸深度
   D. 节制呼吸频率，适当节制呼吸深度

9. 表浅的呼吸只能使肺泡通气量下降，新鲜空气吸入减少，这是由于（　　）的存在。
   A. 胸内压　　　　B. 肺内压　　　　C. 解剖无效腔　　　　D. 化学感受器

10. 体内氧分压由高向低的顺序通常是（　　）。
    A. 静脉血、肺泡气、动脉血、组织细胞
    B. 肺泡气、静脉血、动脉血、组织细胞
    C. 组织细胞、静脉血、动脉血、肺泡气
    D. 肺泡气、动脉血、静脉血、组织细胞

11. 肺扩散容量是指（　　）。
    A. 每分钟通过呼吸膜扩散的氧量
    B. 每平方米体表面积每分钟通过呼吸膜扩散的氧量
    C. 基础条件下，每分钟通过呼吸膜扩散的氧量
    D. 在1mmHg（133.3224Pa）分压差作用下，每分钟通过呼吸膜扩散的氧量

12. 血氧饱和度取决于（　　）。
    A. 红细胞比容　　B. 血液的温度　　C. 血红蛋白的含量　　D. 氧分压

13. CO_2 在血液中运输的主要形式是（　　）。
   A. 物理溶解　　　　　　　　　　B. 形成碳酸
   C. 形成氨基甲酸血红蛋白　　　　D. 形成碳酸氢盐

三、多选题

1. 下列有关肺通气功能的值说法正确的是（　　）。
   A. 正常成年男性肺活量约为 3500mL
   B. 正常成年女性肺活量约为 2500mL
   C. 正常成年人平静呼吸时每分通气量为 6～8L
   D. 正常成年人每分最大通气量约为 100L

2. 有关评定肺通气机能的指标，下列正确的是（　　）。
   A. 时间肺活量　　　　　　　　　B. 肺活量
   C. 每分最大通气量　　　　　　　D. 通气/血流比值

3. 气体扩散的速度与下列因素的关系，说法正确的是（　　）。
   A. 与温度成正比　　　　　　　　B. 与气体溶解度成反比
   C. 与气体扩散系数成正比　　　　D. 与扩散面积成正比

4. 有关氧扩散容量的描述，下列说法错误的是（　　）。
   A. 一般成人氧扩散容量小于儿童　B. 平卧位大于直立位
   C. 运动时小于安静时　　　　　　D. 耐力运动员大于一般人

5. O_2 在血液中存在的形式有（　　）。
   A. 溶解于血浆中　　　　　　　　B. 与血浆蛋白结合
   C. 与 Hb 结合　　　　　　　　　D. 与白蛋白结合

6. 促使红细胞释放 O_2 的因素有（　　）。
   A. PCO_2 升高　　　　　　　　　B. pH 值降低
   C. 体温升高　　　　　　　　　　D. 2，3-DPG 浓度升高

7. 关于运动引起肺通气量增大的机制，下列说法正确的是（　　）。
   A. 可能受多因素的共同调节
   B. 与体温升高有关
   C. 可能与动脉血 PO_2、PCO_2、pH 值的周期性波动有关
   D. 只受神经因素的影响

8. 下列有关运动时肺通气机能的叙述正确的是（　　）。
   A. 剧烈运动时用于肺通气的耗氧量明显升高
   B. 每分通气量与运动强度呈线性相关
   C. 剧烈运动时，肺通气量的增加主要依靠呼吸频率的加快

D. 运动时适当增加呼吸深度比增加频率更为重要

四、判断题

1. 肺泡腔内的压力称为肺内压，在吸气之末、呼气之末或胸廓停止运动时，呼吸均会暂停，此时肺内压与气压相等。（　　）
2. 胸内负压对肺泡扩张、肺通气、肺换气和促进血液淋巴回流都有意义。（　　）
3. 肺总容量指肺在最大吸气之末所容纳的气体量。（　　）
4. 从气体交换的角度来说，进入肺泡的气体量才是真正的有效气体量。（　　）
5. 肺通气量与肺泡通气量的区别在于前者包括解剖无效腔容量。（　　）
6. 加深呼吸不能提高肺泡通气量，但能提高肺通气量。（　　）
7. 气体的理化特性对各种气体的扩散速度不起作用。（　　）
8. 气体在血液内都是以物理溶解和化学结合两种形式被运输的。（　　）
9. 氧容量是指每100mL血液中的血红蛋白与氧进行结合的最大量。（　　）
10. 影响氧离曲线的因素有pH、CO_2浓度、温度和O_2浓度等。（　　）
11. 运动时氧的利用率高于安静时氧的利用率。（　　）
12. 氧利用率=（动脉血氧含量-静脉血氧含量）/动脉血氧含量×100%。（　　）
13. 氧脉搏不能作为评定心肺功能的综合指标。（　　）
14. 呼吸运动的基本特征在于它的自动节律性，所以它不受大脑皮质的控制。（　　）
15. CO_2可以直接刺激呼吸中枢，从而引起呼吸加强。（　　）
16. 运动时如果憋气时间过长可引起胸内压过大，造成血液回流困难，大脑供血不足，从而出现晕眩。（　　）

五、思考题

1. 简述平静呼吸与用力呼吸的过程。
2. 胸内压是如何形成的？有何生理意义？
3. 试述肺通气机能指标的测定意义和评定方法。
4. 简述气体交换的原理。
5. 简述肺换气与组织换气的过程。
6. 简述O_2和CO_2在血液中的运输过程。
7. 氧离曲线的特征及生理意义是什么？哪些因素可以影响氧离曲线的变化？
8. 运动时应如何进行与技术动作相适应的呼吸？如何合理运用憋气？

六、实践应用题

1. 为什么有经验的田径运动员在赛跑比赛冲过终点线后,往往采取身体前屈且手扶两膝的方式调整呼吸?
2. 当对昏迷的人进行急救心肺复苏时,经常进行胸外按压和口对口的人工呼吸。请解释心肺复苏过程及心肺复苏的原理。

▶▶▶▶▶▶▶ 参考答案 ◀◀◀◀◀◀◀

一、名词解释

1. **呼吸**:人体从外界不断地摄取 O_2,同时不断地将体内产生的 CO_2 排出体外。这种人体与外界环境之间进行的气体交换,称为呼吸。
2. **外呼吸**:外呼吸是指在肺部实现的外界环境与血液间的气体交换,包括肺通气(外界环境与肺之间的气体交换过程)和肺换气(肺与肺毛细血管中血液之间的气体交换过程)。
3. **内呼吸**:内呼吸是指组织毛细血管中血液通过组织液与组织细胞间实现的气体交换(又叫组织换气)。
4. **腹式呼吸**:膈肌舒缩时,腹部随之起伏,以膈肌活动为主的呼吸运动,称为腹式呼吸或膈式呼吸。
5. **胸式呼吸**:肋间肌的活动使肋骨发生提降移动,胸部也随之起伏,以肋间肌活动为主的呼吸运动,称为肋式呼吸或胸式呼吸。
6. **胸内压**:胸膜位于肺表面的部分为胸膜脏层,位于胸壁内表面的部分为胸膜壁层,脏层和壁层延续相连,形成密闭的间隙,即胸膜腔。胸膜腔内的压力为胸内压。
7. **潮气量**:每一呼吸周期中吸入或呼出的气量,称为潮气量。
8. **补呼气量**:平静呼气之后再做最大呼气时,增补呼出的气量,称为补呼气量。
9. **肺活量**:最大深吸气后再做最大呼气时所呼出的气量,称为肺活量。
10. **功能余气量**:平静呼气之后存留于肺中的气量,称为功能余气量。
11. **肺总容量**:肺所能容纳的最大气量为肺总容量,是肺活量和余气量之和。
12. **肺通气量**:单位时间内吸入(或呼出)的气量称为肺通气量。一般以每分钟为单位计量,故也称为每分通气量。
13. **肺泡通气量**:肺泡通气量是指每分钟吸入肺泡的实际能与血液进行气体交换的有效通气量。

14. **解剖无效腔**：在肺通气过程中，每次吸入的新鲜气体，有一小部分将留在鼻、咽、喉、气管和支气管等管腔内，这部分管腔因其解剖特征没有气体交换的功能，其管腔内的气体就气体交换来说是无效的，故这部分管腔称为解剖无效腔。

15. **时间肺活量**：在最大吸气后，以最快速度进行最大呼气，记录在一定时间内所能呼出的气量，称为时间肺活量。

16. **最大通气量**：以适宜的呼吸频率和呼吸深度进行呼吸时测得的每分通气量，称为最大通气量或最大随意通气量。

17. **氧离曲线**：氧离曲线或称为氧合血红蛋白解离曲线，是表示 PO_2 与血红蛋白结合 O_2 量关系或 PO_2 与氧饱和度关系的曲线。氧离曲线反映了血红蛋白与 O_2 的结合量是随 PO_2 的高低而变化的，这条曲线呈 "S" 形，而不是直线相关。

18. **氧储备**：在正常情况下，O_2 除维持体内的代谢消耗外，还有一小部分储存在血液、肺及肌红蛋白中，这部分储存的氧称为氧储备。

19. **氧利用率**：每 100mL 动脉血流经组织时释放的 O_2 占动脉血氧含量的百分数，称为氧利用率。

20. **氧脉搏**：心脏每次搏动输出的血量所摄取的氧量，称为氧脉搏，可以用每分摄氧量除以每分心率计算。

二、单选题

1. C 2. C 3. A 4. D 5. C 6. A 7. B 8. C 9. C 10. D
11. D 12. D 13. D

三、多选题

1. ABC 2. ABC 3. ACD 4. AC 5. AC 6. ABCD 7. ABC 8. ACD

四、判断题

1. √ 2. √ 3. √ 4. × 5. × 6. × 7. × 8. √ 9. √ 10. √
11. √ 12. √ 13. × 14. × 15. × 16. √

五、思考题

1. 简述平静呼吸与用力呼吸的过程。

平静呼吸是指安静状态的呼吸运动。其特点是：吸气时，膈肌收缩使穹隆顶下移，并推挤腹腔脏器向下，扩大胸廓上下径。肋间外肌收缩，肋骨沿肋椎关节旋转轴上提并向外侧翻转，同时胸骨随之推向前上方，使胸廓前后、左右径扩大。胸廓扩大时，肺随之扩张，肺容积的增大使肺内压下降，当低于大气压时，空气进入肺泡，形成吸气；膈肌和肋间外肌的舒张，加之肺和胸廓的弹性回缩与重力作用，以及腹腔脏器恢复到原状的作用，使膈肌、肋骨回位，胸廓缩小，肺亦随之缩小，随着肺容积的缩小，肺内压上升，当高于大气压时，肺内气体排出体外，形成呼气。

用力呼吸是指吸气与呼气过程均有肌肉的收缩活动。用力吸气时，除主要的吸气肌（膈肌和肋间外肌）加强收缩外，辅助吸气肌也参与收缩，使胸廓进一步扩大，从而增加吸气量。用力呼气时，除上述吸气肌舒张外，还有肋间内肌与腹壁肌的同时收缩，前者使肋骨充分下降，后者牵动胸骨向下，并使腹内压增加，使内脏推挤膈肌上移，从而促使胸廓进一步缩小，呼气加深。

2. 胸内压是如何形成的？有何生理意义？

胸内压是指胸膜腔内的压力。胸膜位于肺表面的部分为胸膜脏层，位于胸壁内表面的部分为胸膜壁层。这两个部分延续相连，形成密闭的间隙，即胸膜腔。正常的胸膜腔内没有空气且仅有一薄层浆液，使胸膜腔两层间的摩擦阻力减小且相互紧贴。胸内压在呼吸过程中始终低于大气压，为负压。这是由于婴儿出生后，胸廓和肺发育的速度不均衡，肺发育较慢，胸廓发育较快，胸廓容积大于肺。由于胸膜壁层和脏层紧贴不分，即使在呼气之末也是如此，因而肺始终处于被动牵拉状态。肺本身是有弹性的组织，肺泡又有表面张力，这两个因素使肺具有了回缩力。所以，胸膜腔内的压力应是肺回缩力与反方向作用于胸膜腔的肺内压之和。

胸膜腔为负压的意义在于：①能够牵拉肺呈扩张状态，有利于肺泡进行气体交换。②能够对位于胸膜腔内的心脏（心包膜也是胸膜的延续）、大静脉的机能产生良好的影响。尤其吸气时胸内负压的增加，对心房、腔静脉和胸导管扩张作用更加显著，从而使其容积增大，压力减小，更有利于静脉血和淋巴液的回流。另外，吸气时膈肌的下降、腹内压的升高，进一步迫使腹腔静脉血回流。因此，运动时采用深呼吸，能够有效地促进肺泡的气体交换和静脉血回心。

3. 试述肺通气机能指标的测定意义和评定方法。

肺通气机能指标包括以下四个。

（1）肺活量。肺活量反映了肺一次通气的最大能力，它是测定肺通气功能简单易行的指标，应用较普及，常用于评定运动员的训练水平和开展国民体质测定。通过运动训练，呼吸肌的力量提高，吸气、呼气能力加强，肺活量将会增大。

（2）连续肺活量。连续测 5 次肺活量，每次间隔 30s，根据 5 次所测数值的变化趋势，判断呼吸肌的机能。若肺活量后一次测得数值比前一次大，或与前一次的基本一致，表示呼吸肌的机能强，可看作身体机能状况良好的表现。这是因为前几次肺活量测试起到了准备活动的作用，使后来测得的肺活量升高。如果肺活量越测越低，则认为呼吸肌处于疲劳状态，表示身体机能状况恢复不佳，或表示身体的疲劳现象未能及时消除。所以，用测定 5 次肺活量的结果，可以简单、快速地判断呼吸肌是否疲劳及身体机能恢复状况。

（3）时间肺活量。在最大吸气之后，以最快速度进行最大呼气，记录在一定时间内所能呼出的气量，称为时间肺活量。正常成人最大呼气时，第 1 秒末、第 2 秒末、第 3 秒末呼出的气量分别占总肺活量的 83%、96%、99%，在 3s 内人体基本上可呼出全部肺活量的气量，其中第 1 秒的时间肺活量最有意义。时间肺活量是一个较好的评价肺通气功能的动态指标，它不仅能反映肺活量的大小，而且能反映肺的弹性是否降低、气道是否狭窄、呼吸阻力是否增加等情况。

（4）最大通气量。以适宜的呼吸频率和呼吸深度进行呼吸时所测得的每分通气量，称为最大通气量或最大随意通气量。一般只做 15s 通气量的测定，并将所测得的值乘以 4，即为每分最大通气量。最大通气量是衡量通气功能的重要指标，可以用来评价受试者的通气贮备能力，为进一步了解肺通气功能的贮备能力，一般还可用通气贮量的百分比来表示。

4. 简述气体交换的原理。

气体分子可溶解于液体内，也可从液体中逸出，其运动方向和量取决于分压与张力之间的压差。若分压高于张力，气体分子溶解于液体；若张力高于分压，则气体分子从液体中逸出，直至分压与张力达到平衡。若是两部分气体的分压不同，当它们接触时，气体分子将由分压高的一侧流向分压低的一侧，直至两边达到分压平衡。气体扩散的最终结果是压力平衡，分压差消失。这就是人体肺换气和组织换气的原理。

5. 简述肺换气与组织换气的过程。

（1）肺换气过程。在肺循环中，当来自肺动脉的静脉血液流经肺泡毛细血管时，由于肺泡气中的 PO_2 高于静脉血中的 PO_2，而肺泡气中的 PCO_2 低于静脉血中的 PCO_2，O_2 由肺泡扩散入血液，CO_2 则由血液向肺泡扩散，由此形成了肺换气，从而使含 O_2 较少、含 CO_2 较多的静脉血转变为含 O_2 较多、含 CO_2 较少的动脉血。

（2）组织换气过程。在组织中，当体循环的动脉血流经组织毛细血管时，由于动脉血的 PO_2 高于组织中的 PO_2，PCO_2 低于组织中的 PCO_2，O_2 从血液向组织细胞扩散，CO_2 则从组织细胞向血液扩散，由此形成了组织换气，其结果是使流经组织的动脉血转变为静脉血。

6. 简述 O_2 和 CO_2 在血液中的运输过程。

（1）O_2 运输过程。进入血液的 O_2 只有约 1.5% 溶于血浆，98.5% 的 O_2 进入红细胞与 Hb 结合。在肺内，PO_2 高，Hb 迅速与 O_2 结合，形成 HbO_2；在 PO_2 低的组织内，HbO_2 迅速解离，释放 O_2，成为 Hb。Hb 与 O_2 的结合和 HbO_2 解离 O_2 的反应迅速、可逆、不需酶的催化，但受 PO_2 高低的影响。

（2）CO_2 运输过程。CO_2 从组织进入血液后，物理溶解的量较少，占总运输量的 6%，

血液中的 CO_2 大部分是以化学结合形式存在的。CO_2 的化学结合形式有两种：一种是形成碳酸氢盐（如 $NaHCO_3$、$KHCO_3$）的形式，占总运输量的 87%；另一种是形成氨基甲酸血红蛋白（HbNHCOOH）的形式，占总运输量的 7%。

7. 氧离曲线的特征及生理意义是什么？哪些因素可以影响氧离曲线的变化？

（1）特征及生理意义。氧离曲线或称为氧合血红蛋白解离曲线，是表示 PO_2 与 Hb 结合 O_2 量关系或 PO_2 与氧饱和度关系的曲线。氧离曲线反映了 Hb 与 O_2 的结合量是随 PO_2 的高低而变化的，这条曲线呈"S"形，而不是直线相关。

"S"形氧离曲线的上段显示为当 PO_2 在 60～100mmHg（1mmHg = 133.3224Pa）时，曲线坡度不大，即使 PO_2 从 100mmHg 降至 80mmHg，血氧饱和度也仅从 98% 降至 96%。这种特点对高原适应或有轻度呼吸功能不全的人均有好处。只要能保持动脉血中 PO_2 在 60mmHg 以上，血氧饱和度仍有 90%，不至于因供氧不足而产生严重后果。因此，氧离曲线的上段对人体的肺换气有利。

曲线下段显示出 PO_2 在 60mmHg 以下时，曲线逐渐变陡，意味着 PO_2 下降，使血氧饱和度明显下降。当 PO_2 为 40～10mmHg 时，曲线更陡，此时 PO_2 稍有下降，血氧饱和度就大幅度下降，释放出大量的 O_2，保证组织换气。这种特点对保证向代谢旺盛的组织提供更多的 O_2 是十分有利的。因此，氧离曲线的下段对人体的组织换气大为有利。

（2）影响因素。Hb 与 O_2 的结合和解离在多种因素的影响下，会使氧离曲线的位置发生偏移。血液中 PCO_2 升高、pH 值降低、体温升高及红细胞中糖酵解产物 2,3-二磷酸甘油酸（2,3-DPG）的增多都会使 Hb 对 O_2 的亲和力下降，氧离曲线右移，从而使血液解离更多的 O_2；反之，血液中 PCO_2 下降、pH 值升高、体温降低和 2,3-DPG 的减少使 Hb 对 O_2 的亲和力提高，氧离曲线左移，从而使血液结合更多的 O_2。

8. 运动时应如何进行与技术动作相适应的呼吸？如何合理运用憋气？

呼吸的形式、时相、节奏等，必须适应技术动作的变换，必须随运动技术动作进行自如的调整，这不但为提高动作的质量、配合完成高难度技术提供了保障，而且能推迟疲劳的发生。

（1）呼吸形式与技术动作的配合。呼吸的主要形式有胸式呼吸和腹式呼吸。运动时采用何种形式的呼吸，应遵循既有利于技术动作的运用又不妨碍正常呼吸的原则，灵活转换。通常有些技术动作需要胸、肩带部的固定，才能保证造型，那么呼吸形式应转为腹式呼吸。

（2）呼吸时相与技术动作的配合。通常非周期性的运动要特别注意呼吸的时相，应以人体关节运动的解剖学特征与技术动作的结构特点为转移。一般在完成两臂前屈、外展、外旋、扩胸、提肩、展体或反弓动作时，采用吸气比较有利；在完成两臂后伸、内收、内旋、收胸、塌肩、屈体或团身等动作时，采用呼气比较顺当。

（3）呼吸节奏与技术动作的配合。通常周期性的运动采用富有节奏的、混合型的呼吸，会使运动更加轻松和协调，更有利于创造出好的运动成绩。

第五章　运动与呼吸

合理正确的憋气方法：①憋气前的吸气不要太深；②结束憋气时，为避免胸内压的骤减，使胸内压有一个缓冲、逐渐变小的过程，呼出气应逐步少许地、有节制地从声门中挤出，即采用微启声门、喉咙发出"嗨"声的呼气；③憋气应用于决胜的关键时刻，不必每一个动作、每一个过程都憋气，如跑近终点的最后冲刺、杠铃举起、摔跤制服对手的一刹那，可运用憋气。

六、实践应用题

1. 为什么有经验的田径运动员在赛跑比赛冲过终点线后，往往采取身体前屈且手扶两膝的方式调整呼吸？

【参考解答】

双手扶膝可以使胸部和上臂的肌肉远固定，有利于这些呼吸肌的发力，能协调呼吸，使在比赛中重复紧张使用的肋间肌和膈肌解除紧张，呼吸更顺畅。

双手扶膝可以加大胸廓容积，使中心静脉压降低，从而有利于静脉血回流，同时前倾姿势使心脏水平下降，也有利于静脉血回流，从而增加心输出量和全身的血液供应。

2. 当对昏迷的人进行急救心肺复苏时，经常进行胸外按压和口对口的人工呼吸。请解释心肺复苏过程及心肺复苏的原理。

【参考解答】

在昏迷时，患者的呼吸系统可能会因出现问题而无法自主呼吸，心搏骤停而无法射血，进而引起大脑缺血、缺氧。资料显示，心脏骤停超过 4min，脑组织会发生永久性损害，超过 10min 就会导致脑死亡。因此，心源性猝死救援有"黄金 4 分钟"的说法。

通过胸外按压心前区的方式使胸内压增高，将心室内的血液挤到外周血管，形成暂时的人工循环，满足心、脑等重要脏器供血，并促进患者恢复自主循环。通过人工呼吸代替自主呼吸，扩张肺部，提高血液内的氧饱和度，促进自主呼吸恢复。

一般情况下，人体吸入的空气中氧气含量约占 21%，呼出气中氧气含量约占 16%。因此进行人工呼吸时不用担心无法为患者吹入氧气。

心肺复苏的同时要尽快拨打 120 将患者送到附近医院进行救治。也可以就近寻找自动体外除颤器（AED）进行除颤急救（心脏骤停患者早期 85%~90% 是室颤）。

第六章 运动与物质能量代谢

习题部分

一、名词解释

1. 物质代谢
2. 消化
3. 吸收
4. 基础代谢
5. 被动脱水
6. 能量代谢
7. 安静代谢率
8. 基础代谢率
9. 食物的热价
10. 呼吸商
11. 代谢当量
12. 食物特殊动力效应
13. 磷酸原系统
14. 酵解能系统
15. 氧化能系统
16. 能量连续统一体
17. 体温调节
18. 辐射散热
19. 氧热价
20. 调定点学说

二、单选题

1. 磷酸原系统和乳酸能系统供能时的共同特点是（　　　）。
   A. 生成乳酸　　　B. 产生大量的 ATP　　　C. 生成 H_2O 和 CO_2　　　D. 不需要 O_2
2. 正常人的空腹血糖浓度为（　　　）。
   A. $5.0 \sim 6.0$ mmol/L
   B. $3.9 \sim 6.1$ mmol/L
   C. $4.2 \sim 6.1$ mmol/L
   D. $5.6 \sim 7.2$ mmol/L

3. 骨骼肌在无氧分解代谢时，葡萄糖或糖原最终分解为（　　）。
   A. 丙酮酸　　　　　B. 酮体　　　　　C. 乳酸　　　　　D. H_2O 和 CO_2

4. 以下表述正确的是（　　）。
   脂肪是人体重要的储能和功能物质，一般来说，男性体脂大于_____，女性体脂大于_____，则属于肥胖。
   A. 25%　35%　　　　　　　　　　　　B. 25%　30%
   C. 20%　25%　　　　　　　　　　　　D. 20%　30%

5. 人体基础代谢率的大小与（　　）成正比。
   A. 肌肉质量　　　B. 体重　　　C. 体脂率　　　D. 体表面积

6. 人体在长时间运动过程中轻度脱水所丢失的水分主要来自（　　）。
   A. 细胞外液　　　B. 饮水　　　C. 代谢内生水　　　D. 呼吸蒸发

7. 肌糖原储量增加时，更有利于提高（　　）项目的运动成绩。
   A. 跳远　　　B. 长跑　　　C. 举重　　　D. 投掷标枪

8. 剧烈运动中维持体温恒定的主要途径是（　　）。
   A. 传导　　　B. 蒸发　　　C. 辐射　　　D. 对流

9. 关于糖的生理功能，下列说法不正确的是（　　）。
   A. 糖是最主要、经济及快速的能源物质
   B. 短时间、大强度运动时，机体所需要能量的绝大部分由糖无氧供给
   C. 长时间、小强度运动时，主要动员脂肪供能，糖基本上不参与供能
   D. 脂肪的完全氧化需要在糖的参与下才能完成

10. 剧烈运动所产生的乳酸可大部分转化为糖原或葡萄糖，在这一过程中起重要作用的器官是（　　）。
    A. 心肌　　　B. 骨骼肌　　　C. 肝脏　　　D. 肾脏

11. 在学生体质测试中，50米跑、立定跳远、1分钟跳绳、50米×8 往返跑，以磷酸原系统为主要供能的项目有（　　）。
    A. 1 项　　　B. 2 项　　　C. 3 项　　　D. 4 项

12. 剧烈运动时，肌肉中含量首先减少的物质是（　　）。
    A. ATP　　　　　　　　　　　B. CP
    C. 葡萄糖　　　　　　　　　　D. 脂肪酸

13. 马拉松跑的后期，能源物质利用的情况是（　　）。
    A. 完全利用糖类　　　　　　　B. 完全利用脂肪
    C. 糖类利用低于脂肪　　　　　D. 糖类利用高于脂肪

14. 体温调节中枢位于（　　）。
    A. 脑桥　　　　　　　　　　　B. 小脑
    C. 下丘脑　　　　　　　　　　D. 延髓

15. 以下表述正确的是（　　）。

运动前补糖可采用稍_____浓度糖溶液，运动中可采用稍_____浓度糖溶液进行补充。

A. 高　低　　　　B. 低　高　　　　C. 高　高　　　　D. 低　低

三、多选题

1. 人体的三大能源物质是（　　）。

   A. 糖类　　　　　B. 脂肪　　　　　C. 蛋白质　　　　D. 维生素

2. 能量代谢包括机体物质代谢过程中所伴随的能量的（　　）。

   A. 损失　　　　　B. 释放　　　　　C. 转移　　　　　D. 利用

3. 糖的有氧氧化过程主要包括（　　）。

   A. 糖原/葡萄糖分解为丙酮酸　　　　B. 乙酰辅酶A生成CO_2和H_2O

   C. 丙酮酸氧化生成乙酰辅酶A　　　　D. 乙酰辅酶A生成ATP

4. 食物中的糖经消化道分解被吸收入血液后，主要去路是（　　）。

   A. 在肝脏合成肝糖原

   B. 被组织直接氧化利用

   C. 随血液运输到肌肉合成肌糖原贮存起来

   D. 维持血液中葡萄糖的浓度

5. 人体在各种运动中所需要的能量分别由三种不同的能源系统供应，即（　　）。

   A. 磷酸原系统　　B. 酵解能系统　　C. 氧化能系统　　D. 水解能系统

6. 人体在运动过程中，体内水的排出途径主要有（　　）。

   A. 通过肾脏以尿液的形式排出　　　　B. 经过消化道随粪便排出

   C. 呼吸蒸发　　　　　　　　　　　　D. 皮肤排汗

7. 以下关于基础代谢率的说法正确的是（　　）。

   A. 基础代谢率受年龄、性别等因素影响而产生生理波动

   B. 一般男性基础代谢率高于女性

   C. 一般成人基础代谢率高于幼年

   D. 一般老年基础代谢率低于成人

8. 影响能量代谢的因素主要有（　　）。

   A. 肌肉活动　　　　　　　　　　　　B. 精神活动

   C. 食物的特殊动力效应　　　　　　　D. 环境温度

9. 运动员在比赛和训练前、中、后各阶段补水的作用是（　　）。

   A. 维持血浆容量　　　　　　　　　　B. 减少体液丢失，维持运动能力

   C. 降低亚极量运动心率　　　　　　　D. 降低热应激、热衰竭和热休克风险

10. 体温测定的常用部位包括（　　）。
   A. 腋窝　　　　　　B. 直肠　　　　　　C. 皮肤　　　　　　D. 口腔

四、判断题

1. 与脂肪和蛋白质相比，糖氧化时需要的氧更少，因而是人体最经济的能源。（　　）
2. 糖的氧化供能主要发生在短时间、大强度运动中，在长时间、小强度运动中不参与供能。（　　）
3. 三羧酸循环是糖、脂肪、蛋白质三大营养物质在体内氧化分解的共同途径。（　　）
4. 人体的糖以血糖、肝糖原和肌糖原的形式存在，并以血糖为中心，使之处于动态平衡。（　　）
5. 由于汗液中无机盐的浓度低于体液中的浓度，一般情况下，运动中没有必要补充无机盐。（　　）
6. 肌肉活动对能量代谢的影响最为显著，任何轻微的活动均可提高代谢率。（　　）
7. 运动持续时间在2min左右的中距离跑项目，主要由酵解能系统供能。（　　）
8. 马拉松跑中机体的能量供应为氧化能系统，酵解能系统不参加供能。（　　）
9. 磷酸原系统供能的特点是功率输出最快、持续时间短、需氧量少和不产生乳酸等。（　　）
10. 果糖的升糖指数较葡萄糖更低，所以运动前补充果糖效果更好。（　　）
11. 肌糖原和肝糖原是人体内糖类物质的重要储存形式，二者可以相互转化。（　　）
12. 人体各种营养物质的消化、吸收、运输及代谢废物的排泄，均通过水溶液进行。（　　）
13. 能量代谢的测定有直接测热和间接测热两种方法，其中道格拉斯气袋法属于直接测热法的一种。（　　）
14. 目前认为，运动前1h补充糖可增加运动开始时肌糖原的储量。（　　）
15. 运动员增加食物蛋白质的摄入量，目的是作为能源贮备。（　　）
16. 磷酸原在运动中的可用量只占总量的10%左右。（　　）
17. 运动后补糖有利于糖原的恢复，理想的补糖时间应该在运动结束的1h以后。（　　）
18. 当运动强度低于70% VO_{2max} 时，脂肪氧化分解成主要能源。（　　）
19. 运动中不存在绝对单一的能源系统供能的情况。（　　）

五、思考题

1. 试述能量代谢的直接测热法和间接测热法的原理及优缺点。
2. 试述骨骼肌运动对消化和吸收机能的影响。
3. 试述三个能源系统的供能特征及其实践意义。
4. 试述影响能量代谢的主要因素。

5. 举例说明为何各种运动项目中机体不存在绝对单一的某个能源系统的供能。
6. 结合运动实例说明氧化能系统在运动中的重要作用。
7. 简述影响体温的因素。
8. 简述人体皮肤散热的方式。
9. 简述人体内水和无机盐的生理作用。
10. 试述运动中体温的变化及调节。

六、实践应用题

1. 在100m跑比赛过程中主要以ATP-CP供能为主，其次是酵解能系统供能。而ATP-CP最大供能时间是6～8s。所以在100m跑比赛过程中，前面6～8s全部是ATP-CP供能，后面3～4s全部是酵解能系统供能。请指出前文中的错误并给出合理的100m跑比赛供能特点。
2. 在逐渐递增负荷运动过程中，当呼吸商（呼吸交换率）大于1时，分析机体内的物质代谢。
3. 35岁，久坐缺乏身体活动的男性，身高160cm，体重70kg，计划通过有氧运动增加能量消耗及控制饮食减少热量摄入，30天减掉1kg脂肪，并且希望增加能量消耗值（有氧运动）与减少热量摄入值（控制饮食）相等。试述如何计算每天的热量摄入。

参考答案

一、名词解释

1. **物质代谢**：为了维持正常生命活动，机体必须不断地从外界环境中摄入氧气及各种营养物质，以构筑和更新机体自身的组织，称为同化作用；同时，机体自身的组成物质也不断分解成代谢产物排出体外，称为异化作用。这种机体与其周围环境之间不断进行的物质交换过程，称为物质代谢。
2. **消化**：食物在消化道内被分解为可吸收的小分子物质的过程，称为消化。
3. **吸收**：经消化后的营养成分透过消化道黏膜进入血液或淋巴液的过程，称为吸收。
4. **基础代谢**：基础代谢是指人体处在清醒、安静、空腹、室温在20～25℃基础状态下的能量代谢。
5. **被动脱水**：人体在运动训练过程中，受气温、运动强度、运动持续时间等因素的影响，可能产生程度不同的水分丢失，称为被动脱水。
6. **能量代谢**：生物体各种能源物质分解代谢过程中所伴随的能量释放、转移、储存和利用，称为能量代谢。

7. **安静代谢率**：安静代谢率是指人体安静状态下单位时间内的能量代谢。
8. **基础代谢率**：基础代谢率是指单位时间内的基础代谢，即在基础状态下，单位时间内的能量代谢，这种能量代谢是维持最基本生命活动所需要的、最低限度的能量。
9. **食物的热价**：1g 食物完全氧化分解所释放出的热量，称为食物的热价。
10. **呼吸商**：各种物质在体内氧化时所产生的 CO_2 与所消耗的 O_2 的容积之比，称为呼吸商。
11. **代谢当量**：运动时耗氧量与安静时耗氧量的比值，称为代谢当量，又称为梅脱。
12. **食物特殊动力效应**：进食能刺激机体产生"额外"热量消耗的现象，称为食物特殊动力效应。
13. **磷酸原系统**：磷酸原系统又称为 ATP-CP 系统。该系统主要是由结构中带有磷酸基团的 ATP（包括 ADP）、CP 构成，在供能代谢中均会发生磷酸基团的转移。
14. **酵解能系统**：酵解能系统又称为乳酸能系统，是运动中骨骼肌糖原或葡萄糖在无氧条件下酵解，生成乳酸并释放能量供肌肉利用的能源系统。
15. **氧化能系统**：氧化能系统又称为有氧氧化系统，是糖类、脂肪和蛋白质在氧供充分时，可以彻底氧化分解为二氧化碳和水，同时产生大量能量的能源系统。
16. **能量连续统一体**：不同运动项目具有各自不同的技术特点，其能量供应也具有各自的特征，但任何项目运动中都不存在绝对的某一个单一能源系统的供能，而是需要三个能源系统按照不同比例配布、协同供能。运动项目的能量供应之间紧密相连，形成一个连续的统一整体，称为能量连续统一体。
17. **体温调节**：人体的体温在体温调节机制的调控下，保持相对恒定，这种平衡有赖于产热和散热过程的动态平衡，称为体温调节。
18. **辐射散热**：辐射散热是指机体不断辐射出热射线——红外线，通过空气层被周围较冷物体吸收，这是机体安静状态下散热的主要方式（占总散热量的 60% 左右）。
19. **氧热价**：各种能源物质在体内氧化分解时，每消耗 1L O_2 所产生的热量，称为该物质的氧热价。
20. **调定点学说**：调定点学说是体温调节的机制。体温调节系统是一个生物自动控制系统，机体根据一个设定的温度值，即调定点，调节产热和散热过程，使体温稳定于调定点水平。

二、单选题

1. D　2. B　3. C　4. D　5. D　6. A　7. B　8. B　9. C　10. C
11. B　12. B　13. C　14. C　15. A

三、多选题

1. ABC 2. BCD 3. ABC 4. ABCD 5. ABC 6. ABCD 7. ABD 8. ABCD
9. ABCD 10. ABD

四、判断题

1. √ 2. × 3. √ 4. √ 5. × 6. √ 7. √ 8. × 9. × 10. √
11. × 12. √ 13. × 14. × 15. × 16. × 17. × 18. × 19. √

五、思考题

1. 试述能量代谢的直接测热法和间接测热法的原理及优缺点。

（1）直接测热法。直接测量热量的产生和热量的丢失的方法称为直接测热法。受试者在一间特殊结构的实验房间进行测试。该房间绝缘密闭，与外界隔热并有水在墙的内外两层之间流动，水由受试者释放的热量加热。这样通过计算流经实验房间的水的体积和水流入流出时的温度差就可以得出受试者的产热量。此外，受试者通过皮肤和呼吸道蒸发水分，还会丢失一部分的热量，这部分热量可以通过收集这些水分而算出并加到总能耗当中。但直接测热法价格昂贵、工作复杂，较难使用。

（2）间接测热法。维持机体各种生理机能所需的能量来源于营养物质的氧化分解，而机体在氧化分解不同营养物质时所消耗的氧量与产生的二氧化碳量及释放出的热量之间成一定的比例关系。因此，利用糖、脂肪和蛋白质在体内氧化时的耗氧量、二氧化碳产生量及产生的热量之间的比例关系，可推算出机体在一定时间内消耗的各种营养物质的量，从而可推算出整个机体的能量代谢率。道格拉斯气袋法是最经典的间接测热法，受试者的呼出气体经过三通单向阀全部收集到道格拉斯气袋中，每隔一定时间（30s）更换一个气袋，测试结束后，使用化学分析方法和气体流量计分别分析气袋中的氧、二氧化碳的浓度和气体容积，计算消耗热量。该方法非常烦琐且不能提供测试过程中的即时数据。每口气法通过提高采样速度减少混合室的大小，获得和传统混合气袋法一致的测试结果，该方法已成为目前使用最广泛的间接测热法。

2. 试述骨骼肌运动对消化和吸收机能的影响。

骨骼肌运动可以引起骨骼肌血管扩张、血流量增加，内脏血管收缩、血流量减少，胃肠道血流量明显减少（较安静时约减少2/3），消化腺分泌消化液量下降。运动应激亦可致胃肠道机械运动减弱，使消化能力受到抑制。为了解决运动与消化机能的矛盾，一定要注意运动与进餐之间的间隔时间。饱餐后，胃肠道需要的血液量较多，此时立即运动将会影响消化，甚至可能因食物滞留造成胃膨胀，出现腹痛、恶心及呕吐等运动性胃肠道综合征。剧烈运动结束后，也应经过适当休息，待胃肠道供血量基本恢复后再进餐，以免影响消化吸收机能。

3. 试述三个能源系统的供能特征及其实践意义。

（1）三个能源系统的供能特征。

①磷酸原系统。磷酸原系统又称为ATP-CP系统。该系统主要是由结构中带有磷酸基团的ATP（包括ADP）、CP构成，由于在供能代谢中均会发生磷酸基团的转移，故称为磷酸原系统。肌肉运动中ATP直接分解供能，为维持ATP水平，保持能量的连续性供应，CP在肌酸激酶作用下，再合成ATP。CP在肌肉中贮存量很少。

②酵解能系统。酵解能系统又称乳酸能系统，是运动中骨骼肌糖原或葡萄糖在无氧条件下酵解，生成乳酸并释放能量供肌肉利用的能源系统。剧烈运动时，体内供氧不足，糖进行无氧分解，经过一系列反应生成乳酸。

③氧化能系统。氧化能系统又称有氧氧化系统。糖类、脂肪和蛋白质在氧供充分时，可以彻底氧化分解为二氧化碳和水，同时产生大量能量的过程，称为有氧氧化。该能源系统以糖和脂肪为主。

（2）三个能源系统的实践意义。

①磷酸原系统。该系统作为极量运动的能源，虽然维持运动的时间仅为6~8s，但却是不可替代的快速能源。运动训练中及恢复期，既应设法提高肌肉内磷酸原的贮备量，又要重视提高ATP再合成的速率。

②酵解能系统。该系统ATP的生成量少，但酵解酶浓度高，反应速度快，在剧烈运动中可以快速提供肌肉收缩的能量。一般认为，在极量强度运动的开始阶段，该系统即可参与供能，在运动30~60s时供能速率达最大，维持运动时间2~3min。此外，该系统与磷酸原系统共同为短时间高强度无氧运动提供能量，中距离跑等运动持续时间在2min左右的项目，主要由酵解能系统供能。而篮球、足球等非周期性项目在运动中加速、冲刺时的能量也由磷酸原及酵解能系统提供。

③氧化能系统。该系统以糖、脂肪作为主要的能量底物，尽管其供能的最大输出功率仅达酵解能系统的1/2，但其贮备量丰富，维持运动的时间较长（糖类可为1~2h，脂肪可达更长时间），成为长时间运动的主要供能系统。在某些特殊情况下，如食物中糖类供应不足或是糖、脂肪被大量消耗后，机体亦可依靠由组织蛋白分解产生氨基酸的方式供能。

4. 试述影响能量代谢的主要因素。

（1）肌肉活动。肌肉活动对能量代谢的影响最为显著。骨骼肌的收缩与舒张都是主动耗能的过程，所需能量源于能源物质的氧化。因此，任何轻微的活动均可提高耗氧量。运动中机体耗氧量增加，消耗能量增多，产热量增加，因而能量代谢率升高。

（2）精神活动。人在平静地思考问题时，能量代谢所受的影响并不大，产热量略有增加，一般不超过4%。但在精神紧张，如烦恼、恐惧或情绪激动时，产热量显著增加。这是伴随情绪变化出现了无意识的肌紧张及促进代谢的激素释放增多等原因所致。

（3）食物的特殊动力效应。安静状态下摄入食物后的一段时间内，人体产生的热量比食物本身氧化后所产生的热量要多。进食能刺激机体产生"额外"热量消耗的现象称为食物的特殊动力效应。糖类和脂肪的食物特殊动力效应分别为6%和4%，而混合食物约为10%。额外增加的热量不能用于做功，只能用于维持体温。

（4）环境温度。人体安静时的能量代谢在20～30℃环境中最稳定，环境温度过高或过低均可使机体能量代谢率升高。实验证明，当环境温度低于20℃时，代谢率开始增加；低于10℃时，代谢率显著增加。这主要是由于寒冷刺激反射性地引起战栗及肌肉紧张增强。当环境温度为30～45℃时，由于体内化学反应加速、呼吸循环功能增强等的作用，使代谢率增加。

5. 举例说明为何各种运动项目中机体不存在绝对单一的某个能源系统的供能。

不同运动项目具有各自不同的技术特点，其能量供应也具有各自的特征，但任何项目运动中都不存在绝对的某一个单一能源系统的供能，而是需要三个能源系统按照不同比例配布、协同供能。运动项目的能量供应之间紧密相连，形成一个连续的统一整体，称为"能量连续统一体"。例如，100m跑是典型的速度性项目，要求快速、高输出功率供能，磷酸原系统为首选能源，但酵解能系统及氧化能系统在运动中仍占有一定比例。马拉松跑的持续时间长，运动中机体的能量供应以氧化能系统为主，但酵解能系统供能亦占有一定比例，而且，随着训练水平的提高，马拉松运动员运动中酵解能系统供能所占比例将进一步增加，有利于满足途中加速和终点冲刺时的能量需求。近年来的研究发现，人体无氧和有氧供能系统各供能50%的时间区间出现在运动开始后75s左右，这之后，有氧供能比例随运动时间的增加而增大。

6. 结合运动实例说明氧化能系统在运动中的重要作用。

人体运动中能量的供应以"能量连续统一体"的方式实现。就人体的三个能源系统而言，氧化能系统对运动中人体的能量供应具有十分重要的作用。人体运动中，能量的直接来源是分解ATP，而ATP的补充则主要通过有氧氧化过程完成。人体有氧代谢过程是无氧代谢的基础。近年来的研究发现，在5～240s内的极限运动中，有氧供能系统也发挥着重要作用。在60s的力竭性运动中，大约50%的能量来自有氧氧化系统供能，在运动后30s，运动员的摄氧量可为最大摄氧量的70%～90%，在1min高强度运动后，摄氧量几乎达到最大值。因此，在运动训练中应该通过有效的练习方法，努力提高氧化能系统的供能能力，维持有氧和无氧供能系统间的良好平衡。

7. 简述影响体温的因素。

（1）昼夜节律。体温的昼夜节律是机体的一种内在节律。一昼夜中，人体的体温呈周期性波动，表现为2：00—6：00体温最低，13：00—18：00体温最高，波动幅度不超过1℃。

（2）性别差异。成年女性的体温平均比男性高 0.3℃，可能与女性较厚的皮下脂肪影响散热有关。女性月经期平均体温较低，其后轻度升高，排卵日体温又降低，排卵后体温升高 0.3～0.6℃，并持续至下一个月经周期。连续测定基础体温，可以协助判断卵巢排卵日期。

（3）年龄差异。由于儿童的基础代谢率较高，体温也就略高于成人；老年人则略低于成人。

（4）肌肉活动。肌肉活动时，代谢增强，产热量增加，剧烈运动中产生的热量超过当时机体所散发的热量，因此体温超出正常水平。

（5）其他。情绪激动、紧张、进食、环境温度等因素均可能对体温产生影响。

8. 简述人体皮肤散热的方式。

机体深部产生的热量主要通过循环流动的血液运输到皮肤。另外，还可以通过热传导的方式传递到体表，皮肤通过辐射、传导、对流、蒸发散热的方式，将体内热能散发。

（1）辐射散热。机体不断辐射出热射线——红外线，通过空气层被周围较冷物体吸收，这是机体安静状态下散热的主要方式。环境温度越低，机体有效辐射面积越大，辐射散热量越多。环境湿度很大时，辐射散热的效率略有降低。

（2）传导散热。这是机体将热量直接传给同它相接触的较冷物体的一种散热方式。机体深部的热量以传导的方式传到体表，然后传给与体表相接触的物体，如床或衣服等。

（3）对流散热。这是通过空气流动来交换热量的一种散热方式。人体的热量传给机体周围的空气，空气不断流动，从而将体热发散到空间。对流是传导散热的一种特殊形式。

（4）蒸发散热。人体通过皮肤表面水分蒸发散热的方式有两种：不感蒸发和发汗。不感蒸发是指人体没有汗液分泌时，皮肤和呼吸道不断有水分渗出，在未形成明显的水滴之前即被汽化蒸发掉，因而不被机体察觉。发汗是指汗腺细胞主动分泌汗液的活动，又称可感蒸发。

9. 简述人体内水和无机盐的生理作用。

体液是细胞进行代谢的内部环境，其主要成分是水及各种无机盐。人体内各种营养物质的消化、吸收、运输及代谢废物的排泄，均通过水来进行。因此，水具有维持物质代谢的作用，同时还具有调节体温和润滑的作用。

无机盐的生理作用包括维持细胞内液和细胞外液的容量、渗透压及电中性；维持神经、肌肉的膜电位，与维持神经、肌肉细胞正常兴奋性和肌肉收缩有关，使机体具有接受环境刺激和做出反应的能力；参与血液缓冲对的构成，与维持人体的酸碱平衡有关。此外，无机盐参与人体组织构成，通过生物酶的调节作用，影响物质代谢过程等。

10. 试述运动中体温的变化及调节。

运动会导致代谢水平提高，人体产热增加。尽管经机体调节加强了散热过程，但仍不能保证体热平衡而使体温升高。运动中体温的适度升高可以提高神经系统的兴奋性，降低肌肉的黏滞性、加快收缩速度、加快肌肉血流速度、加大血流量、促进氧合血红蛋白的解离及CO_2的交换，从而有利于提高人体的运动能力。

研究证明，人体肌肉活动的最适温度为38℃。运动前的适度准备活动可使肌肉温度达到38℃。运动中体温的升高与运动强度、持续时间、环境温度、湿度、风速及运动员训练水平等因素有关。运动强度越大，持续时间越长，体温升高幅度越大。剧烈运动中，发汗成为维持体温恒定的主要途径。一次大强度、大运动量训练，运动员的发汗量可为2～7L，同时可散发大量体热。运动员训练水平的提高，使其机体产热和散热调节过程日臻完善。冬夏两季大运动量训练有利于运动员提高机体对温度的适应能力及调节能力。

六、实践应用题

1. 在100m跑比赛过程中主要以ATP-CP供能为主，其次是酵解能系统供能。而ATP-CP最大供能时间是6～8s。所以在100m跑比赛过程中，前面6～8s全部是ATP-CP供能，后面3～4s全部是酵解能系统供能。请指出前文中的错误并给出合理的100m跑比赛供能特点。

【参考解答】

人体在各种运动中所需要的能量由三种不同的能源系统供给，即ATP-CP系统、酵解能系统和氧化能系统。根据"能量连续统一体"概念，不同运动项目具有各自不同的技术特点，其能量供应也具有各自的特征，但任何项目运动中都不存在绝对的某一个单一能源系统的供能，而是需要三个能源系统按照不同比例配布、协同供能。因此，题干中描述的"前6～8s全部是ATP-CP供能，后面3～4s全部是酵解能系统供能"是错误的。

100m跑是典型的速度性项目，强度大，持续时间短，要求快速、高输出功率供能。ATP-CP系统为首选能源，但酵解能及氧化能系统在运动中仍占有一定比例。ATP-CP系统是最快速的供能系统，它可以在运动开始时立即提供能量，但是其储存量有限，只能维持6～8s的运动。在100m跑的过程中，ATP-CP系统的供能比例会随着运动时间的延长而逐渐下降。酵解能系统的供能速率仅次于ATP-CP系统，它可以在运动开始3～5s就辅助ATP-CP系统提供能量，但需要一定时间才能达到最大供能效率。100m跑过程中，酵解能系统的供能比例随着运动时间的延长而逐渐上升，从最初的20%升到最后的80%。

2. 在逐渐递增负荷运动过程中，当呼吸商（呼吸交换率）大于1时，分析机体内的物质代谢。

【参考解答】

各种物质在体内氧化时所产生的CO_2与所消耗的O_2的容积之比称为呼吸商（呼吸交换率）。由于葡萄糖氧化时产生的CO_2量与消耗的O_2量是相等的，所以糖氧化时的呼吸商为1，蛋白质和脂肪氧化时的呼吸商分别为0.8和0.71。如果某人呼吸商接近1，说明此

第六章 运动与物质能量代谢

人在这段时间内所利用的能量主要来自糖的氧化。

在递增负荷运动中，由于运动负荷不断增加，机体摄取的 O_2 不能够满足运动过程中对 O_2 的需求，糖的无氧酵解加强。血液中的碳酸盐和乳酸结合产生碳酸，以维持酸碱平衡。在肺毛细血管中，碳酸分解成 CO_2 和 H_2O，增加了额外的非能量代谢产生的 CO_2，导致肺 CO_2 排出量明显增大，进而使呼出的 CO_2 量大于吸入的 O_2 量，呼吸商大于1。此时，机体更多地利用葡萄糖作为底物进行酵解，产生更多的 CO_2 和 H_2O，同时释放能量。

3. 35岁，久坐缺乏身体活动的男性，身高160cm，体重70kg，计划通过有氧运动增加能量消耗及控制饮食减少热量摄入，30天减掉1kg脂肪，并且希望增加能量消耗值（有氧运动）与减少热量摄入值（控制饮食）相等。试述如何计算每天的热量摄入。

【参考解答】

（1）计算每天所需能量消耗值与减少热量摄入值。

消耗1kg脂肪约等于7000kcal（1cal=4.18J）热量。减掉1kg脂肪也就需要每天使热量负平衡的值为7000kcal除以30天（d），大致为234kcal/d。这可以通过有氧运动消耗117kcal/d和减少热量摄入117kcal/d来实现。

（2）计算维持体重所需摄入热量值。

首先计算基础代谢率：基础代谢指人体处在清醒、安静、空腹、室温在20~25℃基础状态下的能量代谢。基础代谢率（BMR）是在基础状态下单位时间内的能量代谢。其可根据改良版Harris-benedict公式计算，即：BMR（kcal）= 66+13.397×体重（kg）+4.799×身高（cm）-5.677×年龄（岁），BMR=66+13.397×70+4.799×160-5.677×35≈1573（kcal）。

然后计算维持体重所需摄入热量值：将基础代谢与活动水平相乘，得出每天的总能量消耗。常用的活动水平系数如下：久坐或缺乏运动的人，活动系数为1.200；偶尔进行轻度运动的人，活动系数为1.375；一周进行3~5次中等强度运动的人，活动系数为1.550；一周进行6~7次中等强度运动的人，活动系数为1.725；劳动强度很高或每天进行剧烈运动的人，活动系数为1.900。

维持体重所需摄入热量值=1573×1.200≈1888（kcal）

（3）计算每天的热量摄入。

每天的热量摄入=每天维持体重所需摄入热量值-每天减少热量摄入值，也就是1888-117=1771（kcal）。

第七章 运动与肾脏

习题部分

一、名词解释

1. 肾单位
2. 肾小球滤过
3. 有效滤过压
4. 重吸收
5. 肾糖阈
6. 尿浓缩
7. 尿稀释
8. 运动性蛋白尿
9. 运动性血尿

二、单选题

1. 尿的 pH 值一般介于（ ），随饮食成分而改变。
   A. 4.0～7.0　　　B. 5.0～6.0　　　C. 4.0～6.0　　　D. 4.5～8.0
2. 以下表述正确的是（ ）。
   肾单位由_____和_____组成。
   A. 肾小体　肾小球　　　　　　　　B. 肾小囊　肾小管
   C. 肾小体　肾小管　　　　　　　　D. 肾小管　集合管
3. 根据肾脏血液供应路线，位于入球小动脉和出球小动脉的是（ ）。
   A. 肾小球毛细血管　B. 小叶间静脉　C. 弓形动脉　D. 小叶间动脉
4. 当肾动脉灌注压在 70～180mmHg（1mmHg = 133.3224Pa）范围内波动时，依靠（ ）可使肾血流量保持稳定。
   A. 自身调节　　　B. 神经调节　　　C. 内分泌调节　　　D. 外部调节

5. 重吸收量最大的部位是（　　）。
   A. 髓袢　　　　　　B. 近曲小管　　　　C. 远曲小管　　　　D. 集合管
6. 正常情况下，滤液中被肾小管全部重吸收的物质是（　　）。
   A. 肌酐　　　　　　B. Na^+　　　　　C. 水　　　　　　　D. 葡萄糖
7. 当血浆中的葡萄糖浓度超过（　　）时，尿中出现葡萄糖。
   A. 160mg/100mL　　　　　　　　　　　B. 170mg/100mL
   C. 180mg/100mL　　　　　　　　　　　D. 190mg/100mL
8. 尿的组成成分中，（　　）所占比重最大。
   A. 尿素　　　　　　B. 尿酸　　　　　　C. 水　　　　　　　D. 无机盐
9. 当血浆 H^+ 浓度升高时，肾近端小管对（　　）的重吸收作用加强。
   A. Na^+　　　　　B. H^+　　　　　C. Cl^-　　　　　D. HCO_3^-
10. 大量出汗时尿量减少，主要是由于（　　）。
    A. 血浆晶体渗透压升高，ADH 释放增多
    B. 血浆晶体渗透压降低，ADH 释放减少
    C. 血量减少，血压下降
    D. 血浆胶体渗透压升高，ADH 释放增多
11. 正常人安静时尿中的蛋白质含量为（　　）。
    A. 10～40mg　　　B. 30～130mg　　　C. 30～90mg　　　D. 50～120mg
12. 运动性蛋白尿与（　　）有关。
    A. 运动持续时间　　B. 运动负荷量　　　C. 运动训练水平　　D. 饮水次数
13. 显微镜下血尿为（　　）。
    A. 正常尿色　　　　B. 褐色　　　　　　C. 浓红茶色　　　　D. 红色
14. 除（　　）外，均为肾脏分泌的生物活性物质。
    A. 促红细胞生成素　B. 前列腺素　　　　C. 维生素 D_3　　D. 利尿素
15. （　　）不是肾小管和集合管主要分泌的物质。
    A. H^+　　　　　B. Na^+　　　　　C. NH_3　　　　　D. K^+

三、多选题

1. 在肾脏中，与尿液的浓缩和稀释有关的结构是（　　）。
   A. 近端小管　　　　B. 髓袢细段　　　　C. 远曲小管　　　　D. 集合管
2. 影响肾小球滤过的主要因素是（　　）。
   A. 滤过膜的通透性　　　　　　　　　　B. 滤过面积
   C. 血浆胶体渗透压　　　　　　　　　　D. 有效滤过压

3. 肾脏的生理功能包括（　　）。
   A. 排泄代谢终产物及进入机体的异物
   B. 调节机体的水、电解质和酸碱平衡
   C. 分泌肾素、促红细胞生成素等内分泌物质
   D. 分泌 EPO 调节红细胞生成

4. 尿液生成过程包括（　　）。
   A. 肾髓质渗透压浓度梯度的建立　　　　B. 肾小球的滤过
   C. 肾小管和集合管的重吸收　　　　　　D. 膀胱内尿液充盈

5. 对水的重吸收，下列描述正确的是（　　）。
   A. 肾小管和集合管对水的总重吸收率约为 99%
   B. 重吸收减少 1%，尿量将增加 1%
   C. 近端小管对水的重吸收与体内是否缺水无关
   D. 水的重吸收都是被动的

6. 下列（　　）可被肾小管重吸收。
   A. 水　　　　　　B. 葡萄糖　　　　　　C. Na^+　　　　　　D. 尿素

7. 关于运动性蛋白尿产生的可能原因是（　　）。
   A. 运动负荷使肾小球滤过膜的通透性改变
   B. 激烈运动使肾脏受到机械性损伤
   C. 激烈运动时，肾血管收缩，肾小球毛细血管血压升高，促使蛋白质滤过
   D. 由于运动乳酸增多引起血浆蛋白质体积缩小，肾小管上皮细胞肿胀，蛋白质被滤过到尿中

四、判断题

1. 将血浆滤过的结构，即肾小球囊内层上皮细胞、基膜、肾小球毛细血管内皮细胞，三者合称为滤过膜。（　　）

2. 有效滤过压＝（血浆渗透压＋肾小囊内压）－（肾小球毛细血管血压＋肾小囊内液胶体渗透压）。（　　）

3. 肾脏的血液供应路线可概括为肾动脉→叶间动脉→弓形动脉→小叶间动脉→入球小动脉→肾小球毛细血管网→出球小动脉→肾小管和集合管周围的毛细血管网→小叶间静脉→弓形静脉→叶间静脉→肾静脉。（　　）

4. 远曲小管分泌 H^+、K^+、NH_3，可调节体液的离子浓度和酸碱平衡。（　　）

5. 肾单位由肾小球和肾小囊组成。（　　）

6. 肾脏的排泄途径是肾小球→肾小囊→近端小管→髓袢→集合管→远端小管→肾盏→肾盂→输尿管→膀胱→尿道。（　　）

7. 肾脏的血液循环特点是血液经过两次小动脉和形成一套毛细血管网。（　　）
8. 葡萄糖、氨基酸、Na^+、K^+、Ca^{2+} 都是主动重吸收。（　　）
9. 肾脏大部分的血液都流经肾髓质。（　　）
10. 碱性磷酸盐和酸性磷酸盐是血浆中一对较重要的缓冲物质，正常比值为4:1。（　　）

五、思考题

1. 试述肾脏血液循环的特点。
2. 试述肾小管和集合管的分泌。
3. 试述尿的排出过程。
4. 试述肾脏在维持机体酸碱平衡中所起的作用。
5. 试述肾脏在保持机体水平衡中的作用。
6. 试述影响运动性蛋白尿的因素。
7. 运动性血尿产生的主要原因是什么？如何调整？

六、实践应用题

1. 一足球运动员在一场大强度比赛后，发现尿液泡沫增多且久久不散。其肾功能检查、血液检查、B超检查及X线检查均无异常，但尿常规检查发现尿蛋白显示阳性。请应用本章所学知识分析上述现象并提出建议。
2. 一运动员在拳击运动后，尿液出现肉眼可见的洗肉水样（血尿），到医院检查，显微镜下可见红细胞。请结合所学知识解释该现象出现的原因，并分析其影响因素。

参考答案

一、名词解释

1. **肾单位**：肾单位是肾脏的基本结构和功能单位，由肾小体和肾小管两个不同的功能部分构成。
2. **肾小球滤过**：循环血液流经肾小球毛细血管时，毛细血管内血压较高且滤过膜具有通透性，使除大分子蛋白质外，血浆中的水和小分子溶质均可通过肾小球滤过膜滤入肾小囊中，从而形成超滤液，这一过程就称为肾小球滤过。
3. **有效滤过压**：肾小球滤过的动力是有效滤过压。有效滤过压=（肾小球毛细血管血压+肾小囊内液胶体渗透压）-（血浆胶体渗透压+肾小囊内压）。

4. **重吸收**：当肾小球滤过液进入肾小管后被称为小管液。重吸收是指物质从小管液转运至血液中的过程。

5. **肾糖阈**：当血浆中葡萄糖浓度超过 180mg/100mL 时，有一部分肾小管对葡萄糖的重吸收已达到极限，尿中开始出现葡萄糖，此时的血糖浓度称为肾糖阈。

6. **尿浓缩**：小管液是血浆的超滤液，和血浆的渗透压基本相等。每天终尿中的溶质成分基本恒定，当机体缺水时，排出体外的水分减少，尿液的渗透压高于血浆，称为尿浓缩。

7. **尿稀释**：当体内液体过剩时，排出体外的水分增多，尿液的渗透压低于血浆，称为尿稀释。

8. **运动性蛋白尿**：正常人在运动后出现的一过性蛋白尿，称为运动性蛋白尿。

9. **运动性血尿**：正常人在运动后出现的一过性显微镜下或肉眼可见的血尿，称为运动性血尿。

二、单选题

1. D   2. C   3. A   4. A   5. B   6. D   7. C   8. C   9. D   10. A
11. B   12. B   13. A   14. D   15. B

三、多选题

1. BCD   2. ABCD   3. ABCD   4. BC   5. ACD   6. ABCD   7. ABCD

四、判断题

1. √   2. ×   3. √   4. √   5. ×   6. ×   7. ×   8. √   9. ×   10. √

五、思考题

1. 试述肾脏血液循环的特点。

肾脏的血液直接来自腹主动脉的分支——肾动脉。其中，94%左右的血液分布在皮质，其余供应髓质。通常所说的肾血流量主要指肾皮质的血流量。肾脏的血液循环由肾动脉开始，经逐级分支后，进入肾小体成为入球动脉，再分支成肾小球毛细血管网，汇合成出球小动脉。入球小动脉粗而短，出球小动脉细而长，入球小动脉的口径是出球小动脉口径的 2 倍，这种结构造成了肾小球毛细血管血压较高。一般体循环的毛细血管血压约 20mmHg，而肾小球毛细血管血压可达 60mmHg。出球小动脉离开肾小体，再次分支，形成第二次毛细血管网，缠绕在肾小管和集合管的周围，吸收来自肾小管和集合管滤液中的各种物质，最后汇合成肾静脉出肾。由此可知，肾脏的血液循环特点是血液经过两次小动脉（入球小动脉和出球小动脉）和形成两套毛细血管网（肾小球和肾小管周围的毛细血管网）。

2. 试述肾小管和集合管的分泌。

肾小管和集合管上皮细胞将自身代谢产生的物质分泌到小管液中的过程称为分泌，将血液中的某种物质排入小管液则称为排泄。由于二者均是将物质排入管腔，通常不严格区分而统称为分泌。肾小管和集合管主要能分泌 H^+、NH_3 和 K^+，这对保持体内的酸碱及 Na^+、K^+ 平衡具有重要意义。

（1）H^+ 的分泌。远曲小管和集合管分泌 H^+ 是通过闰细胞实现的。在闰细胞内，CO_2 和 H_2O 在碳酸酐酶的作用下生成 H_2CO_3，H_2CO_3 解离为 H^+ 和 HCO_3^-，H^+ 由管腔膜上的 H^+ 泵泵至小管液中，HCO_3^- 则经基侧膜回到血液中。每分泌一个 H^+，就分别可重吸收一个 Na^+ 和一个 HCO_3^- 回到血液中。

（2）K^+ 的分泌。小管液中的 K^+ 绝大部分被肾小管各段和集合管重吸收入血，只有极少部分随尿液排出。尿液中的 K^+ 主要是由远曲小管和集合管分泌的。远曲小管和集合管具有主动重吸收 Na^+ 的作用，K^+ 的分泌和 Na^+ 的主动重吸收有密切的联系。在小管液中重吸收 Na^+ 进入细胞的同时，K^+ 被分泌到小管液内。体内的 K^+ 主要由肾排泄。正常情况下，机体摄入的 K^+ 和排出的 K^+ 保持动态平衡。

（3）NH_3 的分泌。远曲小管和集合管上皮细胞所分泌的 NH_3 来自本身代谢产生的 NH_3，NH_3 可通过细胞膜向小管液和小管周围组织间液扩散。NH_3 的扩散量取决于小管液和组织间液的 pH 值，因为小管液的 pH 值较低，NH_3 主要向小管液中扩散。进入小管液内的 NH_3 则和 H^+ 结合为 NH_4^+，NH_4^+ 再和小管液中的强酸盐（如 NaCl）的负离子结合，生成酸性铵盐，并从尿中排出。NH_3 的分泌，一方面促进了 H^+ 向小管液内分泌，另一方面也促进了 $NaHCO_3$ 的重吸收。

3. 试述尿的排出过程。

尿液是连续生成的，经集合管、肾盏、肾盂、输尿管进入膀胱。当尿液在膀胱内储存达到一定量时，即可引起反射性排尿，尿液经尿道排出体外。

（1）膀胱和尿道的神经支配。膀胱逼尿肌和内括约肌受副交感和交感神经的双重支配。盆神经中含有感觉纤维，能感受膀胱壁被牵拉的程度。后尿道的牵张刺激是诱发排尿反射的主要信号。除盆神经外，阴部神经支配膀胱外括约肌。阴部神经为躯体运动神经，故膀胱外括约肌的活动可随意控制。阴部神经兴奋时，外括约肌收缩；反之，外括约肌舒张。排尿反射时可反射性抑制阴部神经的活动。支配膀胱的交感神经起自腰段脊髓，经腹下神经到达膀胱。刺激交感神经可使膀胱逼尿肌松弛、内括约肌收缩和血管收缩。

（2）排尿反射。排尿是一个反射过程，称为排尿反射。排尿反射是一种脊髓反射，但脑的高级中枢可抑制或加强其过程。

在一般情况下，膀胱逼尿肌在副交感神经紧张性冲动的影响下处于轻度收缩状态，使膀胱内压经常保持在 $10cmH_2O$（$1cmH_2O = 100Pa$），由于膀胱具有较大的伸展性，所以膀胱内压稍高后可以很快下降。当膀胱的容积大于 300mL 时，膀胱内压才明显升高。在此基础上，尿量稍有增加就会引起膀胱内压迅速升高。当膀胱内尿量达到一定充盈度（400～500mL）时，膀胱壁上，特别是后尿道的感受器受牵张刺激而兴奋，冲动沿盆神经传入纤维传至脊髓段的排尿反射初级中枢，同时冲动也上传到达脑干（脑桥）和大脑皮质的排尿反射高级中枢并产生尿意。

若膀胱充盈后引起尿意，而条件不许可排尿时，人可有意识地通过高级中枢的活动来抑制排尿。随着膀胱的进一步充盈，引起排尿的传入信号越来越强烈，尿意也越来越强烈。

4. 试述肾脏在维持机体酸碱平衡中所起的作用。

肾脏是维持人体内环境稳态的重要脏器。肾脏通过肾小球的滤过、肾小管的重吸收及分泌，完成水、酸碱物质的跨细胞转运，进而维持细胞外液的容量与成分在正常范围之内。

当机体内酸性物质增多、血浆 H^+ 浓度升高时，肾近端小管对 HCO_3^- 的重吸收明显加强，重吸收率从 87% 升高到接近 100%。从肾小管上皮细胞重吸收 HCO_3^- 的机制可以看出，肾小管上皮细胞每重吸收一个 HCO_3^- 和一个 Na^+ 入血，就分泌一个 H^+，这对体内酸碱平衡稳定的维持具有重要的意义。H^+ 的分泌促进酸性盐（如 NH_4Cl）的生成并从尿中排出，加速了 NH_3 的分泌。NH_3 的分泌在促进 H^+ 向小管液内分泌的同时，也促进了 $NaHCO_3$ 的重吸收。

肾脏调节机体酸碱变化的过程依赖于肾脏对水平衡的调节。肾脏通过对机体水平衡的调节，同时也进行酸碱平衡的调节。

5. 试述肾脏在保持机体水平衡中的作用。

细胞赖以生存的内环境需要保持稳态，而细胞外液电解质含量和渗透压的稳态有赖于细胞内外水分保持相对稳定，即保持水平衡。机体水分主要来源于饮食和体内代谢，水分的排出主要靠尿液。尿液排出的多少依赖于肾小球滤过和肾小管的重吸收，肾脏能够排出机体多余的水分（正平衡）。而体内水分不足（负平衡）时，肾脏只能尽可能地减少水分的排出，不足的水分只能通过饮食摄入得到补充。

重吸收水的动力是小管液和上皮细胞间的渗透浓度梯度，由于小管液在肾近端小管的吸收完全是等渗重吸收，是不可调节的（强制性重吸收），所以保证了小管液内的水分绝大部分被重吸收（约 70%），满足了机体的需要。肾脏对水平衡的调节主要发生在肾远端小管和集合管。具体调节过程包括尿的浓缩和稀释、肾髓质部渗透浓度梯度的建立和抗利尿激素的作用。

6. 试述影响运动性蛋白尿的因素。

正常人在运动后出现的一过性蛋白尿，称为运动性蛋白尿。一般认为是运动负荷使肾小球滤过膜的通透性改变而引起的。影响运动性蛋白尿有如下几个主要因素。

（1）运动项目。长距离跑、游泳、自行车、足球、赛艇等运动后，运动员出现尿蛋白阳性的概率高，排泄量较大；而体操、举重、射箭等项目运动后，运动员出现尿蛋白阳性的概率低，排泄量较少。这种现象可能与不同运动项目对机体产生的影响不同有关。

（2）负荷量和运动强度。在同一运动项目中，随着负荷量的增加，尿蛋白出现阳性的概率和排出量增加。在大负荷训练过程中，运动员开始承担大负荷量时，由于机体对负荷量的不适应，尿蛋白排泄量增多；坚持一段时间后，完成相同的负荷量时，尿蛋白排泄量减少。这是机体逐渐适应负荷量的表现。

（3）个体差异。运动性蛋白尿的个体差异较大。在完成同样训练内容、同样负荷量后，有的人不出现蛋白尿，有的人则出现蛋白尿，而且排泄量的个体差异范围也较大。不过，同一人在完成相同的负荷量后，其尿蛋白排泄量是比较恒定的，排泄量与自身的机能状况关系较大。

（4）机能状况。人的机能状况和对负荷的适应与尿蛋白排出量有关。进行定量负荷运动，当机能状况和适应性良好时，尿蛋白排量减少，尿蛋白恢复期缩短；反之，机能状况欠佳、适应性差时，尿蛋白排量增加，尿蛋白恢复期延长。

（5）年龄与环境。尿蛋白出现阳性的概率随年龄的增加而降低。运动时外界的温度、海拔的高度等因素，对尿蛋白的出现有显著影响。

7. 运动性血尿产生的主要原因是什么？如何调整？

正常人在运动后出现的一过性显微镜下或肉眼可见的血尿，称为运动性血尿。出现运动性血尿，可能是由于运动时肾上腺素和去甲肾上腺素的分泌增加，肾血管收缩，肾血量减少，出现暂时性肾脏缺血、缺氧和血管壁的营养障碍，从而肾的通透性提高，使原来不能通过滤过膜的红细胞也发生了外溢，形成运动性血尿。另外，运动时肾脏受到挤压、打击，肾脏下垂，造成肾静脉压力增高、红细胞渗出，产生血尿。因此，运动性血尿可能是综合因素作用的结果。

运动性血尿受运动项目、运动强度、身体适应能力和环境等因素的影响。跑步、跳跃、球类、拳击运动后，血尿的发生率较高；运动强度加得过快时，如冬训、比赛开始阶段，血尿的发生率也较高；身体适应能力下降，如过度训练，也会使血尿的发生率提高；在严寒条件（冬泳）和高原条件下训练，也容易造成运动性血尿。

运动性血尿多出现在激烈运动后，人体并无其他症状和不适。血尿持续时间一般不超过 3 天，最长不超过 7 天。出现血尿时，可适当调整运动量，服用一些止血药或中药，通常预后情况良好。

六、实践应用题

1. 一足球运动员在一场大强度比赛后，发现尿液泡沫增多且久久不散。其肾功能检查、血液检查、B 超检查及 X 线检查均无异常，但尿常规检查发现尿蛋白显示阳性。请应用本章所学知识分析上述现象并提出建议。

【参考解答】

通过上述案例，可以分析出该名运动员出现了生理性的运动性蛋白尿。一般认为是运动负荷使肾小球滤过膜的通透性改变而引起的。但对滤过膜通透性改变的原因，解释却不一致：其一，有些学者通过动物实验证明，运动引起乳酸增多，血浆蛋白质体积缩小，肾小管上皮细胞肿胀，蛋白质被滤过到尿中；其二，有研究证明，酸性物增多导致正电荷增多，促使显正电性的蛋白质易透过肾小球带负电的滤过膜，进入滤液中；其三，有人认为是剧烈的运动使肾脏受到机械性损伤而引起的；其四，有人提出，出现运动性蛋白尿是激烈运动时肾血管缩小，引起血流停滞，肾小球毛细血管压升高，从而促使蛋白质滤过；其五，有些学者认为，运动时肾小球毛细血管扩张及被动充血、肾小管上皮细胞变性，造成肾脏血循障碍，毛细血管通透性增加，出现尿蛋白。

运动后出现的运动性蛋白尿经过一定时间的休息，不需要治疗也会自行消失，要注意多补充营养物质，减轻运动量。

2. 一运动员在拳击运动后，尿液出现肉眼可见的洗肉水样（血尿），到医院检查，显微镜下可见红细胞。请结合所学知识解释该现象出现的原因，并分析其影响因素。

【参考解答】

（1）该运动员是在拳击运动后出现的一过性显微镜下肉眼可见的血尿，该现象称为运动性血尿。

出现该现象的原因主要有三个。

①运动时肾上腺素和去甲肾上腺素的分泌增加，造成肾血管收缩，肾血量减少，出现暂时性肾脏缺血、缺氧和血管壁的营养障碍，使肾的通透性提高，形成运动性血尿。

②运动时肾脏受到挤压、打击和肾脏下垂，造成肾静脉压增高，红细胞渗出，产生血尿。

③运动引起的自由基含量增加也可以造成运动性血尿。因此，运动性血尿可能是综合因素作用的结果。

（2）运动性血尿的影响因素主要有以下四个方面。

①运动项目。跑步、跳跃、球类、拳击等运动后，血尿发生率高。

②运动强度。运动强度加得过快时，如冬训，血尿的发生率也会提高。

③身体适应能力。身体适应能力下降，如过度训练，会产生大量的血尿。

④环境。在严寒条件（如冬泳）和高原条件下训练，容易造成运动性血尿。

第八章 运动与感觉

习题部分

一、名词解释

1. 感受器
2. 感觉器官
3. 感觉
4. 远点
5. 近点
6. 视力
7. 视野
8. 双眼视觉
9. 暗适应
10. 明适应
11. 前庭器官
12. 听阈
13. 听域
14. 位觉
15. 前庭反应
16. 前庭功能稳定性
17. 本体感受器
18. 本体感觉
19. 两点辨别阈

二、单选题

1. 下面哪个选项不是关于感受器一般生理特征的论述（ ）。
    A. 感受器具有换能作用　　B. 非适宜刺激也能引起感受器的反应
    C. 感受器具有适应现象　　D. 感受器具有编码作用
2. 下列感受器中属于快适应感受器的是（ ）。
    A. 触觉感受器　　B. 肌梭
    C. 腱梭　　D. 颈动脉窦压力感受器

3. 对感受器的描述不正确的是（　　）。
   A. 分布于体表或组织内部
   B. 专门感受机体内、外环境变化的结构和装置
   C. 都由游离的神经末梢构成
   D. 都有自己最敏感、最易接受的适宜刺激
4. 外感受器是（　　）。
   A. 触、压觉感受器　　　　　　　　B. 本体感受器
   C. 内脏感受器　　　　　　　　　　D. 平衡感受器
5. 感受器的编码作用是通过编码（　　）实现的。
   A. 动作电位的频率和神经纤维的数目　B. 动作电位的幅度变化
   C. 动作电位的波形变化　　　　　　D. 动作电位的产生部位
6. 眼的折光系统中折光能力最强的是（　　）。
   A. 玻璃体　　　B. 房水　　　C. 晶状体　　　D. 角膜
7. 正常人眼的晶状体为（　　）型的弹性结构。
   A. 双凸　　　B. 凸　　　C. 凹　　　D. 双凹
8. 正常眼看（　　）m 之外的物体，进入眼内的光线近似平行。
   A. 5　　　B. 6　　　C. 7　　　D. 8
9. 当视近物时，晶状体的调节表现为（　　）。
   A. 睫状肌松弛，悬韧带收缩　　　B. 晶状体变薄，瞳孔散大
   C. 前后变凸，增加曲率　　　　　D. 前后变凹，曲率减小
10. 散光眼应佩戴（　　）。
    A. 凹透镜　　　B. 凸透镜　　　C. 柱面镜　　　D. 棱镜
11. 在视网膜中能产生动作电位的细胞是（　　）。
    A. 色素细胞　　　B. 感光细胞　　　C. 双极细胞　　　D. 神经节细胞
12. 维生素 A 严重缺乏，可影响人（　　）。
    A. 在明处视觉　　B. 在暗处视觉　　C. 立体视觉　　　D. 色觉
13. 不参与声波传导及感受的结构是（　　）。
    A. 鼓膜　　　B. 鼓室　　　C. 基底膜　　　D. 听骨链
14. 正常人耳能感受的振动频率范围是（　　）。
    A. 0～16Hz　　　　　　　　　　B. 20～20000Hz
    C. 200～25000Hz　　　　　　　　D. 2500～35000Hz
15. 飞机升降时乘客做吞咽动作的目的在于（　　）。
    A. 调节中耳与内耳间压力平衡
    B. 调节前庭膜两侧的压力平衡
    C. 调节圆窗膜内外的压力平衡

D. 调节鼓室与大气之间的压力平衡

16. 中耳传导声波最重要的结构是（　　）。
    A. 咽鼓管和鼓膜   B. 咽鼓管和听骨链
    C. 鼓膜和听骨链   D. 鼓膜和鼓室

17. 椭圆囊囊斑和球囊囊斑的适宜刺激是（　　）。
    A. 旋转加速运动   B. 旋转减速运动
    C. 旋转匀速运动   D. 直线加减速度运动

18. 空中位觉的重要感受器是（　　）。
    A. 触觉小体   B. 视锥细胞
    C. 环式小体   D. 前庭器官与本体感受器

19. 肌梭能感受（　　）刺激。
    A. 肌张力大小   B. 肌肉长度变化
    C. 肌肉收缩速度   D. 肌肉本身弹性

20. 当γ-运动神经元的传出冲动增加时，可使（　　）。
    A. 肌梭传入冲动减少   B. 梭外肌纤维收缩
    C. 梭内肌纤维收缩   D. 牵张反射加强

三、多选题

1. 引起不同性质的感觉取决于（　　）。
    A. 被刺激的感受器种类
    B. 刺激的能量性质
    C. 刺激传入冲动所经过的特定上行传入途径
    D. 传入冲动最终到大脑皮层的特定部位

2. 关于感受器适应现象叙述正确的是（　　）。
    A. 刺激仍在继续，但传入冲动频率下降
    B. 适应是所有感受器的特征之一
    C. 适应不是疲劳
    D. 有快适应和慢适应感受器

3. 关于视野范围大小，下面叙述正确的是（　　）。
    A. 绿色视野小于黄色视野   B. 白色视野最大
    C. 颞侧与下侧较大   D. 鼻侧与上侧较大

4. 与双眼视觉有关的功能是（　　）。
    A. 产生立体视觉
    B. 扩大视野

C. 弥补视野中的盲点
   D. 增强对物体距离判断的准确性
5. 关于视锥细胞叙述正确的是（   ）。
   A. 有三种视锥细胞　　　　　　B. 红绿色盲多见
   C. 色盲多为遗传　　　　　　　D. 色弱多为遗传所致
6. 不是耳蜗主要功能的是（   ）。
   A. 集音作用　　　　　　　　　B. 感音换能作用
   C. 声压增益作用　　　　　　　D. 传导动作电位
7. 微音器电位特点是（   ）。
   A. "全或无"动作电位　　　　　B. 无潜伏期，无不应期
   C. 不易疲劳，不发生适应　　　D. 交流电位变化，可以总和
8. 关于前庭器官叙述正确的是（   ）。
   A. 包括椭圆囊、球囊和半规管
   B. 为自身运动状态和头部空间位置的感受器
   C. 壶腹嵴是感受角变速运动的感受器
   D. 囊斑是感受直线变速运动的感受器
9. 关于肌梭结构和功能叙述正确的是（   ）。
   A. 当γ-神经元活动加强时，梭内肌纤维收缩
   B. 肌梭位于肌纤维之间并与肌纤维平行排列
   C. 肌梭附着于梭外肌纤维上
   D. 肌梭的功能是感受肌肉长度的变化

四、判断题

1. 视网膜上视锥细胞和视杆细胞的适宜刺激是波长300～800nm的电磁波。（   ）
2. 不同强度的刺激能量可通过单一神经纤维上动作电位的频率高低来编码，也可通过参与电信号传递的神经纤维数目的多少来编码。（   ）
3. 快适应感受器有利于机体探索新异事物或障碍物；慢适应感受器有利于机体对某些功能状态进行持续的监测和调整，从而保证调节系统运转的精度。（   ）
4. 视觉器官的折光系统包括角膜、房水、晶状体和玻璃体。（   ）
5. 视近物时，睫状肌放松，悬韧带却被牵拉，造成晶状体前凸。（   ）
6. 视网膜上有三种视锥细胞，视锥色素是对红、绿、蓝三种光敏感的感光色素，由视蛋白和顺式视黄醛结合而成。（   ）
7. 足球运动员的绿色视野较其他项目运动员的大。（   ）
8. 耳是听觉器官，也是位觉器官和平衡器官。（   ）

9. 外界的声波振动经外耳道、鼓膜和听骨链的传递,引起外淋巴和基底膜的振动。(   )
10. 当耳蜗受到声音刺激时,在耳蜗及其附近结构记录到的耳蜗微音器电位与声波的频率和幅度完全一致。(   )
11. 与听觉有关的感受性毛细胞位于基底膜上。(   )
12. 强烈的噪声可导致听力障碍、生理功能紊乱、工作效率下降、平衡器官功能不佳,增加运动病的发生率。因此,噪声应控制在55dB以下。(   )
13. 水平半规管主要感受绕垂直轴左右旋转的变速运动,而前、后半规管主要感受绕前、后轴和横轴旋转的变速运动。(   )
14. 半规管的壶腹嵴和椭圆囊及球囊囊斑不能接受减速度的刺激。(   )
15. 位觉是本体感觉、视觉、位觉、触觉及内脏感觉相互作用的结果。(   )
16. 某一特定性质的刺激反复、长期地作用于前庭器官,经过一段时间后,前庭器官对刺激引起的反应会加强。(   )
17. 突发恶劣天气造成的冷损伤(失温)可以通过热适应训练防止或减少损害风险。(   )
18. 疲劳时两点辨别阈值增大。(   )
19. 运动员在竞赛过程中,为了集体荣誉,偶然受伤引起的痛觉完全可以被压抑,从而使痛觉减弱,甚至感受不到痛觉。这是因为意志坚强影响了神经系统的状态。(   )
20. 本体感觉也称为"暗淡的感觉",是因为肌肉活动时发生的本体感觉往往被视、听和其他感觉遮蔽。(   )

五、思考题

1. 简述感受器的一般生理特性。
2. 试述眼的调节。
3. 简述眼的折光异常和调节能力异常的原因、特点和矫正方法。
4. 简述视网膜感光细胞的种类及功能特点。
5. 试述视觉在运动训练中的作用。
6. 试述听觉在运动训练中的作用。
7. 试述前庭器官的适宜刺激及位觉产生机理,并说明位觉在运动训练中的作用。
8. 试述本体感受器的结构和机能。
9. 为什么某些项目运动员要在极热和极冷的环境中进行热适应性和冷适应性训练?
10. 试述运动对感觉功能的影响。

六、实践应用题

1. 为什么平时安排运动员训练时应注意合理安排运动员在强烈的噪声环境中进行训练或

比赛？
2. 运动训练中为什么常使用"想练结合"的训练方法提高本体感觉对动作反馈调节的能力？
3. 如何理解球类运动员的好"球性"是通过勤学苦练提高"暗淡的感觉"所形成的？请以篮球运动员为例，谈谈如何通过感觉评定指标进行选材。

参考答案

一、名词解释

1. **感受器**：感受器是指分布在体表或组织内部的一些专门感受机体内、外环境变化的结构或装置。
2. **感觉器官**：感觉器官是指感受器与其附属装置共同构成的结构。
3. **感觉**：感觉是客观事物在人脑中的主观反映。
4. **远点**：正常眼看远处（6m以外）物体时，进入眼内的光线近似平行，不做任何调节即可清晰成像于视网膜上。通常将人眼不做任何调节时所能看清的物体的最远距离称为远点。
5. **近点**：当看近处（6m以内）物体时，物像将成像在视网膜之后，造成视物模糊，正常眼通过调节折光系统可以将物像前移至视网膜上形成清晰物像。晶状体的最大调节能力可用眼能看清物体的最近距离来表示，这个距离称为近点。
6. **视力**：视力是指人眼分辨物体微细结构的能力，也称视敏度。通常以分辨两点（或两平衡线）之间的最小距离为标准。
7. **视野**：视野是指单眼固定注视正前方一点时，所能看到的空间范围。
8. **双眼视觉**：两眼同时看某一物体时产生的视觉称为双眼视觉。双眼视物时，不仅能看到物体的平面，还能看到物体的深度，从而形成立体视觉。
9. **暗适应**：当人长时间在明亮环境中突然进入暗处时，最初看不见任何东西，经过一定时间后，视觉敏感度才逐渐增高，能逐渐看见在暗处的物体，这种现象称为暗适应。
10. **明适应**：当人长时间在暗处突然进入明亮处时，最初感到一片耀眼的光亮，也不能看清物体，稍待片刻后才能恢复视觉，这种现象称为明适应。
11. **前庭器官**：内耳又称迷路，包括耳蜗、椭圆囊、球囊和三个半规管，其中椭圆囊、球囊和三个半规管统称为前庭器官，也称为位觉器官。
12. **听阈**：对于每一种频率的声波，都有一个刚能引起听觉的最低声强，称为听阈。当声强增加到一定限度时，引起的不仅是听觉，甚至是鼓膜的痛觉，此限度称为最大可听阈。

第八章 运动与感觉

13. **听域**：对于每一种频率的声波，都有一个听阈和最大可听阈，两者之间所包含的区域面积表示人耳所能听到声音的范围，称为听域。

14. **位觉**：身体进行各种变速运动（加减速度运动）时会引起前庭器官中的位觉感受器兴奋产生的感觉，称为位觉，也称前庭感觉。

15. **前庭反应**：前庭反应是指前庭分析器的感受器受刺激发放强烈而频繁的冲动，反射性地引起四肢躯干肌张力的正常关系失调，使动作或身体平衡失调，还会使眼肌产生不随意的收缩和放松，引起眼球发生有规律的震颤。另外，还会引起一系列植物性机能反应。

16. **前庭功能稳定性**：刺激前庭感受器而引起机体各种前庭反应的程度，称为前庭功能稳定性。

17. **本体感受器**：本体感受器是指分布在肌肉、肌腱和关节囊中的肌梭与腱梭，能分别感受肌肉被牵拉的程度及肌肉收缩和关节伸展的程度。

18. **本体感觉**：本体感受器受到刺激所产生的躯体各部位相对位置和状态的感觉，称为本体感觉，也称运动觉。

19. **两点辨别阈**：触—压觉是皮肤接受机械刺激时产生的感觉，触—压觉能分辨出两点的最小距离，称为两点辨别阈。

二、单选题

1. B　2. A　3. C　4. A　5. A　6. D　7. A　8. B　9. C　10. C
11. D　12. B　13. B　14. B　15. D　16. C　17. D　18. D　19. B　20. C

三、多选题

1. ABCD　2. ABCD　3. ABC　4. ABCD　5. ABC　6. ACD　7. BCD　8. ABCD
9. ABCD

四、判断题

1. √　2. √　3. √　4. √　5. ×　6. √　7. √　8. √　9. √　10. √
11. √　12. √　13. √　14. ×　15. √　16. ×　17. ×　18. √　19. √　20. √

五、思考题

1. **简述感受器的一般生理特性。**

   （1）适宜刺激。一种感受器通常只对某种特定形式的能量刺激最敏感，这种刺激就是该感受器的适宜刺激。

（2）换能作用。各种感受器可将作用于它们的各种形式的刺激能量转换为传入神经的动作电位，感受器的这种能量转换功能称为感受器的换能作用。

（3）编码作用。感受器不仅将各种刺激能量转换为神经动作电位，而且将刺激所包含的环境变化信息转移到动作电位的序列中，并把这种信息的转移作用称为感受器的编码作用。

（4）适应现象。当某一恒定强度的刺激持续作用于感受器时，感觉神经上产生动作电位的频率会逐渐降低，这一现象称为感受器的适应。适应并非疲劳。

2. 试述眼的调节。

眼的调节主要有晶状体调节、瞳孔调节和双眼会聚。

（1）晶状体调节。晶状体是一个富有弹性的双凸透镜形折光体，其周边由悬韧带将其与睫状体相连。当看近物时，睫状肌收缩，悬韧带松弛，晶状体向前后凸出，曲率增加，使物像前移到视网膜上；当看远物时，睫状肌松弛，睫状体后移，晶状体受悬韧带牵拉而相对扁平，曲率减小，使物像后移至视网膜上。

（2）瞳孔调节。一般人瞳孔直径为1.5~8.0mm。看近物时，可反射性引起双侧瞳孔缩小，称为瞳孔调节反射。瞳孔的大小随入射光量的强弱而改变的现象，称为瞳孔对光反射。当强光刺激视网膜感受细胞后，瞳孔缩小，以防止强光对视网膜的刺激。瞳孔对光反射是双侧性的，称为互感性对光反射。在运动中，情绪过度紧张可使瞳孔扩大，这是交感神经作用的结果，对运动有不良的影响。

（3）双眼会聚。当双眼注视一个由远移近的物体时，两眼视轴向鼻侧会聚的现象，称为双眼会聚，也称辐辏反射。其生理意义是看近物时，使物像分别落在两眼视网膜的对称点上，使视觉更加清晰，并防止复视的产生。

3. 简述眼的折光异常和调节能力异常的原因、特点和矫正方法。

正常眼看远处（6m以外）物体时，进入眼内的光线近似平行，不做任何调节即可清晰成像于视网膜上，这种眼称为正视眼。若眼的折光异常或眼球的形态异常，使平行光线不能聚焦于安静、未经调节的视网膜上，则称为非正视眼，即眼折光异常，如近视、远视、散光、老视。眼的折光异常和调节能力异常的产生原因、特点和矫正方法如下表所示。

眼的折光异常和调节能力异常

异常	产生原因	特点	矫正方法
近视	眼球前后径过长（轴性近视） 折光力过强（屈光性近视）	视远物时像在视网膜之前 近点和远点均移近	凹透镜
远视	眼球前后径过短（轴性远视） 折光力过弱（屈光性远视）	视远物时像在视网膜之后 近点变远	凸透镜
散光	折光面曲率不一致	视物变形、不清	柱面镜
老视	晶状体弹性减退	近点变远	视近物时戴凸透镜

4. 简述视网膜感光细胞的种类及功能特点。

视网膜感光细胞层有两种感光细胞，即视杆细胞和视锥细胞。

视杆细胞主要分布在视网膜的周边，最高密度在偏离中央凹 6mm 处，和与它们相联系的双极细胞及神经节细胞等组成视杆系统。它们对光的敏感性高，能接受弱光刺激，形成暗视觉，但无色觉，对被视物细节的分辨能力较差。

视锥细胞主要分布在视网膜的中央凹处，和与它们相联系的双极细胞及神经节细胞等组成视锥系统。它们对光的敏感性较差，只能接受强光刺激，形成明视觉和色觉，对被视物细节具有较高的分辨能力。

5. 试述视觉在运动训练中的作用。

（1）人眼能分辨各种物体的大小、形状、明暗、颜色、距离、动静及在空间里的相互作用。

（2）在运动员还没有熟练掌握动作技能之前，视觉起着主导作用。在运动过程中，运动员靠视觉掌握环境状况、产生空间感觉、控制本身的动作、观察赛场上的变化。在球类运动中，运动员要有良好的视力、良好的立体视觉和开阔的视野；在对抗性运动项目中，如击剑、拳击、摔跤等，需要运动员有敏锐的视力。只有视觉功能良好的运动员才有可能发挥出高超的运动技术水平。

（3）视觉对维持身体平衡起着重要作用。人可以在完全没有前庭感觉和本体感觉的情况下，仅靠视觉来维持身体平衡。但快速活动或闭眼时活动的能力则需要前庭感觉和本体感觉的参与，才能保持身体平衡和姿势正确。视觉发生障碍或有缺陷时，会使运动员减弱或者丧失方向和平衡感觉，不容易保持身体平衡和姿势正确。

（4）在体育教学和训练中，培养运动员掌握运动技能的同时，也要注意视觉功能的训练。在运动中，情绪过度紧张可使瞳孔扩大，这是交感神经作用的结果，对运动有不良的影响。

6. 试述听觉在运动训练中的作用。

（1）人类通过语言互通信息、交流思想、传播知识，对人类认识和适应环境变化具有重要意义。

（2）在体育教学和运动训练中，使用口令，利用语言讲解，学生通过听觉领会动作要领，有助于学生队列整齐，更快掌握动作技能。因此，在运动训练和比赛中，适宜音量、音调和生动、简洁的讲解、口令，可以使运动员的大脑皮质听觉中枢的兴奋性集中起来，更快形成条件反射。

（3）对运动员来说，音乐也是一种良好的刺激。现在的运动训练和比赛，用音乐伴奏的项目很多，如体操、花样滑冰等。音乐的旋律有助于运动员建立良好的节奏，有时音乐的选择直接影响比赛的成绩。在运动训练结束后，常用听音乐的方法来缓解疲劳，音乐能减轻大脑皮质的紧张，使身体更容易放松。

（4）听觉受噪声的影响，噪声也会影响人体的生理功能。音量在 55dB 以下对人体无损害，超过100dB，可使人的工作效率下降，生理功能明显紊乱，高强噪声甚至危害人体。在大型运动训练比赛时，运动员常常会受到助阵观众大喊大叫的影响，较长时间或间断性的干扰会造成过分紧张，影响运动能力。因此，应注意平时合理安排运动员在强烈的噪声环境中进行训练或比赛，以适应正式竞赛时活动场馆的强烈噪声环境。

（5）听觉还能使人对一定距离以外环境条件的变化预先发生适应性反应。在体育运动中，运动员借助听觉、视觉、本体感觉和前庭感觉的共同活动，控制动作的节律和速度，准确感知空间位置、保持身体平衡，对掌握及熟练运用动作技能具有重要作用。

7. 试述前庭器官的适宜刺激及位觉产生机理，并说明位觉在运动训练中的作用。

前庭器官（位觉器官）由椭圆囊、球囊和三个半规管构成，感受细胞都是毛细胞，适宜刺激是机械力作用。

半规管壶腹嵴毛细胞的适宜刺激是旋转正负加速度。三个半规管互相垂直，分别称前、后和水平半规管。每个半规管的膨大端为壶腹，壶腹壁上有壶腹嵴，壶腹嵴也含有感受性毛细胞。水平半规管主要感受绕垂直轴左右旋转的变速运动，而前、后半规管主要感受绕前、后轴和横轴旋转的变速运动。因此，人们可以感受不同方向旋转变速运动的刺激，并做出准确的反应。

椭圆囊囊斑和球囊囊斑毛细胞的适宜刺激是耳石的重力及直线正负加减速运动和头部空间位置。囊斑中有感受性毛细胞，其纤毛插入耳石膜内，耳石膜表面附着的许多小碳酸钙结晶称为耳石。当头部位置改变，如头前倾、后仰或左、右两侧倾斜时，由于重力对耳石的作用方向改变，耳石膜与毛细胞之间的空间位置发生改变，使毛细胞兴奋，冲动经前庭神经传到前庭神经核，反射性地引起躯干与四肢有关肌肉的肌紧张变化。同时，冲动传入大脑皮质前庭感觉区，产生头部空间位置改变的感觉。当人体做直线运动的开始、停止或突然变速时，耳石膜因直线加速度或减速度的惯性而发生位置偏移，使毛细胞的纤毛弯曲、兴奋，通过反射活动调整有关骨骼肌的张力，以维持身体平衡。同时，也有冲动经丘脑传入大脑皮质感觉区，形成身体在空间位置及运动速度的感觉。

位觉在运动训练中的作用。某一特定性质的刺激反复、长期地作用于前庭器官，经过一段时间后，前庭器官对刺激引起的反应逐渐减小的现象称为前庭适应。研究表明，在体育运动中，赛艇、划船、跳伞、跳水、滑雪、体操、武术、链球、投掷及各种球类运动项目，有利于提高运动员的前庭功能稳定性，使前庭器官对刺激引起的反应逐渐减小或消失。提高前庭器官稳定性的训练方法有三种：①选择各种有加速度的旋转运动和直线运动进行的主动训练法；②人在产生加速度变化的器械上，被动地感受加速度变化进行的被动训练法；③把主动训练和被动训练相结合进行的综合训练法。

8. 试述本体感受器的结构和机能。

（1）本体感受器是指分布在肌肉和关节囊中的肌梭与腱梭，能分别感受肌肉被牵拉的程度及肌肉收缩和关节伸展的程度。

（2）肌梭的结构与功能。肌梭是肌肉中的一种梭形感受器，位于肌纤维之间，并与肌纤维平行排列。肌梭内含 6～12 根肌纤维，称为梭内肌纤维。肌梭外的一般肌纤维称为梭外肌纤维。肌梭附着于梭外肌纤维上，并与其平行排列成并联关系，因此肌梭的功能是感受肌肉长度的变化。肌梭的传入纤维有 Ⅰ 类（较粗）和 Ⅱ 类（较细）两类。中枢的传出运动神经有支配梭外肌纤维的 α-神经元和支配梭内肌纤维的 γ-神经元。当 γ-神经元活动加强时，梭内肌纤维收缩，可提高肌梭内感受装置的敏感性。

（3）腱梭的结构与功能。腱梭是分布在肌腱胶原纤维之间的一种张力感受器，与梭外肌纤维串联，其功能是感受肌肉张力变化。当肌肉收缩张力增加时，腱梭因受到刺激而产生兴奋，冲动沿感觉神经传入中枢，反射性地引起肌肉舒张。腱梭的本体感觉反应是一种安全机制。腱梭是一种高阈值感受器，对主动肌有抑制作用，对拮抗肌有易化作用。当肌肉的收缩力和外部因素引起的力之和达到可能损伤肌腱或骨的程度时，腱梭的传入冲动会使运动神经元胞体产生抑制性突触后电位；当肌肉收缩缩短，过度屈或伸可能损伤关节时，腱梭可通过抑制性突触后电位，抑制主动肌，同时通过兴奋性突触后电位刺激拮抗肌的工作，从而防止肌肉损伤。

（4）肌梭和腱梭在机体的随意运动和反射活动的控制中，起着至关重要的作用，正是由于来自肌梭和腱梭的传入信息，才使得运动动作优美、协调，密切配合。

9. 为什么某些项目运动员要在极热和极冷的环境中进行热适应性和冷适应性训练？

（1）在极冷的环境下，反复使用冷刺激就能使皮肤得到锻炼，这与复杂的体温调节机能得到改进有关。当人体处于 0～15℃ 的环境时，皮肤的冷感受器受到刺激，并立即传向中枢神经系统，反射性地引起皮下血管收缩，皮肤血流量下降以减少身体内部的热量向外散发，同时使心跳加快、新陈代谢加强，促进产热，以保证身体能适应寒冷的刺激。寒冷刺激可改变神经系统与肌纤维的募集方式，使肌肉的收缩速度和爆发力下降。经过锻炼，在调节体温的中枢神经作用下，皮肤血管又重新扩张，内脏器官的血液流向皮下血管，增加皮肤温度，人体对寒冷的感觉将会消失，同时机体各部分的反应更加灵敏、准确，提高机体对外界气温骤然变化的适应能力。

（2）在极热的环境下，人体对热的耐受限度比冷的限度更重要，因为人对冷的抵抗力较强，但却难以抵御过热的温度。注重热适应性的训练，可防止热伤害。但也曾有在气温超出人体正常体温 37℃ 的沙漠中举行马拉松比赛的记录。温度觉在运动训练中的特殊作用是通过多方面生理功能相互协调共同完成的。大脑皮质随着环境的变化，借助于各种反射调节肌肉紧张程度，以保证实现各种高度复杂、协调精细的技术动作。有较多竞赛项目，如长距离、超长距离的耐力跑、铁人三项、足球赛等在炎热的气候中举行，都对参赛者具有热伤害的潜在危险。因此，这类项目运动员要注重热适应性的训练。

（3）通常温度觉分析器、前庭分析器、运动分析器与其他分析器（触—压觉、视觉、内脏感觉）都进入活动状态，在不断反复练习中，这些分析器参与机能活动，并向建立复杂联系的分析器形成了综合分析活动。如冰雪运动中，形成了运动者特殊的"冰（雪）感""速度感""腾空感觉"等，运动者对冰雪的性质有很强的辨别能力，有利于技术的发挥。可见，人类具有在极热和极冷的环境中进行运动的非凡能力。

10. 试述运动对感觉功能的影响。

（1）一次性运动对感觉功能的影响。①运动量小时。如果运动量小，一般来说产生 24h 内可消除的轻度疲劳，感觉机能变化不明显。②运动量偏大时。如果运动量偏大，疲劳没有及时消除，反应速度将减慢，辨别能力下降，感觉器官（如视觉和/或听觉）的阈值升高或下降，从而导致人体感觉机能失调，平衡感觉也会改变。因此，通常测试分析皮肤两点辨别阈、闪光融合频率和主观体力感觉等级等高级神经活动的功能变化，来综合评定神经系统和感官的功能，可以用于评定运动强度和运动量是否适宜，以及疲劳程度与机体体能恢复情况的监控是否适宜。如运动时，闪光融合频率一般随着运动开始，在一段时间内逐渐增大，随后开始下降。运动量越大，其下降速度就越快，并且下降的幅度也越大。如果运动量大，且运动产生的疲劳在3天内不能消除，长期进行这样的大负荷过度运动训练就会引起感觉机能的显著变化。因此，测量各种感觉器官的辨别阈限及功能变化能反映疲劳消除的程度。

（2）运动训练对感觉功能的影响。①长期适度的运动训练使各感觉器官功能提高。勤学苦练使运动员的本体感受器机能提高，运动员在完成熟练的动作时略有变化就能感觉出来。此时，神经系统调节使肌肉活动在时间和空间上更加协调，动作准确无误，就可以促进运动动作技能的形成，提高运动技能水平，还有助于运动技术、战术的运用与创新，从而提高运动员整体活动能力。②长期体育锻炼可改善平衡感觉。太极拳干预对提高老年姿势控制精确性和下肢膝踝关节运动感觉有良好的促进作用，平衡能力得到显著改善。

（3）过度训练对感觉功能的影响。运动强度或运动量过大会造成中枢神经系统抑制，产生运动性疲劳，直接表现为大脑皮质持续有节律的自发脑电活动出现异常变化，随着神经细胞抑制过程加强，通过大脑皮层参与完成的一些感觉机能下降。

六、实践应用题

1. 为什么平时安排运动员训练时应注意合理安排运动员在强烈的噪声环境中进行训练或比赛？

【参考解答】

（1）听觉受噪声的影响，噪声也影响人体的生理功能。

（2）噪声 55dB 以下对人体无损害。超过 100dB，可使人的工作效率下降，生理功能明显紊乱，高强噪声甚至危害人体。强烈的噪声会导致听力障碍，大脑皮质兴奋与抑制过程失调，感觉功能和自主神经系统功能紊乱，内分泌失调，引起情绪不安、烦躁，心率、血压不稳定，视觉不良，反应时延长，平衡器官功能不佳，从而增加运动病的发生风险。

第八章 运动与感觉

（3）在大型运动训练比赛时，运动员常常会受到助阵的观众大喊大叫的影响，较长时间或间断性的干扰会造成其过分紧张，影响运动能力。因此，应注意平时合理安排运动员在强烈的噪声环境中进行训练或比赛，以适应正式竞赛时运动场馆的强烈噪声环境。

2. 运动训练中为什么常使用"想练结合"的训练方法提高本体感觉对动作反馈调节的能力？

【参考解答】

本体感受器是指分布在肌肉和关节囊中的肌梭与腱梭，能分别感受肌肉被牵拉的程度及肌肉收缩和关节伸展的程度；本体感觉是指本体感受器受到刺激所产生的躯体各部相对位置和状态的感觉，也称运动觉；运动技能是指人体在运动中掌握和有效完成专门动作的能力，也就是指在准确的时间和空间内大脑精确支配肌肉收缩的能力。

学习和掌握运动技能，其生理本质就是建立运动条件反射的过程。运动技能就是形成复杂的、连锁的、本体感受性的运动条件反射。通过反复练习，运动条件反射系统已经巩固，建立了巩固的动力定型，大脑皮质的兴奋和抑制在时间和空间上更加集中和精确。因此，本体感觉在学习动作技能中具有重要作用。在建立运动条件反射过程中，没有肌肉本体感觉传入冲动，条件刺激得不到强化，运动条件反射就不能形成，学习的动作技能就不能掌握。

"练"通过本体感受器感知肌肉、肌腱、关节和韧带的缩短、放松和拉紧的状况，连续地反映到中枢神经系统中，通过这种反馈系统，不断调整、矫正运动动作，使运动技能更加协调、精确。如在牵张反射通过反馈机制控制肌肉张力时，如果肌肉的张力变得过强，则引起腱器官的抑制作用，将使其张力减少到较低水平；相反，如果张力变得过小，腱器官将停止发放冲动，抑制作用减弱，使张力又增强到原来的较高水平。"想"是指在头脑中反复想象在某种运动情境下某种运动动作成功的体验，此时大脑皮层的相应中枢就会兴奋，神经的暂时联系就会恢复，由于大脑运动中枢和骨骼肌之间存在着双向神经联系，是本体感受器与中枢神经系统反馈联系强化运动条件反射的神经生理过程，"想"神经—肌肉的运动模式与实际运动时的神经运动模式相似，有利于建立和巩固正确动作的动力定型，有助于加快动作的熟练和加深动作记忆，从而提高运动技能和情绪控制能力。

因此，运动训练中常使用"想练结合"的训练方法，或通过模仿性动作练习，来提高本体感觉对动作反馈调节的能力。

3. 如何理解球类运动员的好"球性"是通过勤学苦练提高"暗淡的感觉"所形成的？请以篮球运动员为例，谈谈如何通过感觉评定指标进行选材。

【参考解答】

一般情况下，视觉、位觉及本体感觉相互联系，经大脑皮质的综合分析功能控制肌肉活动。肌肉活动时产生的本体感觉往往会被视、听和其他感觉遮蔽，故本体感觉也称为"暗淡的感觉"。

本体感觉能力必须经过相当长时间的训练才能比较明显而精确地在自己的动作过程中体验到。例如，运动员在完成熟练的动作时，动作略有变化就能感觉出来，而新学的动作即使有很大毛病也不易感觉到。可见本体感受器的机能对形成运动技能具有特殊重要作用。

运动实践证明，随着运动员本体感受机能的提高，运动技术水平也得到提高。例如，球类运动员的"球性"。篮球、足球运动员动作技能熟练后，有时可以不用视觉来完成复杂的动作，而主要靠本体感受器机能控制球完成复杂的动作，训练水平高的运动员控球能力强，失球次数少，而且运动速度快，表现出本体感受器具有较高的敏感性，即"球性"好。

只有勤学苦练，本体感受器机能提高，使肌肉活动在时间和空间上更加协调，才可以促进运动动作技能的形成，提高运动技能水平，同时有助于运动技术、战术的运用与创新，从而提高运动员整体活动能力。例如，体操、跳水运动员在空中完成翻腾、转体动作时，本体感受器的传入冲动，在时间和空间的感知上对正确完成复杂动作起着重要作用。所以，在运动实践中要使动作准确无误，必须反复练习。

球类运动员需要有精细感觉、准确判断、敏捷的行动能力。经常起主要作用的感觉有本体感觉、视觉、位觉等。首先，肌肉的本体感觉是影响投篮命中率最重要的因素，可以选择握力计测试上肢的用力感觉，选择肘关节敏感度测试仪测试肘关节的本体感觉，可以测试前臂或手指部位的两点辨别阈以评价触压觉的敏感性。其次，立体视觉对球的空间位置和距离判断的精细性，会影响接传球、投篮等技术动作的准确性，因此可以用视深度仪测试运动员的立体视觉。运动员要对赛场内外的各种比赛情况、教练员和队友的位置和有关信息，以及对手的情形等进行全面敏锐分析，知己知彼、攻防有略，才能发挥好战术，因此可以用视野计测试运动员的视野范围。再次，运动员在运动场上要选择时机，及时避开对手的干扰，准确投篮，要有较好的时间知觉和灵活反应性，可以用选择反应时测试仪测试运动员的反应时和运动时。最后，运动员要有良好的位觉（前庭感觉），有利于提高运动员的前庭功能稳定性，使前庭器官对刺激引起的反应逐渐减小或消失，提高运动技术发挥水平，可以选择前庭器官稳定性的测试评价。这些感觉指标可以结合篮球运动员实际技能测评，综合进行选材。

第九章　运动与神经系统

习题部分

一、名词解释

1. 突触
2. 神经递质
3. 受体
4. 突触传递
5. 兴奋性突触后电位
6. 抑制性突触后电位
7. 突触的可塑性
8. 长时程增强
9. 长时程抑制
10. 反射
11. 第一信号系统
12. 第二信号系统
13. 姿势反射
14. 牵张反射
15. 腱反射
16. 肌紧张
17. 脊髓休克
18. 状态反射
19. 翻正反射
20. 感觉—运动整合

二、单选题

1. 兴奋性突触后电位的产生主要是突触后膜对（　　）增大。
   A. Na^+ 通透性
   B. Ca^{2+} 和 K^+ 通透性
   C. Ca^{2+} 通透性
   D. Cl^- 通透性

2. 非突触性化学传递（　　）。
   A. 是树突棘释放递质或调质的传递
   B. 是非定向突触传递
   C. 具有物质运输的作用
   D. 是局部电流信息传递

3. 下列不是反射弧结构基础的是（　　）。
   A. 感受器　　　　B. 传入神经　　　　C. 传出神经　　　　D. 突触
4. 非条件反射是人体先天的基本反射活动；条件反射（　　）的反射活动。
   A. 是后天　　　　B. 是先天　　　　C. 是遗传　　　　D. 是负反馈
5. 一根神经纤维对若干神经元形成的突触联系是（　　）。
   A. 聚合式联系　　B. 环式联系　　　C. 辐散式联系　　D. 链锁式联系
6. 当肌梭的传入冲动增加时，（　　）。
   A. 兴奋同一肌肉的 α-运动神经元
   B. 抑制同一肌肉的 α-运动神经元
   C. 抑制同一肌肉的 γ-运动神经元
   D. 梭外肌和梭内肌同时收缩
7. 丘脑第一类细胞群是（　　）。
   A. 特异感觉接替核，是听觉和视觉传导通路换元站
   B. 联络核，参与内脏和运动的调节
   C. 非特异投射核，弥散投射到大脑皮质，维持兴奋
   D. 中继站，是所有感觉的上行传导通路
8. 下列叙述正确的是（　　）。
   A. 运动区主要位于中央后回
   B. 第一体表感觉区主要位于中央后回
   C. 视觉皮层代表区位于颞叶
   D. 听觉皮层代表区位于枕叶
9. 关于自主神经（交感神经和副交感神经）叙述错误的是（　　）。
   A. 交感神经兴奋使支气管平滑肌收缩
   B. 在急剧变化的环境中交感神经兴奋，心率加快，心肌收缩力量加强，血压升高
   C. 交感神经兴奋，促进糖原分解
   D. 副交感神经兴奋，加强胃肠运动，促进消化，积蓄能量
10. 运动时，交感神经兴奋的结果是（　　）。
    A. 机体代谢水平提高，摄氧量减少
    B. 动员呼吸、循环、代谢及内分泌，减少 CO_2、H^+ 及血乳酸堆积
    C. 皮肤和骨骼肌血管收缩
    D. 促进胰岛素分泌
11. 关于形成条件反射叙述错误的是（　　）。
    A. 第一信号系统和第二信号系统建立暂时联系
    B. 大脑皮层内建立暂时神经联系
    C. 非条件刺激在无关刺激之前强化

D. 无关刺激与非条件刺激在时间上结合一段时间

12. 望梅止渴是（　　）引起的唾液分泌。
    A. 交感神经兴奋　　　　　　　　B. 副交感神经兴奋
    C. 第一信号系统的活动　　　　　D. 第二信号系统的活动

13. 异相睡眠的生物学意义是（　　）。
    A. 促进腺垂体分泌生长激素
    B. 促进生长和体力恢复
    C. 促进精力恢复和学习记忆及幼儿神经系统成熟
    D. 促进午睡时的深度慢波睡眠，避免引起"睡眠惰性"

14. 与慢波睡眠有关的神经递质可能是（　　）。
    A. 多巴胺（DA）
    B. 去甲肾上腺素（NE）和5-羟色胺（5-HT）
    C. 乙酰胆碱（Ach）
    D. 5-羟色胺（5-HT）

15. 当出现去大脑僵直时，意味着人脑的病损发生在（　　）。
    A. 脊髓　　　　B. 延髓　　　　C. 脑干　　　　D. 小脑

16. 为避免剧烈运动后发生"重力性休克"，因此运动后应（　　）。
    A. 立即坐下或躺下　　　　　　B. 做放松操、深呼吸等
    C. 立即补糖、补水　　　　　　D. 立即降温防止中暑

17. 运动可诱导脑组织多巴胺（DA）的代谢变化，下列叙述正确的是（　　）。
    A. 运动的启划与下丘脑DA有关
    B. 中枢DA能系统与肌紧张调节、肌群的协调、耐力等无关
    C. 中枢DA与中枢疲劳无关
    D. 运动时DA/5-HT比值水平高，有利于提高运动能力

18. 常用的临床脑电图记录标准导联是（　　）。
    A. 10～20电极导联　　　　　　B. 64通道电极导联
    C. 128通道电极导联　　　　　　D. 256通道电极导联

19. 正常人在安静、清醒、闭目、放松状态时，在枕叶所记录的脑电图主要是（　　）。
    A. α波　　　　B. β波　　　　C. δ波　　　　D. θ波

三、多选题

1. 关于神经胶质细胞的叙述正确的是（　　）。
    A. 不与神经元形成突触　　　　B. 不传导神经冲动
    C. 胞突没有轴突与树突之分　　D. 不产生动作电位

2. 神经纤维传导兴奋特征包括（　　）。
   A. 完整性
   B. 单向传导
   C. 相对不疲劳性
   D. 绝缘性

3. 兴奋性突触的传递过程，包括的步骤有（　　）。
   A. 突触前轴突末梢去极化
   B. Ca^{2+} 由膜外进入突触前膜内
   C. 突触小泡释放递质，并与突触后膜受体结合
   D. 突触后膜对 Na^+、K^+，特别是对 Na^+ 通透性增高

4. 抑制性突触后电位的产生主要是突触后膜对（　　）增大引起的超极化局部电位。
   A. Na^+、K^+ 通透性
   B. K^+ 通透性
   C. Cl^- 通透性
   D. Ca^{2+}、K^+ 通透性

5. 关于突触前抑制的描述正确的是（　　）。
   A. 突触前膜首先发生去极化
   B. 突触后神经元产生的兴奋性突触后电位（EPSP）减小
   C. 需要兴奋一个抑制性的中间神经元
   D. 中枢内广泛存在，在感觉传入通路中控制感觉传入

6. 关于突触后抑制叙述正确的是（　　）。
   A. 由抑制性中间神经元释放抑制性递质
   B. 突触后神经元产生抑制性突触后电位
   C. 传入侧支性抑制导致伸肌收缩而屈肌舒张
   D. 回返性抑制可使同一中枢内许多神经元的活动同步化

7. 关于第一感觉区的感觉柱，下列叙述正确的是（　　）。
   A. 神经细胞呈纵向柱状排列
   B. 第一感觉区的感觉柱位于中央前回
   C. 一个柱内细胞兴奋时，相邻细胞柱则受抑制
   D. 同一个柱内的神经元对同一感受野的同一类刺激起反应

8. 位于中央后回的第一感觉区的投射规律是（　　）。
   A. 均为双侧性投射
   B. 头面部感觉呈左右交叉投射
   C. 倒置投射
   D. 投射区域的大小与感觉分辨精细程度有关

9. 植物性神经也称自主神经，下列叙述错误的是（　　）。
   A. 植物性神经是受意志支配的内脏神经
   B. 脊髓不参与对内脏活动的调节
   C. 交感神经系统参与应急反应

D. 副交感神经系统可保护机体、休整恢复、促进消化、积蓄能量,以及加强排泄和生殖功能等

10. 下丘脑的主要功能是（　　）。
   A. 调节血液循环、呼吸和消化　　B. 调节摄食和饮水
   C. 调节情绪、神经—内分泌　　　D. 调节体温、维持体液平衡

11. 学习和记忆的生理基础是（　　）。
   A. 神经元活动的后作用和长时程增强　　B. 神经元的环路联系
   C. 脑内蛋白质和神经递质的合成　　　　D. 神经系统的可塑性

12. 下列现象属于条件性抑制的是（　　）。
   A. 运动员纠正错误动作建立消退抑制
   B. 学习动作技术形成条件反射的分化
   C. 延缓抑制使排球扣球做出准确的时空判断
   D. 竞赛中的限制性规则就是建立条件抑制作用

13. 下列关于睡眠时相及意义叙述正确的是（　　）。
   A. 慢波睡眠为浅度睡眠,腺垂体生长激素增多
   B. 快波睡眠为深度睡眠,脑内蛋白质合成加快
   C. 异相睡眠,促进学习记忆和精力恢复
   D. 正相睡眠,促进生长和体力恢复

14. 关于睡眠与运动或活动,下列叙述正确的是（　　）。
   A. 在异相睡眠时,感觉下降,部分躯体抽动
   B. 脑力劳动者较体力劳动者睡眠时间长
   C. 上海飞至巴黎较巴黎飞至上海的时差适应快
   D. 倒班使人产生疲倦所以睡眠质量好,建议每星期"倒班"一次

15. 强烈的屈肌反射（　　）。
   A. 属于脊髓反射　　　　B. 由伤害性刺激引起
   C. 常出现对侧伸肌反射　D. 是一种姿势反射

16. 关于帕金森病叙述正确的是（　　）。
   A. 帕金森病是因黑质致密部多巴胺能神经元变性受损
   B. 帕金森病主要表现为肌张力增高,静止性震颤
   C. 帕金森病的直接通路活动增强而间接通路活动减弱,运动皮层活动减少
   D. 帕金森病是运动过多而肌紧张不全的综合征

17. 过度训练对神经系统功能的影响包括（　　）。
   A. 中枢神经细胞抑制加强　　B. 产生运动性疲劳
   C. 脑电图慢波成分增加　　　D. 脑组织功能下降

18. 体育锻炼对神经系统功能障碍的可能作用有（　　）。
    A. 使脑源性神经营养因子增加
    B. 促进脑神经元的再生
    C. 促进中枢神经系统的可塑性
    D. 肌力训练促进肌力，同时促进"抑顿"神经细胞的苏醒
19. 影响脑电波的因素有很多，运动疲劳后脑电波的表现是（　　）。
    A. β波增加   B. α波增加
    C. θ波增加   D. θ波/β波比值增加

四、判断题

1. 一个神经元内可存在两种或两种以上的递质。（　）
2. 突触传递兴奋的机能不受缺氧和化学药品的影响。（　）
3. 中枢神经系统活动的基本形式是反射。（　）
4. 高级条件反射是由脊髓以上的中枢神经参与的一系列应答反应。（　）
5. 短距离运动员反应时短、反应速度快，这是通过后天训练获得的。（　）
6. 电突触传递的结构基础是缝隙连接，传递一般是双向的。（　）
7. 突触后抑制必须有抑制性中间神经元的参与。（　）
8. 本体感觉是浅感觉，痛觉、温度觉、触—压觉都是深感觉。（　）
9. 一侧枕叶皮质受损，造成两眼偏盲；双侧枕叶皮质受损，造成全盲。（　）
10. 植物性神经系统的机能特征是传导速度快而不易疲劳。（　）
11. 突触可塑性、习惯化、敏感化等属于非联合型学习，是比较复杂的学习方式。（　）
12. 交感神经节前纤维释放去甲肾上腺素；节后纤维释放乙酰胆碱。（　）
13. 体育技巧、乐器演奏等动作性技巧的记忆和习惯的形成等属于非陈述性记忆，容易忘却。（　）
14. 人类小脑损伤后可引起肌紧张减弱，出现静止性震颤。（　）
15. 做梦和生长素分泌升高是异相睡眠的特征。（　）
16. 肌梭是脊髓反射的感受器，屈肌反射和对侧伸肌反射是脊髓水平完成的姿势反射。（　）
17. 脊髓灰质前角α-运动神经元只接受从脑干到大脑皮质各级高位中枢发出的下传信息，不接受来自躯干四肢和头面部皮肤、肌肉和关节等处的外周传入信息。（　）
18. 运动可能使脑源性神经营养因子增加，进而促进脑神经元的再生、损伤的修复。（　）
19. 在额、颞、中央区，β波在成人活动或紧张焦虑时最为明显，易受睁眼、闭眼的影响。（　）
20. 因为脑电波有个体差异，所以目前脑电图在运动训练中只能用于诊断脑损伤和运动员

训练状态,不能用于运动员选材。（　　）

五、思考题

1. 试述神经胶质细胞的功能。
2. 突触的可塑性主要有几种形式？
3. 试述兴奋在反射中枢传播的特征。
4. 丘脑特异投射系统与非特异投射系统有哪些特点和区别？
5. 试述下丘脑对内脏活动的调节。
6. 试述学习与记忆机制的生理基础。
7. 状态反射的规律是什么？举例说明它在完成一些运动技能时所起的重要作用。
8. 简述感觉—运动整合的几个环节。
9. 举例说明躯体运动的协调是如何实现的。
10. 试述长期体育锻炼对神经系统的影响。

六、实践应用题

1. 足球运动员 A 在护球时头部不慎被运动员 B 的胳膊肘击中，当时倒地失去知觉。经过现场简单处理后，运动员 A 被救护车送往当地医院，经过检查，初步结果确诊为脑震荡，也有消息称是脊髓休克。请问如何判定运动员 A 是否是脊髓休克？
2. 一名体操运动员在跳马练习中，就在她快速地、无限接近它（鞍马）的时候，前方忽然闪过一个人影，干扰了她的注意力，导致她从鞍马上摔下，从此瘫痪。试用外抑制和状态反射在人体运动中的理论解释该名体操运动员受伤的原因。

参考答案

一、名词解释

1. **突触**：一个神经元的轴突末梢终端与另一个神经元的突起或胞体相互接触，并进行兴奋或抑制的传递，这个相接触部位称为突触。
2. **神经递质**：神经递质是指由神经元合成，突触前末梢释放，能特异性作用于突触后膜受体，并产生突触后电位的信息传递物质。
3. **受体**：受体是指位于细胞膜上或细胞内能与某些化学物质（如递质、调质、激素等）特异结合并诱发特定生物学效应的特殊生物分子。

4. **突触传递**：通过突触，信息从前一个神经细胞传递给后一个神经细胞，这一信息传递过程称为突触传递。

5. **兴奋性突触后电位**：当神经冲动到达一个兴奋性突触的突触前轴突末梢时，会在突触后膜上引起一个去极化型的局部电位，称为兴奋性突触后电位（EPSP）。

6. **抑制性突触后电位**：当神经冲动到达一个抑制性突触的突触前轴突末梢时，会在突触后膜上引起一个超极化型的局部电位，称为抑制性突触后电位（IPSP）。

7. **突触的可塑性**：突触的可塑性是指突触的形态和功能可发生较为持久改变的特性或现象。主要有强直后增强、习惯化和敏感化，以及长时程增强和长时程抑制这几种形式。

8. **长时程增强**：长时程增强（LTP）是指突触前神经元在短时间内受到快速、重复的刺激后，在突触后神经元快速形成的持续时间较长的兴奋性突触后电位增强，表现为潜伏期缩短、幅度增高、斜率加大。

9. **长时程抑制**：长时程抑制（LTD）是指突触传递效率的长时程降低，由于突触连续活动而产生的可以延续数小时乃至数日的该突触的抑制。

10. **反射**：反射是指机体在中枢神经系统的参与下，对内、外环境刺激所做出的规律性应答。

11. **第一信号系统**：现实具体的信号称为第一信号，如声、光、味、触等，将人类大脑皮层对第一信号刺激发生反应的系统称为第一信号系统。

12. **第二信号系统**：现实具体信号的相应词语称为第二信号，是现实的抽象信号，是表达具体信号的信号。将人类大脑皮层对第二信号刺激发生反应的皮质系统称为第二信号系统。

13. **姿势反射**：在身体活动过程中，中枢神经系统不断调整不同部位骨骼肌的张力，以完成各种动作，保持或改正躯体各部分在空间的姿势、位置，这种反射活动总称为姿势反射。

14. **牵张反射**：牵张反射是指骨骼肌受外力牵拉时引起受牵拉的同一肌肉收缩的反射活动。牵张反射有腱反射和肌紧张两种类型。

15. **腱反射**：腱反射是指快速牵拉肌腱时发生的牵张反射，是单突触反射。

16. **肌紧张**：肌紧张是指缓慢持续牵拉肌腱时发生的牵张反射，其表现为受牵拉的肌肉发生紧张性收缩，阻止被拉长。肌紧张为多突触反射，是维持躯体姿势最基本的反射。

17. **脊髓休克**：脊髓休克是指人或动物的脊髓在与高位中枢之间离断后反射活动能力暂时丧失而进入无反应状态的现象。

18. **状态反射**：状态反射是头部空间位置改变时反射性地引起四肢肌张力重新调整的一种反射活动，包括迷路紧张反射和颈紧张反射。

19. **翻正反射**：当人和动物处于不正常体位时，通过一系列动作将体位恢复常态的反射活动称为翻正反射。

20. **感觉—运动整合**：感觉刺激引起动作反应，感觉与运动必须相互联系，这个联系过程称为感觉—运动整合。

第九章 运动与神经系统

二、单选题

1. A   2. B   3. D   4. A   5. C   6. A   7. A   8. B   9. A   10. B
11. A   12. D   13. C   14. D   15. C   16. B   17. D   18. A   19. A

三、多选题

1. ABCD   2. ACD   3. ABCD   4. BC   5. ABD   6. ABCD   7. ACD   8. CD
9. AB   10. ABCD   11. ABCD   12. ABCD   13. ABCD   14. AC   15. ABCD   16. AB
17. ABCD   18. ABCD   19. CD

四、判断题

1. √   2. ×   3. √   4. ×   5. √   6. √   7. √   8. ×   9. √   10. ×
11. ×   12. ×   13. ×   14. ×   15. ×   16. √   17. ×   18. √   19. ×   20. ×

五、思考题

1. 试述神经胶质细胞的功能。

（1）支持作用。胶质细胞与神经细胞紧密相邻，能将神经元胶合在一起，为神经细胞提供一定的支架。

（2）隔离与绝缘作用。胶质细胞有分隔中枢神经系统内各区域的作用，它们还分隔神经细胞，特别是分隔成群的突触，构成神经纤维的髓鞘，起隔离和绝缘的作用。

（3）引发发育神经元迁移。在神经系统发育时期，星形胶质细胞有引导神经元迁移的作用，使神经细胞定向生长到达预定区域并与其他细胞建立突触连接。

（4）屏障作用。在脑和脊髓内，血液内的某些物质不能进入周围组织内，这是因为在中枢神经系统内存在一种血—脑屏障，能够阻止血液中的这些物质进入脑脊髓。除此之外，在中枢神经系统内还有两种屏障，即血—脑脊液屏障和脑—脑脊液屏障。

（5）修复和再生作用。成年动物的神经胶质细胞仍然保持生长和分裂的能力，在神经细胞因损害或衰老而消失后，其空隙由分裂增殖的神经胶质细胞所充填，这种修复主要是由纤维性星形胶质细胞完成。

（6）参与免疫应答。当神经系统发生病变时，如果程度较轻，无髓鞘变性及血管损伤，则吞噬细胞发挥作用，其中星形胶质细胞和小胶质细胞都是主要的吞噬细胞，少突胶质细胞也参与吞噬。

(7) 调节神经元的功能。星形胶质细胞能合成和分泌神经活性物质。此外，星形胶质细胞可以摄取中枢神经系统中突触间隙的某些神经递质，经代谢转换再转运到神经细胞重新合成神经递质，并贮藏合成或摄取某些神经递质，必要时重新释放出来，参与离子和神经递质的调节。

2. 突触的可塑性主要有几种形式？

（1）强直后增强。强直后增强是指突触前末梢在接受一短串高频刺激后，突触后电位幅度持续增大的现象。强直后增强通常可持续数分钟，最长可持续 1h 以上。高频刺激时 Ca^{2+} 大量进入突触前末梢，使递质持续大量释放，突触后电位持续增强。

（2）习惯化和敏感化。习惯化是指重复给予较温和的刺激时，突触对刺激的反应逐渐减弱甚至消失的现象。习惯化是由突触前末梢钙通道逐渐失活，Ca^{2+} 内流减少，末梢递质释放减少所致。敏感化是指重复性刺激（尤其是伤害性刺激）使突触对原有刺激反应增强和延长，传递效率提高的现象。敏感化则由突触前末梢 Ca^{2+} 内流增加、递质释放增多所致，其实质是突触前易化。

（3）长时程增强和长时程抑制。长时程增强是指突触前神经元在短时间内受到快速重复的刺激后，在突触后神经元快速形成的持续时间较长的兴奋性突触后电位增强，表现为潜伏期缩短、幅度增高、斜率加大。与强直后增强相比，长时程增强的持续时间要长得多，最长可达数天；且长时程增强是由突触后神经元胞质内 Ca^{2+} 增加，而非突触前末梢轴浆内 Ca^{2+} 增加引起。长时程抑制是指突触传递效率的长时程降低，与长时程增强相反。长时程抑制也广泛存在于中枢神经系统。

3. 试述兴奋在反射中枢传播的特征。

兴奋在反射中枢部分传播时，往往需要通过多次突触传递。当兴奋通过化学性突触传递时，由于突触结构和化学递质参与等因素的影响，其兴奋传递明显不同于神经纤维上的冲动传导，主要表现为以下六个方面特征。

（1）单向传递。经化学性突触传递，兴奋只能从突触前末梢传向突触后神经元，其重要意义在于限定了神经兴奋传导所携带的信息只能沿着指定的路线运行。电突触传递则可双向传播。

（2）中枢延搁。兴奋在中枢传播时往往较慢，这一现象称为中枢延搁。这是由于化学性突触传递需经历递质释放、递质扩散、递质与后膜上的受体结合，以及后膜上离子通道开放等多个环节。每个突触需时 0.3~0.5ms，反射跨越的突触数目越多，兴奋传递所需的时间就越长。兴奋通过电突触传递时则无时间延搁，因而在多个神经元的同步活动中起重要作用。

（3）兴奋的总和。在反射活动中，因单根纤维传入冲动引起的兴奋性突触后电位具有局部兴奋的性质，不足以引发动作电位。而若干神经纤维的传入冲动同时到达同一中枢，引起的多个兴奋性突触后电位可发生空间性总和与时间性总和。如果总和达到阈电位即可爆发动作电位；如果总和未到达阈电位，此时突触后神经元虽未出现兴奋，但膜电位与阈电位水平之间的差距缩小,此时只需接受较小刺激使之进一步去极化,便能达到阈电位,因此表现为易化。

(4) 兴奋节律的改变。如果测定某一反射弧的传入神经(突触前神经元)和传出神经(突触后神经元)在兴奋传递过程中的放电频率,两者往往不同。主要是由中间神经元的环式联系和突触后神经元常接受多个突触的信息,最后整合所致。

(5) 后发放。在兴奋通过环式联系的反射通路中可发生后发放,也见于各种神经反馈活动中。例如,当随意运动发动后,中枢将不断收到由肌梭返回的关于肌肉运动的反馈信息,用以纠正和维持原先的反射活动。

(6) 对内外环境变化的敏感性和易疲劳性。内、外环境理化因素的变化,缺氧、CO_2过多、麻醉剂,以及某些药物等均可影响化学性突触传递,如咖啡因使递质释放增加。另外,用高频电脉冲连续刺激突触前神经元,突触后神经元的放电频率将逐渐降低;而用同样的刺激施加于神经纤维,则神经纤维的放电频率在较长时间内不会降低。说明突触传递相对容易发生疲劳,其原因可能与神经递质的耗竭有关。

4. 丘脑特异投射系统与非特异投射系统有哪些特点和区别?

感觉神经元均在丘脑转换站更换神经元(除嗅觉外)后再向大脑皮质投射,同时进行感觉的粗略分析和综合。由丘脑向大脑皮质的感觉投射系统可分为特异投射系统与非特异投射系统,其特点和区别如下表所示。

丘脑特异投射系统与非特异投射系统的特点和区别

项目	特异投射系统	非特异投射系统
神经通路组成	丘脑特异感觉接替核、联络核及其投射至皮质的通路	丘脑非特异投射核及投射至皮质的通路
接受的冲动	有特异性	无特异性
传导途径	有专门传导途径	无专门传导途径
投射部位	大脑皮质特定感觉区	弥散投射至大脑皮质各区
感觉与皮层定位	有点对点的联系	无点对点的联系
功能	引起特异感觉、激发大脑皮质发放传出神经冲动	维持和改变大脑皮质的兴奋性、维持大脑清醒状态

5. 试述下丘脑对内脏活动的调节。

(1) 参与体温调节。下丘脑视前区存在温度敏感神经元,它们既能感受所在部位的温度变化,也能对传入的温度信息进行整合。当该处温度超过或低于体温调定点水平时,即可通过调节散热和产热活动,使体温保持稳定。

(2) 参与水平衡调节。下丘脑对肾排水的调节是通过控制视上核和室旁核合成和释放血管升压素而实现的。

(3) 参与对腺垂体和神经垂体激素分泌的调节。下丘脑通过下丘脑调节肽促进或抑制各种腺垂体激素的分泌。另外，下丘脑能感受血液中一些激素浓度的变化，并参与反馈调节下丘脑调节肽的分泌。下丘脑视上核和室旁核的神经内分泌大细胞能合成血管升压素和缩宫素，并储存在神经垂体，下丘脑可控制其分泌。

（4）参与生物节律调节。下丘脑的视交叉上核可能是调控日周期的关键部位。

6. 试述学习与记忆机制的生理基础。

（1）学习与记忆的神经基础是中枢神经系统的可塑性。

中枢神经系统的可塑性与神经元活动的后作用和神经元间的环路联系相关。中枢神经系统的可塑性主要是指各种因素和各种条件经过一定时间的作用后引起的神经变化，包括神经网络、神经环路及突触连接等不同水平的可塑性。

所谓突触可塑性是指突触在一定条件下调整功能、改变形态及增减数目的能力，既包括形态结构的变化，又包括传递效能的变化，二者的物质基础都涉及神经元和突触部位的某些蛋白质、受体、神经递质、离子及信使分子的物理、化学变化。目前，突触传递效能的长时程增强和长时程抑制现象，已被公认为是记忆的突触可塑性神经模式。

持久性记忆可能与新的突触可塑性有关。如大鼠生活环境不同，其大脑皮层的发达程度不同，说明学习记忆活动多的大鼠，其大脑皮层发达，突触的联系多。人类的第三级记忆的机制可能也属于这一类。

（2）较长时性的记忆的物质代谢基础是脑内蛋白质与神经递质的合成。

较长时性的记忆与脑内的物质代谢有关，尤其是与脑内蛋白质的合成有关，也与神经递质有关。在建立条件反射的过程中，如用嘌呤霉素注入动物脑内以抑制脑内蛋白质的合成，则动物不能建立条件反射，学习和记忆能力发生明显障碍。动物学习训练后，注射拟胆碱药毒扁豆碱可加强记忆活动，而注射抗胆碱药东莨菪碱可使学习记忆减退。

（3）神经元的后作用基础是神经元的环路联系。

在神经系统中，神经元之间形成许多环路联系，环路的连续活动发生神经元的后作用也是记忆的一种形式。

7. 状态反射的规律是什么？举例说明它在完成一些运动技能时所起的重要作用。

状态反射是头部空间位置改变时反射性地引起四肢肌张力重新调整的一种反射活动。

状态反射的规律：头部后仰引起上下肢及背部伸肌紧张性加强；头部前倾引起上下肢及背部伸肌紧张性减弱，屈肌及腹肌的紧张性相对加强；头部侧倾或扭转时，引起同侧上下肢伸肌紧张性加强，对侧上下肢伸肌紧张性减弱。

状态反射在完成某些运动技能时起着重要作用。例如，在做体操的后手翻、空翻及跳马等动作时，若头部位置不正，就会使两臂用力不均衡，身体偏向一侧，易导致动作失误或无法完成。短跑运动员起跑时，为防止身体过早直立，往往采用低头姿势。这是运用了状态反射的规律。但是，在运动中也有个别动作需要使身体姿势违反状态反射的规律。例如，有训练的自行车运动员在快速骑车时，做出头后仰而身体前倾的姿势。

8. 简述感觉—运动整合的几个环节。

感觉刺激引起动作反应，感觉与运动必须相互联系，这个联系过程称为感觉—运动整合。包括下列五个环节。

（1）感受器接受刺激，感知。

（2）感受器产生动作电位通过感觉神经传到中枢神经系统（脊髓或脑）。

（3）中枢神经系统（脑部不同区域的整合功能不完全相同）分析整合所有感觉，并与运动神经系统连接，然后决定如何反应及反射性地引起躯体运动。

（4）动作电位从中枢神经系统传递至α-运动神经元。

（5）动作电位从神经元传至肌肉，产生动作反应。

9. 举例说明躯体运动的协调是如何实现的。

（1）运动中，神经系统对人体功能需要进行必要的整合。一个随意运动，即使是最简单的随意运动，如伸手取物的动作，都需要三个复杂的过程。首先，确认物体的形状和空间位置；其次，选择行动计划，决定身体何部位参与该动作及运动方向；最后，执行运动。

运动计划制订后，命令由大脑皮质下行投射通路传送至脊髓运动神经元。该命令包括规定肌肉群（中和肌、拮抗肌等）活动的时间顺序、肌肉收缩力的强度及关节伸屈的角度。如当手到达物体时，手腕、手掌和手指的位置如何按照物体的外形抓握它，以及肩和臂的协调等。在运动执行过程中，因负荷和阻力变化随时调整运动参数，才能完成预定的运动。

（2）为了对运动进行精细控制，运动的编程和执行均需要不断接收感觉信息。与此有关的感觉信号有两类：①视觉、听觉、皮肤感觉冲动，提供有关运动目标的空间位置、运动目标和机体自身所在位置的相互关系的信息；②关节和肌肉、前庭器官的传入冲动，提供有关肌肉长度和张力、关节位置、身体的空间位置等信息。这些传入信息对运动计划和运动执行的反馈调节是必不可少的。

（3）运动中，神经系统对人体功能的整合是极其复杂的过程，运动类型、过程、条件与环境不同，神经系统整合的部位、形式与机制均不同。反射性运动是一类不受主观意识控制、运动形式固定、反应快捷的运动。节律性运动是一类几乎不受主观意识控制，大多可以自动完成的运动，因为运动区能被大脑皮质运动区的意向性指令所激活，所以行走等节律性运动可以随意启动和终止。意向性运动是在运动全过程中，受主观意识支配、形式较为复杂，既可由感觉信息又可由主观意向触发的运动。

（4）同时，神经系统借助各种传入刺激，通过分析综合及时发出相应的指令，通过植物性神经系统对各器官系统的活动进行整合，使人体心血管、内脏、内分泌系统等各器官的活动与躯体运动相匹配，表现为同时性和继时性的协调配合。

10. 试述长期体育锻炼对神经系统的影响。

长期适度的体育锻炼可引起神经系统的形态学和功能的变化，改善中枢神经的调节控制能力，促进儿童青少年神经系统的发育，起到抗衰老的作用。

（1）经常参加体育锻炼可改善神经系统的调节功能。经常参加体育锻炼使神经系统产生良好适应，改善神经系统对各器官、系统的调节功能，提高神经系统对错综复杂的变化的判断分析能力，并及时做出协调、准确、迅速的反应。运动使神经系统、内分泌系统、免疫系统功能之间建立相互作用的网络联系，调节细胞代谢，提高人体抵抗体内外不良环境刺激的适应能力。同时，运动使大脑和神经系统得到锻炼，提高神经系统工作过程的强度、均衡性、灵活性和神经细胞长期持续工作的耐力，使神经细胞获得更充足的能量物质和氧气的供应，从而使大脑及整个神经系统在紧张的工作过程中获得充足的营养，消除疲劳。

（2）体育锻炼有益于儿童青少年智力发展。儿童少年的神经系统的兴奋和抑制发展不均衡，神经活动过程不稳定。儿童时期神经细胞工作耐力差，容易疲劳，但由于神经系统有较大的可塑性，疲劳消除较快，神经系统功能恢复也快。体育锻炼能使大脑的兴奋与抑制过程合理交替，避免神经系统过度紧张，使原来高度兴奋的神经细胞得到良好的休息，同时又补充了氧气和营养物质。体育锻炼也能改善循环系统、呼吸系统和消化系统的功能，提高工作效率，从而促进脑的血液循环，改善脑组织的氧气和营养物质供应，使脑组织的工作效率显著提高。因此，体育活动是积极性休息，是消除用脑疲劳的有效方法，并有助于培养良好的情绪，增进心理健康，消除脑力疲劳，使思维敏捷，提高学习效率，有益于儿童青少年适应学习任务。

（3）有规律地进行体育活动能延缓神经功能的退行性老化。随着年龄的增加，老年人神经系统机能也会发生相应变化。例如，感受器退化，表现为视力、听力下降；中枢处理信息的能力降低，表现为记忆力减退；平衡能力和神经系统的工作能力下降，表现为运动协调性减退，容易跌倒；对刺激的反应迟钝，容易疲劳等。研究表明，老年人经常进行体育锻炼，在某种程度上能延缓神经肌肉功能的退行性衰老变化，其反应时较不锻炼的老年人短。

（4）长期适度运动可增强脑组织的突触可塑性，提高学习记忆功能。突触可塑性是中枢神经系统的一个重要特征。研究表明，运动可以引起脑组织锥体神经元细胞的树突棘数量增加，细胞核仁增大，细胞体积增大，大脑皮质内的神经元间通过神经元的突触连接可塑性加强，改善大脑皮质的功能，提高人的智能。运动在一定程度上可调节脑组织神经递质的释放，进而改善脑组织神经活动和对运动的适应等。

学习、记忆、语言、思维、精神、情感等这些人们特有的认知心理活动涉及人们一系列随意行为、心理行为和社会行为，这些脑的高级功能是运动动作技能的学习、记忆与控制的神经生理学基础。

六、实践应用题

1. 足球运动员 A 在护球时头部不慎被运动员 B 的胳膊肘击中，当时倒地失去知觉。经过现场简单处理后，运动员 A 被救护车送往当地医院，经过检查，初步结果确诊为脑震荡，也有消息称是脊髓休克。请问如何判定运动员 A 是否是脊髓休克？

【参考解答】

脊髓休克是指人或动物的脊髓在与高位中枢之间离断后反射活动能力暂时丧失而进

入无反应状态的现象。分析运动员A是否有脊髓休克的主要表现，便可判断运动员A是脑震荡还是脊髓休克。

脊髓休克主要表现为离断面以下的脊髓所支配的躯体与内脏反射均减退以致消失，如骨骼肌紧张降低甚至消失，外周血管扩张，血压下降，发汗，反射消失，粪尿潴留。脊髓休克一段时间以后，一些以脊髓为基本中枢的反射可逐渐恢复，恢复速度与动物进化程度有关。在恢复过程中，较简单和较原始的反射先恢复，如屈肌反射、腱反射等；较复杂的反射恢复较慢，如对侧伸肌反射、搔爬反射等。血压也逐渐回升到一定水平，并有一定的排便与排尿能力，但此时的反射不能很好地适应机体生理功能的需要。离断面水平以下的知觉和随意运动能力将永久丧失。

上述脊髓休克的表现并非由切断损伤的刺激本身而引起的。因为反射恢复后若再次切断脊髓，脊髓休克不会重现。脊髓休克的产生与恢复，说明脊髓能完成某些简单的反射，但这些反射平时在高位中枢控制下不易表现出来。脊髓休克恢复后伸肌反射往往减弱而屈肌反射往往增强，这说明高位中枢平时具有易化伸肌反射和抑制屈肌反射的作用。

2. 一名体操运动员在跳马练习中，就在她快速地、无限接近它（鞍马）的时候，前方忽然闪过一个人影，干扰了她的注意力，导致她从鞍马上摔下，从此瘫痪。试用外抑制和状态反射在人体运动中的理论解释该名体操运动员受伤的原因。

【参考解答】

条件反射的抑制可分为非条件性抑制和条件性抑制，非条件性抑制可区分为外抑制和超限抑制，条件性抑制有消退抑制、分化抑制、延缓抑制和条件抑制。在进行条件反射的动物实验时，突然出现一个新异刺激，将会引起实验动物的朝向反射，使原来条件反射活动减弱或消失。由于引起条件反射抑制的刺激是在条件反射中枢以外，故称为外抑制。状态反射是头部空间位置改变时反射性地引起四肢肌张力重新调整的一种反射活动，它在完成某些运动技能时起着重要作用。

当体操运动员快速地、无限接近鞍马的时候，前方忽然闪过一个人影，体操运动员产生外抑制，这是一种先天的非条件性抑制，即突然出现的新异刺激引起运动员的朝向反射，使原来条件反射活动减弱或消失，这是比赛中新异刺激引起动作失误的原因之一。

朝向反射同时头部位置改变可引起状态反射。体操运动员的损伤原因也可以用状态反射在人体运动中的重要作用机制来解释。状态反射一方面使身体重心不超出支撑面，以维持平衡，保持身体正常姿势；另一方面便于人体向着头部转动的方向移动。例如，体操运动员进行后手翻、空翻及跳马等动作时，若头部位置不正，就会使两臂用力不均，身体偏向一侧，常导致动作失误或无法完成。运用状态反射的规律，使动作更加完善优美，使机体保持平衡，以避免因动作失误而受伤。

第十章 运动与内分泌

◆◆ 习题部分 ◆◆

一、名词解释

1. 内分泌
2. 内分泌腺
3. 靶器官
4. 激素
5. 远距分泌
6. 腔分泌
7. 协同作用
8. 允许作用
9. 促激素
10. 应激反应
11. 应急反应

二、单选题

1. 关于内分泌系统最佳的描述是（　　）。
   A. 内分泌系统区别于外分泌腺系统
   B. 内分泌系统是分泌物通过体液传递信息的系统
   C. 内分泌系统包括内分泌腺与分散存在于机体各处的内分泌细胞
   D. 内分泌系统是全身的内分泌细胞群及其分泌的激素的总称
2. 松果体中与生物节律有关的生物活性物质是（　　）。
   A. 神经降压素　　　B. 升压素　　　C. 褪黑素　　　D. 促黑激素
3. 下列属于含氮激素的是（　　）。
   A. 糖皮质激素　　　　　　　　　B. 促性腺激素
   C. 孕激素　　　　　　　　　　　D. 醛固酮

4. 下列激素属于类固醇激素的是（　　）。
   A. 皮质醇　　　　　　　　　　　B. 促性腺激素释放激素
   C. 卵泡刺激素　　　　　　　　　D. 黄体生成素

5. 下列不属于肾上腺皮质分泌的激素是（　　）。
   A. 皮质醇　　　B. 醛固酮　　　C. 性激素　　　D. 肾上腺素

6. 血液中激素浓度很低，但生理作用却非常明显，这是因为（　　）。
   A. 细胞内存在高效能的生物放大系统　　B. 激素的半衰期非常长
   C. 激素分泌的持续时间长　　　　　　　D. 激素在体内随血液分布全身

7. 糖皮质激素对糖代谢的作用是（　　）。
   A. 促进糖异生过程，抑制葡萄糖的消耗，使血糖升高
   B. 抑制糖异生过程，促进葡萄糖的消耗，使血糖下降
   C. 不影响糖异生过程，而抑制葡萄糖的利用，使血糖升高
   D. 促进糖异生过程，而不影响葡萄糖的利用，对血糖水平无明显影响

8. 降低血糖的激素是（　　）。
   A. 胰岛素　　　B. 糖皮质激素　　C. 胰高血糖素　　D. 生长激素

9. 神经垂体激素是指（　　）。
   A. 催乳素和生长激素　　　　　　B. 催产素和催乳素
   C. 血管升压素和催产素　　　　　D. 血管升压素和催乳素

10. 可促进小肠对钙吸收的是（　　）。
    A. 维生素 A　　B. 维生素 B　　C. 维生素 C　　D. 维生素 D_3

11. 关于胰岛素的叙述，错误的是（　　）。
    A. 胰岛素降低时使血糖下降，产生胰岛素休克
    B. 胰岛素可促进蛋白质合成
    C. 血糖升高可刺激胰岛素分泌
    D. 胰岛素分泌不足可导致血脂升高

12. 不影响糖代谢的激素是（　　）。
    A. 甲状腺激素　　B. 生长激素　　C. 皮质醇　　D. 甲状旁腺激素

13. 在剧烈运动过程中，身体的耗能量明显增加，分解代谢明显加强，血中激素浓度降低的有（　　）。
    A. 糖皮质激素　　B. 甲状腺素　　C. 肾上腺素　　D. 胰岛素

14. 应激时，下列激素分泌增加的是（　　）。
    A. 促肾上腺激素和糖皮质激素　　B. 肾上腺素和去甲肾上腺素
    C. 催乳素和生长激素　　　　　　D. 以上各项都对

15. 在应激状态下，起主要作用的内分泌轴是（　　）。
    A. 下丘脑—垂体—肾上腺（皮质）轴

B. 下丘脑—垂体—甲状腺轴

C. 下丘脑—垂体—性腺轴

D. 下丘脑—垂体—肝脏轴

三、多选题

1. 激素到达靶细胞的方式有（　　）。
   A. 远距分泌　　　　B. 旁分泌　　　　C. 神经分泌　　　　D. 外分泌
2. 腺垂体分泌的激素中，没有特定靶腺的激素包括（　　）。
   A. 生长激素　　　　　　　　　　B. 促甲状腺激素
   C. 催乳素　　　　　　　　　　　D. 促黑激素
3. 人体内控制血浆中钙和磷水平的激素有（　　）。
   A. 甲状腺激素　　　B. 降钙素　　　C. 维生素 D_3　　　D. 甲状旁腺素
4. 甲状腺激素分泌不足时引起（　　）。
   A. TSH 分泌减少　　　　　　　　B. TRH 分泌减少
   C. 皮肤中黏蛋白增多，水潴留　　D. 基础代谢率低，喜热恶寒
5. 糖皮质激素的生理作用有（　　）。
   A. 参与应激反应　　　　　　　　B. 降低淋巴细胞的数量
   C. 促进糖异生，减少糖的利用　　D. 促进脂肪分解
6. 机体遭遇紧急情况时，紧急动员交感—肾上腺髓质系统，机体的应急反应有（　　）。
   A. 中枢神经系统兴奋性提高，机体处于警觉状态，反应灵敏
   B. 呼吸功能加强，呼吸加深加快，肺通气量增加
   C. 心血管活动加强，心跳加快，心缩力增强，心输出量增加
   D. 肝糖原分解增强，血糖升高，脂肪分解加速，血中游离脂肪酸增多，葡萄糖与脂肪酸氧化过程增强
7. 在应激反应中，血液中浓度增高的激素有（　　）。
   A. ACTH　　　　　B. 生长激素　　　C. 催乳素　　　D. 肾上腺素

四、判断题

1. 血液中激素的基础水平保持稳定，如无外界刺激，不呈现波动。（　　）
2. 生长激素介质在机体大多数组织中都可产生。（　　）
3. 促红细胞生成素（EPO）主要作用是促进红细胞生成，维持血液中红细胞和血红蛋白的数量。一般情况下，速度运动员的 EPO 值比耐力运动员高。因此，EPO 可以作为爆发力训练的评价、预测指标。（　　）

4. 神经垂体激素的生物合成部位是下丘脑。（　　）
5. 血钙浓度升高时，降钙素分泌增加，甲状旁腺素分泌减少。（　　）
6. 糖尿病患者容易发生酮症酸中毒，这是因为脂肪酸氧化会产生大量酮体。（　　）
7. 胰高血糖素可使胰岛素分泌增加，胰岛素也可使胰高血糖素分泌增加。（　　）
8. 男子95%的睾酮由睾丸间质细胞产生；女子睾酮全部由卵巢合成或卵巢分泌的前体物质转换而来。（　　）
9. 在应用血清睾酮指导选材时，应选择正常安静状态下睾酮水平高的运动员。（　　）

五、思考题

1. 激素的一般生理作用有哪些？
2. 激素对靶细胞作用的共同特征有哪些？
3. 调节血糖的激素主要有哪几种？它们对血糖水平有何影响？试述其作用机制。
4. 试述糖皮质激素的生物学作用。
5. 试述应激刺激下，肾上腺皮质和髓质分泌的调节作用及生理意义。
6. 试述激素对急性负荷的应答特征，以及对长期运动的适应特征。
7. 运动过程中，激素是如何调控组织能量代谢的？

六、实践应用题

1. 训练实践中，把血清游离睾酮/皮质醇比值（FT/C）作为判断过度疲劳的指标是否存在一定的局限性？
2. 在运动实践中我们会遇到这样的现象，运动员睾酮水平未低于参考范围，但运动能力或竞技状态并不佳，相反，有时血睾酮不高，但竞技状态与以往相比并不差，运动能力甚至还有一定提高，这是否说明测定睾酮的意义不大？

参考答案

一、名词解释

1. **内分泌**：内分泌是指内分泌腺体或内分泌细胞将其所产生的生物活性物质——激素直接释放到体液中并发挥作用的分泌形式。
2. **内分泌腺**：内分泌腺是无分泌管的腺体，主要由排列成索状、团状或成滤泡状的腺泡上皮细胞组成，细胞间有丰富的毛细血管和毛细淋巴管，这种上皮细胞可分泌并储存激素。

3. **靶器官**：能够与某种激素发生特异性反应的器官称为该激素的靶器官。

4. **激素**：内分泌腺或散在的内分泌细胞所分泌的各种高效能生物活性物质，经血液或组织液传递而发挥调节作用，这种活性物质称为激素。

5. **远距分泌**：运距分泌是指激素分泌入血后，经血液循环运输至远隔部位的靶组织发挥作用。

6. **腔分泌**：腔分泌是指激素直接释放到管腔中发挥作用，如某些胃肠激素可直接分泌到肠腔。

7. **协同作用**：每种激素产生的效应都不是孤立的，而是与其他激素的作用彼此关联、相互影响。在多种激素调节同一生理活动时所表现出来的总效应大于各激素单独作用所产生的效应之和，这种现象被称为协同作用。

8. **允许作用**：有些激素本身并不能直接对某些器官、组织或细胞产生生理效应，然而它的存在却是另一种激素发挥效应的必要基础，这种现象称为允许作用。

9. **促激素**：促激素通常指腺垂体分泌的能促进其靶腺组织或细胞分泌激素进而发挥作用的一类激素的总称。

10. **应激反应**：应激一般指机体受到一定程度内、外环境和社会、心理等因素的伤害刺激时，除了引起机体与刺激直接相关的特异性反应外，还引起一系列与刺激性质无直接关系的非特异性适应反应，包括多种激素分泌所发生的变化等。机体的这些非特异性适应反应称为应激反应。

11. **应急反应**：通常将机体遭遇紧急情况时紧急动员交感—肾上腺髓质系统功能的过程称为应急反应。

二、单选题

1. C　2. C　3. B　4. A　5. D　6. A　7. A　8. A　9. C　10. D
11. A　12. D　13. D　14. D　15. A

三、多选题

1. ABC　2. ACD　3. BCD　4. CD　5. ABCD　6. ABCD　7. ABCD

四、判断题

1. ×　2. √　3. ×　4. √　5. √　6. √　7. √　8. ×　9. √

五、思考题

1. 激素的一般生理作用有哪些？

激素的一般生理作用包括以下四个方面。

（1）维持内环境的自稳态。激素不仅参与水和电解质的平衡、酸碱平衡、体温与血压等调节过程，还直接参与机体的应激反应，全面整合机体功能，保持内环境稳态，增强机体的生存、适应能力。

（2）调节新陈代谢。多数激素都参与组织细胞的物质代谢及能量代谢的调节，维持机体的能量平衡，为机体的各种生命活动奠定基础。

（3）促进生长、发育。促进组织细胞的生长、增殖、分化和成熟，参与细胞凋亡过程等，确保并影响各系统器官的正常生长、发育和功能活动。

（4）调控生殖过程。促进生殖器官的正常发育成熟和生殖的全过程，维持生殖细胞的生成，保证个体生命的延续和种系的繁衍。

2. 激素对靶细胞作用的共同特征有哪些？

虽然激素对靶细胞作用产生的效应不尽相同，但是不同激素在发挥调节作用时可表现出一些共同特征。

（1）激素的信息传递作用。激素的作用方式如同信使传递信息，旨在启动靶细胞固有的一系列生物效应。

（2）激素作用的相对特异性。激素进入血液后可随血液循环到达全身各个部位，虽然激素与全身各处的器官、组织和细胞都有广泛接触，但激素只选择性地作用于体内某些器官、组织和细胞，激素作用的这一特征称为激素作用的相对特异性。

（3）激素的高效能生物放大作用。激素与受体结合后，会产生瀑布式的级联放大效应，形成一个效能极高的生物放大系统。故激素作用堪称量小作用大。

（4）激素之间的相互作用。各种内分泌腺和内分泌细胞虽然分散在全身，但它们分泌的激素又都以体液为基本媒介，相互联系。

3. 调节血糖的激素主要有哪几种？它们对血糖水平有何影响？试述其作用机制。

调节血糖的激素主要有胰岛素、胰高血糖素、肾上腺素和糖皮质激素4种。此外，甲状腺激素、生长激素等对血糖水平也有一定作用。

胰岛素加速糖的氧化利用，促进糖原合成，抑制糖原异生，使血糖降低。

胰高血糖素有很强的促进糖原分解和葡萄糖异生的作用，使血糖升高。

肾上腺素促进糖原分解，并抑制胰岛素分泌，使血糖升高。

糖皮质激素可促进糖异生，使肝糖原增加；还抑制组织细胞对葡萄糖的利用，使血糖升高。

甲状腺激素大剂量时可促进糖的吸收和肝糖原分解，使血糖升高；但它也能加速外周组织对糖的利用，使血糖降低，故血糖耐量试验可在正常范围内。

生长激素对糖代谢的影响复杂，可因剂量、使用时间长短不同而异。正常浓度水平时可刺激胰岛素分泌，加强糖的利用；过量时则抑制糖的利用，使血糖趋于升高。

4. 试述糖皮质激素的生物学作用。

（1）对物质代谢的作用。①糖代谢：促进糖原分解和糖异生，维持血糖浓度，降低细胞对胰岛素的敏感性。②脂肪代谢：促进脂肪分解和脂肪酸氧化，减少脂肪合成；促进肢体部的脂肪分解，增加躯干及面部脂肪沉积（脂肪重新分布）。③蛋白质代谢：促进肝内蛋白质合成；促进肝外组织蛋白质分解，减少肝外组织对氨基酸的利用。④水、盐代谢：减少肠道对钙的吸收和肾脏对钙的重吸收；增加骨对钙的吸收；保留 Na^+、排出 K^+，调节细胞外液量。

（2）对血液的作用：增加红细胞、中性粒细胞、单核细胞、血小板数量；减少感染部位中性粒细胞的积聚；减少淋巴细胞和嗜酸性粒细胞的数量。

（3）对循环系统的作用：增强心血管系统对儿茶酚胺和血管紧张素 II 的反应性；维持心肌正常功能；维持毛细血管的完整性和循环血量。

（4）对呼吸系统的作用：促进胎儿肺泡 II 型上皮细胞形成，增加肺表面活性物质。

（5）对消化系统的作用：促进消化液和消化酶分泌，特别是胃酸的分泌；提高胃腺对迷走神经和促胃液素的反应性；促进胎儿肝脏和胃肠道酶的合成。

（6）对泌尿系统的作用：增加肾小球血浆流量及肾小球滤过率，促进水的排泄。

（7）对神经系统的作用：维持中枢神经系统正常功能；影响胎儿和新生儿的脑发育，改变行为和认知能力。

（8）对内分泌、生殖系统的作用：减少垂体激素的分泌（如 GH、TSH、ACTH、FSH、LH）；降低性腺对 GnRH 的反应性。

（9）对骨骼肌的作用：抑制骨细胞增殖，以及 RNA、蛋白质、胶原等的合成；促进 PTH 及维生素 D_3 对骨的作用；降低成骨细胞活性，增加破骨细胞的数量和活性，促进骨质的溶解和吸收。

（10）对免疫功能和炎症的作用：抑制淋巴组织生长，抑制吞噬活动；影响抗体的形成和清除抗原的能力；降低毛细血管通透性，增加溶酶体稳定性；减少前列环素合成；降低炎症反应。

5. 试述应激刺激下，肾上腺皮质和髓质分泌的调节作用及生理意义。

应激刺激下，一方面下丘脑释放 CRH，使腺垂体 ACTH 分泌立即增加，随即糖皮质激素分泌增多。应激反应可从以下两个方面加强机体的适应能力。

（1）使能量代谢以糖代谢为中心，升高血糖，保证葡萄糖对重要器官的供应。

（2）对儿茶酚胺起允许作用，增强其调节血压的效应。

另一方面，应激刺激通过交感神经使肾上腺髓质分泌增加。髓质激素的作用包括以下五个方面。

(1) 提高中枢神经系统兴奋性，使机体反应灵敏。
(2) 提高心输出量，使血液循环加速。
(3) 内脏血管收缩，肌肉血管舒张，血液重新分配，保证重要器官的血供。
(4) 肝糖原和脂肪分解加强，有利于机体获得能量。
(5) 支气管平滑肌舒张，肺通气量增加。

应激（下丘脑—垂体—肾上腺皮质系统的活动）和应急（交感—肾上腺髓质系统的活动）共同维持机体的适应力，提高机体对损伤刺激的抵抗力。

6. 试述激素对急性负荷的应答特征，以及对长期运动的适应特征。

运动对激素的影响分为两种情况，一种是急性运动的影响，另一种是长期慢性运动的影响。激素对前者会发生相应的应答性反应，对后者会产生相应的适应性变化。急性运动期间，激素水平尤其是应激激素水平会发生剧烈的应答性反应。而在长期训练的影响下，内分泌系统通过调节人体机能，使之产生适应性变化以对抗运动负荷对机体的强烈刺激。因而，激素对急性负荷的应答特征及对长期运动的适应特征包括4个方面。①应激激素水平在急性运动过程中会升高，且升高幅度与运动负荷强度和/或运动持续时间相关。②对主要应激激素而言，运动中要使其水平升高，需要一个激活该激素升高的运动强度阈值。而且，激活不同激素升高的阈值不尽相同。③长期运动训练后，激素水平会发生某种程度的去"补偿"现象，表现为开始某种负荷运动时，反应幅度比较明显；随着不断运动，反应幅度逐渐变小。这表明反应幅度更加精确，机能更加节省化。④经过长期训练，不同激素变化的综合结果总是朝着有利于运动和健康的趋势发展。

7. 运动过程中，激素是如何调控组织能量代谢的？

在运动过程中，能量代谢明显加快，分解代谢占明显优势，促进能量代谢的激素种类有很多，除体内主要应急激素和应激激素外，胰岛素和胰高血糖素也起着重要作用。它们之间相互配合、相互协调，共同维持着运动过程中明显增高的能量代谢水平，以及参与运动结束后能量物质的恢复。

(1) 激素对运动过程中能量代谢的调控。能量代谢包括合成代谢和分解代谢两个对立统一的过程。正常情况下，主要的应激激素和应急激素（包括肾上腺皮质激素和髓质激素等）主要影响分解代谢，而胰岛素则主要影响合成代谢，两种代谢维持着一种动态平衡关系。

但大强度运动会打破这种平衡关系，造成"失衡"，表现为分解代谢明显占优，以满足运动过程中对能量的大量需求。在剧烈运动过程中，随着肌肉运动和做功，身体的耗能量明显增加，糖皮质激素、胰高血糖素、甲状腺素、肾上腺素、去甲肾上腺素、生长激素等在血中的浓度显著升高，而胰岛素则保持不变，甚至降低。在此情况下，能量物质的分解代谢明显加强，以满足运动需求。

(2) 激素对运动后能量代谢的调控。运动结束后，由于身体的耗能量基本恢复到安静水平，主要的应急激素、应激激素水平急剧下降，而胰岛素水平上升，有助于能量物质的再合成，合成代谢明显占优势。在充分恢复的前提下，运动后恢复期的一段时间里，机体在运动中消耗的能量物质不仅得以恢复，而且会超过原有水平，即产生"超量补偿"（超量恢复）现象，有利于在随后进行的训练和比赛中得到更多能量供应，这是运动训练取得效果的重要标志。

六、实践应用题

1. **训练实践中，把血清游离睾酮/皮质醇比值（FT/C）作为判断过度疲劳的指标是否存在一定的局限性？**

    【参考解答】

    有学者认为，血清游离睾酮/皮质醇比值（FT/C）可作为机能评定的敏感指标，该指标可反映机体的合成和恢复情况，当该比值下降大于30%或小于0.35×10^{-3}时，可判定为过度疲劳。但是，有活性的血睾酮应该是游离睾酮与白蛋白结合的睾酮之和，所以只测定血清游离睾酮并不能全面反映血中有生物活性的睾酮。因此，在训练实践中，把血清游离睾酮/皮质醇比值（FT/C）作为判断疲劳的指标存在一定的局限性。

2. **在运动实践中我们会遇到这样的现象，运动员睾酮水平未低于参考范围，但运动能力或竞技状态并不佳，相反，有时血睾酮不高，但竞技状态与以往相比并不差，运动能力甚至还有一定提高，这是否说明测定睾酮的意义不大？**

    【参考解答】

    高水平运动员成绩有所提高，但睾酮和以往相比却处于较低水平，出现了睾酮水平和运动能力分离的现象，这在实践中是较为常见的。睾酮作为机能监控的常用指标，具有重要意义，这需要从多角度、多方面来思考。血睾酮下降一方面反映机体的同化过程与恢复速率减慢，教练员需要适当调整训练负荷，不然可能导致训练后运动员难以及时恢复，影响训练计划完成。另一方面，长期监控血睾酮变化有助于教练员根据运动员特点制订周期性训练计划。除此之外，测试的时间点、仪器和标品等质量控制不一致，也是导致睾酮测试结果与过往相比存在异常的常见原因。因此，不能说明测定睾酮的意义不大。

第十一章　运动与免疫

◆◆ 习题部分 ◆◆

一、名词解释

1. 免疫
2. 先天性免疫
3. 获得性免疫
4. 抗原
5. 抗体
6. 免疫器官
7. 免疫细胞
8. 补体
9. 运动性免疫抑制

二、单选题

1. 主要介导体液免疫的细胞是（　　）。
   A. B 细胞　　　　B. T 细胞　　　　C. NK 细胞　　　　D. K 细胞
2. 在免疫应答中，起核心作用的免疫细胞是（　　）。
   A. 单核-巨噬细胞　　B. NK 细胞　　　C. 淋巴细胞　　　D. 粒细胞
3. 下列不属于淋巴细胞的是（　　）。
   A. T 细胞　　　　B. B 细胞　　　　C. NK 细胞　　　　D. 单核细胞
4. 下列能杀伤被抗体覆盖的靶细胞的是（　　）。
   A. B 细胞　　　　B. T 细胞　　　　C. NK 细胞　　　　D. K 细胞
5. 具有吞噬杀伤、抗原提呈和分泌作用的细胞是（　　）。
   A. B 细胞　　　　　　　　　　　B. T 细胞
   C. 单核-巨噬细胞　　　　　　　D. 中性粒细胞

6. "open window" 理论主要表明（　　）。
   A. 运动后有一段免疫低下期　　　　B. 运动后有一段免疫增强期
   C. 经常参加锻炼者免疫功能会增强　　D. 经常参加锻炼对免疫功能无影响
7. 下列不会引起免疫抑制作用的是（　　）。
   A. 交感神经兴奋　　　　　　　　　B. 副交感神经兴奋
   C. 应激激素升高　　　　　　　　　D. 血糖水平降低

三、多选题

1. 抗体一般由 B 细胞产生，分布于（　　）和其他体液中。
   A. 细胞表面　　　B. 血清　　　C. 肌纤维　　　D. 上皮
2. 脊髓和胸腺是淋巴干细胞增殖分化成 T 细胞和 B 细胞的场所。接受免疫细胞的主要场所包括（　　）。
   A. 淋巴结　　　B. 脾脏　　　C. 扁桃体　　　D. 白细胞
3. 抗原性物质进入机体后所激发的免疫细胞（　　）的过程称为免疫应答。
   A. 活化　　　B. 分化　　　C. 效应　　　D. 生长
4. 免疫系统主要功能是识别并排除体内的非己物质，执行此功能的细胞称为免疫细胞，包括（　　）和粒细胞等。
   A. 淋巴细胞　　　B. 单核细胞　　　C. 巨噬细胞　　　D. 浆细胞
5. 补体系统的生物学作用为溶菌、杀菌、（　　）、中和及溶解病毒，以及炎症介质。
   A. 细胞毒性　　　B. 调理作用　　　C. 免疫黏附　　　D. 杀毒
6. 形成运动性免疫抑制，应该是（　　）、谷氨酰胺浓度降低和氧自由基浓度升高等因素共同作用的结果。
   A. 交感神经兴奋　　　　　　　　　B. 应激激素浓度升高
   C. 血糖降低　　　　　　　　　　　D. 血糖升高

四、判断题

1. 只要运动就可以增强免疫力。（　　）
2. 机体受到抗原刺激而产生的特异性糖蛋白，亦称为免疫球蛋白。（　　）
3. 胸腺与骨髓组织，称为外周免疫器官或末梢淋巴组织。（　　）
4. 免疫系统不受神经内分泌的影响。（　　）
5. 每日进行适量运动，能够增强免疫机能。（　　）
6. 过度训练会降低身体对上呼吸道感染疾病的抵抗力。（　　）
7. 运动过程中肌肉减少谷氨酰胺释放，血浆谷氨酰胺浓度下降是运动性免疫抑制的一个

重要因素。（　　）
8. 利用补益法从补气、补血和补阳入手，扶持正气，提高免疫机能。（　　）
9. 运动员感冒期间禁止从事任何运动。（　　）

五、思考题

1. 何谓非特异性免疫和特异性免疫？它们各具有哪些特征？
2. 简述淋巴细胞的分类及其主要功能。
3. 简述细胞因子及其主要作用。
4. 试述经常进行适宜体育锻炼改善慢性疾病的主要机理。
5. 简述体液免疫的过程。
6. 简述细胞免疫的过程。
7. 试述适度运动与免疫功能的关系。
8. 请详细说明运动员发生运动性免疫抑制后的调理方法。

六、实践应用题

1. 某运动员在大强度训练后，血液中白细胞等发生不利于健康的变化，造成免疫能力下降，从而容易生病（如感冒等）。请从运动性免疫抑制的表现、成因分析其原因。
2. 通常认为，过量运动导致的疲劳累积是不利于健康的。请从运动免疫的角度分析为什么进行体育锻炼时要适量。

参考答案

一、名词解释

1. **免疫**：免疫是指机体接触"抗原性异物"或"异己成分"的一种特异性生理反应，其作用是识别与排除抗原性异物，维持机体的生理平衡，这些反应通常对机体有利，但在某些条件下也可能对机体有害。
2. **先天性免疫**：人体对抗原性异物的抵抗力，有些是天生具有的，即在种系发育进化过程中形成，经遗传获得的，称为先天性免疫，又称为非特异性免疫。
3. **获得性免疫**：个体在生活过程中，因受病原微生物感染或接种疫苗而获得的免疫，称为获得性免疫，又称为特异性免疫。
4. **抗原**：抗原一般指的是能够与特异性淋巴细胞上独特的抗原受体特异性结合，诱导该淋巴细胞发生免疫应答的物质。

5. **抗体**：抗体是机体受到抗原刺激而产生的特异性糖蛋白，也称免疫球蛋白。常用的免疫球蛋白指标为 IgA、IgG、IgM。它们能与相应抗原结合形成抗原-抗体复合物。
6. **免疫器官**：免疫器官是免疫细胞分化、增殖与定居的场所，分为中枢免疫器官和外周免疫器官。
7. **免疫细胞**：凡参与免疫应答或与免疫应答有关的细胞统称为免疫细胞，包括淋巴细胞、单核吞噬细胞、粒细胞等。
8. **补体**：补体是指人与动物血清中正常存在的、与免疫有关的、具有酶活性的一组球蛋白。
9. **运动性免疫抑制**：在长期大强度运动训练的影响下，机体的免疫系统可能出现明显的免疫功能抑制现象，表现为免疫功能降低，对感染性疾病的易感率上升。这种由于运动而诱发的免疫功能降低现象，称为运动性免疫抑制。

二、单选题

1. A　　2. C　　3. D　　4. D　　5. C　　6. A　　7. B

三、多选题

1. AB　　2. ABC　　3. ABC　　4. ABC　　5. AC　　6. ABC

四、判断题

1. ×　　2. √　　3. ×　　4. ×　　5. √　　6. √　　7. √　　8. √　　9. ×

五、思考题

1. 何谓非特异性免疫和特异性免疫？它们各具有哪些特征？

（1）非特异性免疫（先天性免疫），是人体对抗原性异物的抵抗力，有些是天生具有的，即在种系发育进化过程中形成，经遗传获得的。其特征是，由机体的解剖结构与生理功能体现，如机体的各种屏障结构（皮肤与黏膜屏障、血脑屏障、血胎屏障）、吞噬细胞（中性粒细胞）、单核吞噬细胞，以及体液中的抗菌物质（有抑菌、溶菌与杀菌作用）。

（2）特异性免疫（获得性免疫），是个体在生活过程中，因受病原微生物感染或接种疫苗而获得的免疫。其特征为一般仅针对所感染的病原微生物或疫苗所能预防的疾病。

2. 简述淋巴细胞的分类及其主要功能。

淋巴细胞在免疫应答过程中起着核心作用。其中能接受抗原刺激而活化、增生分化、发生特异性免疫反应的淋巴细胞称为抗原特异性淋巴细胞或免疫活性细胞，即 T 细胞和 B 细胞。此外，还包括 K 细胞（杀伤细胞）和 NK 细胞（自然杀伤细胞）。

T 细胞主要介导细胞免疫；B 细胞主要介导体液免疫；K 细胞能够杀伤被抗体（IgG）覆盖的靶细胞；NK 细胞能够直接杀伤某些肿瘤细胞或被病毒感染的细胞。

T 细胞的许多功能是通过其亚群发挥的，如 TH 细胞（辅助性 T 细胞）在介导细胞免疫和体液免疫过程中充当着关键角色；TC 细胞（细胞毒性 T 细胞）和 TD 细胞（迟发性 T 细胞）两者在细胞免疫应答过程中起重要作用。

淋巴细胞除介导细胞免疫和体液免疫外，还可分泌多种细胞因子。这些细胞因子不仅作用于免疫系统自身，调节和控制免疫反应的发生与程度，还可作用于神经系统和内分泌系统，参与神经—内分泌—免疫网络对身体功能的整合调节。

3. 简述细胞因子及其主要作用。

细胞因子主要由淋巴细胞与单核-巨噬细胞产生，习惯上称前者为淋巴因子，后者为单核因子，实际上，其他免疫细胞与非免疫细胞也可以产生，故统称为细胞因子。主要的细胞因子有白细胞介素、B 细胞刺激因子、淋巴霉素、肿瘤坏死因子、干扰素、集落刺激因子、转移因子等。目前研究发现，骨骼肌、脂肪可以分泌细胞因子。

在机体对"非己"物质（即抗原）进行免疫应答并加以排除的过程中，主要通过细胞因子在免疫因子和免疫细胞之间传递信息。从这个意义上讲，细胞因子对于免疫系统，如激素对于内分泌系统、神经递质对于神经系统一样重要。此外，在神经—内分泌—免疫调节网络中，细胞因子也起着非常重要的介导作用。

4. 试述经常进行适宜体育锻炼改善慢性疾病的主要机理。

近年来，学者们逐步揭示了经常从事适量健身运动能够有效提升免疫功能、降低感染性疾病，尤其是降低慢性疾病发生发展的机理。

有研究证实，慢性疾病主要是慢性炎症的形成，以及机体抗炎系统和促炎系统的平衡关系遭到破坏。在正常情况下，机体的抗炎因子（如 IL-10、IL-6 等）和促炎因子（如 IL-1、TNF-α 等）形成动态平衡，使得炎症在形成最初就被及时清除。而在病理情况下，这种平衡被打破，促炎因子活性增高而抗炎因子活性降低，炎症更易形成且难以及时清除，随着炎症逐渐加重最终形成病变。

经常参加体育锻炼能够增强免疫功能的机理正在于此。经常锻炼者抗炎性细胞因子活性增强，而促炎性细胞因子的活性降低，从而可以及时清理机体局部可能形成的炎症，使炎症难以形成或积累。

5. 简述体液免疫的过程。

体液免疫的应答反应过程包括感应、增殖和分化、效应三个阶段。①感应阶段，进入体内的抗原被巨噬细胞捕获，进行吞噬加工处理后，呈递给 TH 细胞，TH 细胞受该抗原（处理过的）和 IL-1 诱导而活化。这是一个抗原提呈的过程，需要主要组织相容性复合体参与。②增殖和分化阶段，TH 细胞被活化后，发生增殖并释放出 IL-2，B 细胞分化因子及 B 细胞生长因子。B 细胞分化因子和 B 细胞生长因子促使 B 细胞成熟、增殖并分化成浆细胞。③效应阶段，首先多数 B 细胞能够成为浆细胞，合成和分泌免疫球蛋白（抗体），然后由抗体直接或间接发挥免疫效应，杀灭进入人体的抗原物质。其次，部分 B 细胞变为记忆性 B 细胞。以后如果遇到相同抗原刺激时可以很快产生相同抗体，并在相当长时间内维持较高的抗体浓度，这样就对该病原体产生了抵抗力。

6. 简述细胞免疫的过程。

细胞免疫应答反应过程包括感应阶段、增殖和分化阶段、TC 细胞的特异性作用。

（1）感应阶段。T 细胞介导的细胞免疫应答的感应阶段，基本类似于 B 细胞介导的体液免疫应答过程的感应阶段。

（2）增殖和分化阶段。活化的 TH 细胞开始大量增殖，最终导致相应的 TD 细胞和 TC 细胞激活，进入效应阶段。同时，部分 T 细胞分化为记忆性 T 细胞。

（3）TC 细胞的特异性作用。激活的 TC 细胞发挥特异性的细胞毒性作用，攻击靶细胞（病原体）。一个 TC 细胞在数小时内可杀伤数十个靶细胞。TD 细胞则释放出多种淋巴因子，参与对抗病原体感染的炎性反应。

7. 试述适度运动与免疫功能的关系。

大量流行病学调研结果显示，经常从事适量运动者与静坐工作者相比，患上呼吸道感染的风险明显要低。如对体育爱好者、跑步者所做的调研结果表明，与不活动者相比，60%～90%经常参加体育活动的人患感冒的次数明显较少。

研究表明，每日进行活动者会减少患病的天数。活动组每天快走 35～45min，每周快走 5 天，在冬季、春季或秋季走 12～15 周；同时，对照组不做任何体育活动。报告的结果非常一致：活动者患感冒的天数只占对照组的一半左右。另一项为期一年的流行病学研究观察到，在 547 名受试者中，定期进行适量运动者与不定期进行中度到剧烈运动者相比，前者患上呼吸道感染的比率降低了 23%。

还有研究表明，在适量运动期间，免疫系统会发生数种有益的变化：抑制免疫功能的应激激素和亲炎性、抗炎性细胞因子（大强度代谢活动的标志）在适量运动期间并未见升高。研究认为，每一次适量运动对人体的免疫监视功能都有一次促进作用，并且会在很长时间内降低机体感染的风险。

总体来说，这些研究结果表明，每日进行适量运动可增强免疫功能，降低患病风险。这些研究结果对于指导全民健身具有一定的实用意义。

8. 请详细说明运动员发生运动性免疫抑制后的调理方法。

运动员发生运动性免疫抑制后需要结合其具体情况进行调理，一般从以下三个方面进行。

（1）营养调理。营养调理主要是针对影响免疫机能的重要营养因素来进行的。

①糖的补充。具体补充时间为活动前、活动中与活动后。活动前，补充时间不宜距离开始训练的时间过近，以免引起胰岛素效应，导致运动时血糖浓度降低；活动中，应

少量多饮，浓度不宜过高；活动后，补充应在训练后抓紧进行，既有利于维持血糖水平，促进免疫机能恢复，又有利于糖原的再合成。可通过鼓励运动员多进食米饭、面条等主食增加糖的摄入量。

②谷氨酰胺的补充。主要应用谷氨酰胺药物制剂，多在运动后补充。

③抗氧化物。服用抗氧化物来对抗自由基。自由基不仅可以抑制免疫机能，还是重要的致疲劳物质。因此，补充抗氧化物可谓"一箭双雕"，不但有利于调理免疫机能，而且有助于加快消除疲劳和促进身体机能的恢复。常用的抗氧化物包括维生素 C、维生素 E、胡萝卜素等。

④微量元素。微量元素包括硒、铁、锌、铜等。可用来保护细胞膜（包括免疫细胞），并促进身体机能的恢复。

（2）中医药调理。中医理论认为，"正气存内，邪不可干""邪之所凑，其气必虚"。免疫功能降低主要归因于正不压邪、阴阳失调。因此，对免疫机能进行调理的基本思路是扶正祛邪，调整阴阳。利用补益法从补气、补血和补阳入手，扶持正气，提高免疫机能。中医、中药是我国特有的宝贵资源，有着其他手段无法比拟的优势。相信在运动训练中，中医和中药在运动免疫调理上一定会大有作为。

（3）运动员自我管理。运动员自我管理是非常重要的因素，要做到以下三点。

①避免过度训练和慢性疲劳；保证睡眠充足；如有轻微感冒，待症状消失后再进行大强度训练会比较安全；感冒期间可进行轻度到中度活动。

②饮食时，应该按照"食物金字塔"的原则及能量需求，进食多样化以平衡膳食。

③将训练之外的生活和精神压力降至最低。过重的心理压力可以导致上呼吸道感染率升高。感冒较重，兼有发烧、极度疲乏、肌肉疼痛及淋巴结肿大等症状时，应待症状痊愈后再恢复大强度训练。

六、实践应用题

1. 某运动员在大强度训练后，血液中白细胞等发生不利于健康的变化，造成免疫能力下降，从而容易生病（如感冒等）。请从运动性免疫抑制的表现、成因分析其原因。

【参考解答】

（1）大量研究表明，长期的大强度运动训练会明显抑制免疫功能。运动员在经过长期大强度的运动训练后，免疫机能下降表现为淋巴细胞数量减少，增殖能力明显降低，表明细胞免疫功能受到损伤；主要免疫球蛋白 IgA、IgG，以及重要补体 C_3 和 C_4 含量显著降低；运动后血浆儿茶酚胺和可的松浓度（应激激素，强烈的免疫抑制激素）明显升高，导致免疫细胞数量减少及活性降低等免疫机能的负性变化；鼻腔中性粒细胞吞噬作用降低，血液中的粒细胞氧化活性降低；NK 细胞的细胞毒性和丝裂原诱发的淋巴细胞增殖作用降低；延迟性过敏反应降低，表现为皮肤出现红疹等。

（2）持续时间较长、强度较大的运动训练会导致肌肉细胞受损，并继发性释放出亲炎性和抗炎性细胞因子；在离体发生的丝裂原和内毒素的反应过程中，所生成的细胞因子减少；鼻腔和唾液的 IgA 浓度和鼻腔黏液清除作用降低；MHC-Ⅱ的表达及巨噬细胞的抗原提呈作用降低。

（3）长时间的耐力运动或长期的强化性训练可能通过减少循环血中淋巴细胞数，改变淋巴细胞亚型，增加肌肉中淋巴细胞的募集，抑制非 MHC 限制的 NK 细胞和 LAK 细胞的细胞毒活性，减少黏膜分泌型 IgA 的分泌等，从而产生免疫抑制。这一免疫功能的抑制期被定义为开窗（"open window"）期。运动员运动后尤其是过度训练后机体免疫系统机能被抑制，导致更容易在此时期生病。

2. 通常认为，过量运动导致的疲劳累积是不利于健康的。请从运动免疫的角度分析为什么进行体育锻炼时要适量。

【参考解答】

（1）适度运动能对机体免疫功能产生良好的作用，这是因为运动可作为引起免疫系统应答反应的刺激源直接刺激机体的免疫系统。免疫系统通过复杂的识别系统，感受运动时机体内环境的变化，从而激发一系列免疫反应，包括产生特异的抗体，增强 NK 细胞的活性，白细胞和致敏的淋巴细胞增多，免疫调节因子 IL-1、IL-2、IL-6、肿瘤坏死因子等细胞因子释放，维持机体内环境新的稳定。

（2）长期反复适宜的运动负荷刺激，可使机体的免疫状态始终维持在较高的水平。研究发现，一次性适宜的有氧运动后，体内的白细胞数量显著增加，免疫球蛋白水平也显著增加，这可能与体育锻炼增加机体的抗疾病能力有关。

（3）一般来讲，一次性运动对免疫系统机能的作用是暂时的，只有经常参加体育活动才能对免疫系统产生持久的作用，从而增强机体免疫功能，预防疾病的发生。

（4）健身运动应避免长时间、大负荷的过量运动。由于长时间、大负荷的过量运动可以使血清谷氨酰胺、精氨酸含量降低和外周淋巴细胞凋亡增加等，会导致机体细胞免疫功能显著降低。因此，建议参加运动锻炼时要充分考虑年龄和个体体质的差别，采用适合自己的运动量进行长期锻炼，这样才能达到增进健康的目的。

第十二章 运动技能学习与控制

◆◆ 习题部分 ◆◆

一、名词解释

1. 运动技能
2. 运动技术
3. 运动技巧
4. 开式技能
5. 闭式技能
6. 离散技能
7. 连续技能
8. 串联技能
9. 动机
10. 反馈
11. 正迁移
12. 负迁移
13. 两侧迁移

二、单选题

1. 下列不属于运动技术的是（　　）。
   A. 跑　　　　B. 跳　　　　C. 投　　　　D. 射击
2. 运动过程中所处的环境可变且不可预测，动作也随着外界环境的改变而改变，这属于（　　）。
   A. 开式技能　　B. 闭式技能　　C. 连续技能　　D. 串联技能
3. 下列属于闭式技能的是（　　）。
   A. 摔跤　　　B. 跆拳道　　　C. 开车　　　D. 游泳
4. 下列属于串联技能的是（　　）。
   A. 投掷　　　B. 游泳　　　C. 花样游泳　　D. 竞走

5. 学习和掌握运动技能，其生理本质就是建立（　　）的过程。
   A. 反射　　　　　　　　　　　　B. 条件反射
   C. 非条件反射　　　　　　　　　D. 运动条件反射

6. 足球比赛中排列人墙，明知可能被球击中，仍保持防守姿势，这是克服了（　　）。
   A. 防御反射　　B. 牵张反射　　C. 状态反射　　D. 姿势反射

7. 运动动力定型建立得越多，动力定型的改建就（　　）。
   A. 越容易　　　B. 越困难　　　C. 没区别　　　D. 无法完成

8. 在运动技能练习过程中，练习曲线最常见的趋势为（　　）。
   A. 先慢后快　　　　　　　　　　B. 先快后慢
   C. 呈倒 U 型曲线　　　　　　　　D. 呈正 U 型曲线

9. 在泛化阶段，运动技能的学习主要依靠（　　）。
   A. 触觉　　　　B. 本体感觉　　C. 听觉　　　　D. 味觉

10. 大脑皮质运动中枢兴奋和抑制逐渐集中是（　　）的重要神经过程。
    A. 泛化阶段　　　　　　　　　　B. 分化阶段
    C. 巩固阶段　　　　　　　　　　D. 动作自动化阶段

11. 随着运动技能的巩固与发展，练习某一套技术动作时，可以在无意识的条件下完成，是（　　）的特点。
    A. 泛化阶段　　B. 分化阶段　　C. 巩固阶段　　D. 动作自动化阶段

12. 在形成运动技能的分化阶段时，运动动力定型（　　）。
    A. 尚未建立　　　　　　　　　　B. 初步建立
    C. 建立得比较巩固　　　　　　　D. 早已建立

13. 在运动技能已经巩固时，第一信号系统的兴奋可以（　　）扩散到第二信号系统。
    A. 完全性地　　B. 不完全性地　C. 选择性地　　D. 完全不

14. 完成自动化动作时，第一信号系统的兴奋不向第二信号系统传递，或者只是不完全地传递，这时的动作是（　　）。
    A. 无意识的，或是意识不完全的　B. 有意识的
    C. 意识不到的　　　　　　　　　D. 以上都不对

15. 动机与运动技能的形成和运动成绩的提高及表现呈（　　）关系。
    A. 正 U 型曲线　B. 倒 U 型曲线　C. 线性　　　　D. 正比例

16. 运动技能的基础是（　　）。
    A. 动机　　　　B. 反馈　　　　C. 感觉机能　　D. 身体素质

17. 运动技能的形成过程，就是在多种感觉机能的参与下，同大脑皮质动觉细胞建立（　　）的过程。
    A. 暂时性神经联系　　　　　　　B. 固定性神经联系
    C. 永久性神经联系　　　　　　　D. 开放式神经联系

第十二章　运动技能学习与控制

18. 由短跑动作训练获得的运动技能对于跳远助跑的加速能力会产生（　　）。
    A. 正迁移　　　　B. 负迁移　　　　C. 零迁移　　　　D. 两侧迁移
19. 篮球运动员在学习推铅球时，常难以适应身体大环节带动小环节发力时沿直线推出铅球的出手动作，这属于（　　）。
    A. 正迁移　　　　B. 零迁移　　　　C. 负迁移　　　　D. 两侧迁移
20. 左右手不同的练习方案对篮球运球技能的学习有影响，先左手后右手交替练习的学习方式有利于篮球运球技能的掌握，这属于（　　）。
    A. 正迁移　　　　B. 零迁移　　　　C. 负迁移　　　　D. 两侧迁移

三、多选题

1. 下列关于开式技能特点叙述正确的选项有（　　）。
   A. 运动过程中所处的环境可变且不可预测
   B. 环境稳定且可以预测
   C. 动作随着外界环境的改变而改变
   D. 动作不会随着外界环境的改变而改变
2. 下列属于闭式技能的是（　　）。
   A. 游泳　　　　　B. 马拉松　　　　C. 散打　　　　　D. 摔跤
3. 根据技能的连续程度，可以将运动技能分为（　　）。
   A. 离散技能　　　B. 连续技能　　　C. 闭式技能　　　D. 串联技能
4. 人体具有许多与运动有关的非条件反射活动，下列属于非条件反射活动的是（　　）。
   A. 牵张反射　　　B. 状态反射　　　C. 着地反射　　　D. 翻正反射
5. 运动技能与简单运动条件反射的区别是（　　）。
   A. 复杂性　　　　B. 连锁性　　　　C. 选择性　　　　D. 本体感受性
6. 关于运动技能泛化阶段描述正确的是（　　）。
   A. 初步建立了动力定型
   B. 对运动技能的内在规律并不完全理解
   C. 皮质内分化抑制尚未确立，大脑皮质中的兴奋与抑制都呈现扩散状态
   D. 肌肉工作的表现往往是动作僵硬、不协调
7. 下列属于影响运动技能学习与发展因素的是（　　）。
   A. 动机　　　　　　　　　　　　　B. 反馈
   C. 大脑皮质机能状态　　　　　　　D. 身体素质
8. 从运动技能形成的生理依据来看，与运动技能关系密切的身体素质包括（　　）。
   A. 协调素质　　　　　　　　　　　B. 柔韧素质
   C. 平衡素质　　　　　　　　　　　D. 灵敏素质

9. 反馈在运动技能发展中的作用是（　　）。
   A. 激发动机　　　　　　　　　　B. 提供信息
   C. 强化学习　　　　　　　　　　D. 比赛模拟
10. 根据已掌握的运动技能对学习新的运动技能的影响作用，运动技能迁移分为（　　）。
   A. 正迁移　　　B. 负迁移　　　C. 反迁移　　　D. 零迁移

四、判断题

1. 运动技能包括运动技术和运动技巧。（　　）
2. 开式技能是指在运动过程中所处的环境可变且不可预测，其动作也随着外界环境的改变而改变。（　　）
3. 串联技能通常介于离散技能和连续技能之间，是由一系列连续的离散技能组合在一起构成的一个具有更复杂行为的运动技能，如体操等。（　　）
4. 运动技能是在大脑皮质指挥下由骨骼肌参与的随意运动。与本能不同，其是在后天生活中学习而形成发展起来的。（　　）
5. 运动技能的形成过程，就是在多种感觉机能的参与下，同大脑皮质动觉细胞建立永久性神经联系的过程。（　　）
6. 人形成运动技能就是形成复杂的、连锁的、本体感受性的运动条件反射。（　　）
7. 运动动力定型建立得越多，动力定型的改建就越容易，大脑皮质的机能灵活性也越高。（　　）
8. 练习曲线就是技能曲线。（　　）
9. 在运动技能学习的泛化阶段，学习者对运动技能的内在规律并不完全理解。（　　）
10. 泛化阶段初步建立了动力定型，但定型尚不巩固，遇到新异刺激（如有外人参观或比赛等），多余动作和错误动作可能重新出现。（　　）
11. 在运动技能学习的分化阶段，教师应该正确示范、简练讲解。应抓住动作的主要环节和学生掌握动作中存在的主要问题进行教学，不应过多强调动作细节。（　　）
12. 在巩固阶段，教师应对学生提出进一步要求，并指导学生进行技术理论学习，做到理论与实践相结合，更有利于巩固动力定型和提高动作质量，促使动作达到自动化程度。（　　）
13. 在动作自动化阶段，练习某一套技术动作时，仍然要在有意识的条件下完成。（　　）
14. 动机与运动技能的形成和运动成绩的提高及表现的关系非常复杂，它们之间呈线性关系。（　　）
15. 大脑应激水平与运动技能水平之间呈倒U型关系。（　　）

五、思考题

1. 简述运动技能的概念和分类方法。
2. 为什么说运动技能是建立在非条件反射基础之上的？
3. 在运动技能形成的各个阶段中分别有什么生理特点？教学时各应注意什么？
4. 身体素质与运动技能的发展相辅相成，运动技能的学习是如何提高身体素质的？
5. 如何利用感觉间的相互关系加速运动技能的形成？
6. 反馈对形成运动技能有哪些作用？

六、实践应用题

1. 有人说，通过反复练习技能达到动作自动化时，完成动作便不再需要大脑的参与，这是在无意识的条件下进行的。对此你怎么看？试用生理学原理进行分析。
2. 众所周知，运动技能的学习并不是一蹴而就的，会受到多种因素的影响。试从生理学角度分析影响运动技能学习发展的因素有哪些。
3. 在北京冬奥会期间，由于我国冬季项目运动员较少，需要从夏季项目中选择部分运动员进行冬季运动项目训练，因此就有跨界跨项选材。请从运动技能的迁移角度谈谈你的看法。

参考答案

一、名词解释

1. **运动技能**：运动技能是指人体在运动中掌握和有效地完成专门动作的能力，也就是指在准确的时间和空间内大脑精确支配肌肉收缩的能力。
2. **运动技术**：运动技术是人们按身体运动的规律所确立的运动的合理手段。运动技术，如人的跑、跳、投、拉、推等基本技术，是运动技能的基本结构。
3. **运动技巧**：运动技巧是技能的高级阶段，是高度自动化的技能，技巧动作的完成在时间、空间等方面都已达到高度熟练、自动化的程度。
4. **开式技能**：开式技能是指在运动过程中所处的环境可变且不可预测，其动作也随着外界环境的改变而改变，如赛车、球类运动等。
5. **闭式技能**：闭式技能是指环境稳定且可以预测，其动作不会因为外界环境的改变而改变，如游泳、田径等。

6. **离散技能**：离散技能是指运动持续时间很短的行为，如投球、射击等。

7. **连续技能**：连续技能是指没有特定开始或结束，并且持续时间较长的运动技能，如游泳、竞走等。

8. **串联技能**：串联技能通常介于离散技能和连续技能之间，是由一系列连续的离散技能组合在一起构成的一个具有更复杂行为的运动技能，如体操等。

9. **动机**：人们的一切行动都是受一定目的支配的。这种支配人们行为的目的称为动机。

10. **反馈**：反馈是对闭环控制系统的分析，是参考外在表现与期望目标状态的差异之后得到的信息。

11. **正迁移**：已掌握的运动技能对新运动技能的学习有促进作用，称为正迁移，也称为"技能的迁移"。例如，由短跑动作训练获得的运动技能，可以"正迁移"成为跳远助跑的加速能力。

12. **负迁移**：以前获得的运动技能对新运动技能的学习起妨碍作用，称为负迁移，也称为劣性迁移。例如，篮球运动员在学习推铅球时，常难以适应身体大环节带动小环节发力时沿直线推出铅球的出手动作。

13. **两侧迁移**：两侧迁移从本质上来讲，就是运动技能由身体一侧迁移到另一侧。换言之，就是通过训练某一侧肢体，另一侧肢体在运动技能方面也会得到相应的提升。例如，左右手不同的练习方案对篮球运球技能的学习有影响，先左手后右手交替练习的学习方式有利于篮球运球技能的掌握。

二、单选题

1. D 2. A 3. D 4. C 5. D 6. A 7. A 8. B 9. B 10. B
11. D 12. B 13. C 14. A 15. B 16. D 17. A 18. A 19. C 20. D

三、多选题

1. AC 2. AB 3. ABD 4. ABCD 5. ABD 6. BCD 7. ABCD 8. ABCD
9. ABC 10. ABD

四、判断题

1. × 2. √ 3. √ 4. √ 5. × 6. √ 7. √ 8. × 9. √ 10. ×
11. × 12. √ 13. × 14. × 15. √

五、思考题

1. 简述运动技能的概念和分类方法。

运动技能是指人体在运动中掌握和有效地完成专门动作的能力。这种能力包括大脑皮质主导的不同肌群间的协调性。换言之，运动技能是指在准确的时间和空间内大脑精确支配肌肉收缩的能力。

通过预估整个运动过程中环境的稳定性和可预测程度，可以将运动技能分为开式技能和闭式技能。

开式技能是指在运动过程中所处的环境可变且不可预测，其动作也随着外界环境的改变而改变，如赛车、球类运动等。闭式技能是指环境稳定且可以预测，其动作不会因为外界环境的改变而改变，如游泳、田径等。这种分类方法指出了不同运动技能的关键特征，指明了运动者是否需要对环境变化做出改变。

根据运动的连续程度可将技能分为离散技能、连续技能和串联技能。

离散技能是指运动持续时间很短的行为，如投球、射击等。连续技能是指没有特定开始或结束，并且持续时间较长的运动技能，如游泳、竞走等。

串联技能通常介于离散技能和连续技能之间，是由一系列连续的离散技能组合在一起构成的一个具有更复杂行为的运动技能，如体操等。

2. 为什么说运动技能是建立在非条件反射基础之上的？

人体具有许多与运动有关的简单非条件反射活动，如牵张反射、状态反射、防御反射等。人的简单运动条件反射（心理反射）过程就是在这些非条件反射（生理反射）的基础上，通过视觉、听觉、触觉和本体感觉与条件刺激物多次结合实现的。

人形成运动技能就是形成复杂的、连锁的、本体感受性的运动条件反射。

运动技能与简单运动条件反射的区别如下。

（1）复杂性。有多个中枢（运动中枢、视觉中枢、听觉中枢、皮肤感觉中枢和内脏活动中枢）参与形成运动条件反射活动。

（2）连锁性。反射活动是一连串的，一个接一个，前一个动作的结束便是后一个动作的开始，具有严格的时序特征。

（3）本体感受性。在反射过程中，肌肉的传入冲动（本体感受性冲动）起重要作用。没有这种传入冲动，条件刺激得不到强化，这个复杂过程的条件反射就不能形成，运动技能就不能掌握。

3. 在运动技能形成的各个阶段中分别有什么生理特点？教学时各应注意什么？

运动技能的形成是由简单到复杂的过程，并有其建立、形成、巩固和发展的阶段性变化规律。只是每一阶段的长短随动作的复杂程度而不同。一般说来，可划分为相互联系的四个阶段或过程。

（1）泛化阶段。学习任何一个动作的初期，通过教师的讲解和示范及自己的运动实践，只能获得一种感性认识，对运动技能的内在规律并不完全理解。由于人体受外界的刺激，通过感受器（特别是本体感觉）传到大脑皮质，引起大脑皮质细胞强烈兴奋。另外，因为皮质内分化抑制尚未确立，所以大脑皮质中的兴奋与抑制都呈现扩散状态，使条件反射暂时联系不稳定，出现泛化现象。此时肌肉工作的表现往往是动作僵硬、不协调，不该收缩的肌肉收缩，出现多余的动作，而且做动作很费力。这些现象是大脑皮质细胞兴奋扩散的结果。

在此过程中，教师应该正确示范、简练讲解。应抓住动作的主要环节和学生掌握动作中存在的主要问题进行教学，不应过多强调动作细节。在教学过程中，应注意观察学生表现，准确判断是否应该降低难度，尽可能提供保护，帮助学生掌握动作。

（2）分化阶段。在持续练习过程中，初学者对该运动技能的内在规律有了初步的理解，一些不协调和多余的动作也逐渐消除。此时，大脑皮质运动中枢兴奋和抑制过程逐渐集中。由于抑制过程加强，特别是分化抑制得到发展，大脑皮质的活动由泛化阶段进入了分化阶段。因此，练习过程中的大部分错误动作得到纠正，能比较顺利、连贯地完成完整动作技术。这时初步建立了动力定型，但定型尚不巩固，遇到新异刺激（如有外人参观或比赛等），多余动作和错误动作可能重新出现。

在此过程中，教师应做到正误对比演示。强化正确动作、模仿演示学生的错误动作，让学生体会动作的细节，以此纠正错误动作，促进分化，抑制进一步发展，使动作日趋准确。

（3）巩固阶段。通过进一步反复练习，运动条件反射系统已经巩固，达到了建立巩固的动力定型阶段，大脑皮质的兴奋和抑制在时间和空间上更加集中和精确。此时，不仅能做到动作准确、优美，而且某些环节的动作还可出现自动化，即不必有意识去控制也能完成动作。此时，即使环境条件发生变化，动作技术也不易受到破坏。同时，由于内脏器官的活动与动作配合协调，完成练习时也感到省力和轻松自如。动力定型发展到了巩固阶段，也并非可以一劳永逸。一方面，还可在继续练习巩固的情况下精益求精，不断提高动作质量，使动力定型更加完善和巩固；另一方面，如果不再进行练习，巩固了的动力定型还会消退，动作技术越复杂，难度越大，消退得也越快。

在此过程中，教师应对学生提出进一步要求，并指导学生进行技术理论学习，做到理论与实践结合，以更有利于动力定型的巩固和动作质量的提高，促使动作达到自动化程度。

（4）动作自动化阶段。随着运动技能的巩固和发展，暂时联系达到非常巩固的程度以后，动作即可出现自动化现象。所谓自动化，就是练习某一套技术动作时，可以在无意识的条件下完成。其特征是，对整个动作或者对动作的某些环节暂时变为无意识的。当动作出现自动化现象时，第一信号系统的活动已经从第二信号系统的影响中相对地"解放出来"。完成自动化动作时，第一信号系统的兴奋不向第二信号系统传递，或者只是不完全地传递，这时的动作是无意识的，或是意识不完全。

要想提高运动成绩，就必须使动作达到自动化程度，但不应认为动作达到自动化后，质量就得到了保证。虽然动力定型已经非常巩固，但由于进行自动化动作时，第一信号系统的活动经常不能传递到第二信号系统中，如果动作发生少许变动，可能一时未觉察，一旦觉察，变质的动作已因多次重复而巩固下来。所以，动作达到自动化以后，仍应不断检查动作质量，以达到精益求精的目标。

4. 身体素质与运动技能的发展相辅相成，运动技能的学习是如何提高身体素质的？

身体素质与运动技能是相辅相成的。身体素质是运动技能的基础，身体素质的提高为进一步改善运动技能打下良好的基础；随着运动技能水平的提高，身体素质也会得到发展。

从运动技能形成的生理依据来看，协调素质、柔韧素质、平衡素质、灵敏素质等与运动技能的关系密切。

协调素质是指人体各肌肉群同步活动的能力，如伸肌和屈肌、上肢和下肢、躯干和肢体等。协调素质的作用是可以保证在完成运动技能时，动作省力、流畅、准确、快速、优美。如拳击、球类、柔道等项目，协调素质好的运动员出手快、反应快、发力快，动作如闪电；而在体操、体育舞蹈等项目中，协调素质好的运动员会表现出动作张弛有度、舒展优美的特点。

柔韧素质是完成大幅度运动技能和快速运动技能的先决条件，能否完成大幅度运动技能取决于关节活动范围的大小，这是柔韧素质的首要决定因素。如果柔韧素质不好，首先，不利于学习某些动作，甚至达不到运动技能的基本要求；其次，在学习动作时容易受伤；最后，还会限制技能的发展。

完成任何技术动作，从动作开始、动作过程到最后动作完成，保持身体平衡都是基本的前提条件。平衡素质受前庭器官、视觉、肌肉本体感觉及肌肉力量等因素影响。在运动技能中，既有单双足站立、手倒立等的静态平衡，也有溜冰、游泳、跨栏、跳高过杆等的动态平衡，还有体操、武术的落地生根般的技巧性平衡。

灵敏素质是指运动员迅速改变体位、转换动作和随机应变的能力。对于对抗性项目来说，灵敏素质是一项相当重要的运动能力，甚至是决定胜负的关键，如足、篮球的带球过人，拳击、跆拳道的躲闪等。灵敏素质主要是由神经系统机能，尤其是兴奋与抑制转换的能力决定的。同时，其他身体素质，如力量、速度、耐力等也影响着身体快速改变体位和转换动作的能力。

5. 如何利用感觉间的相互关系加速运动技能的形成？

运动技能的形成过程就是在多种感觉机能的参与下，同大脑皮质动觉细胞建立暂时性神经联系的过程。特别是本体感觉对运动技能的形成具有特殊意义。各种感觉的共同参与，可使人体产生正确的肌肉感觉，没有正确的肌肉感觉，就不可能形成运动技能。所以，在运动实践中只有勤学苦练、反复实践，才能建立精确的分化，区别正确动作和错误动作的肌肉感觉，才能巩固正确动作，消除错误动作。

在形成运动技能时，除视觉、听觉、位觉、皮肤感觉起重要作用外，内脏感觉机能也发挥着重要作用。在完成任何动作时，各感觉机能都同时起作用，只不过根据运动项目的特点，对某一种感觉机能要求更高一些。因此，在运动实践中，要充分发挥各感觉机能的作用，以便更有效地加速运动技能的形成。

6. 反馈对形成运动技能有哪些作用？

（1）激发动机，激励学习者更加努力。反馈有激励学习者的作用，可以使学习者对参加活动更有热情、更加努力。

（2）提供有关错误的信息作为修正动作的依据。运动节奏与时间的相关反馈信息可以与其他信息（如完成运动是怎样的感觉）相结合，以产生新信息。

（3）指导学习者关注运动的动作或运动的目标。反馈有助于让学习者注意到动作是如何产生的（注意的内部焦点）或最终的动作及环境对动作完成的影响（外部焦点）。

（4）过量使用会产生依赖，导致取消反馈时运动表现有失水平。过量使用反馈会产生依赖性，即当反馈存在时，对运动动作产生积极影响，运动表现得以提高，而没有反馈时，运动表现下降。

六、实践应用题

1. 有人说，通过反复练习技能达到动作自动化时，完成动作便不再需要大脑的参与，这是在无意识的条件下进行的。对此你怎么看？试用生理学原理进行分析。

【参考解答】

此说法是不正确的。当技能达到动作自动化时，尽管是在无意识条件下进行的，但仍需要大脑的参与。在某些特殊情况下，自动化动作又会产生意识。

随着运动技能的巩固和发展，暂时联系达到非常巩固的程度以后，动作即可出现自动化现象。所谓自动化，就是练习某一套技术动作时，可以在无意识的条件下完成。其特征是，对整个动作或者对动作的某些环节暂时变为无意识的。例如，走路是人类自动化的动作，在走路时可以谈话、看报，而不必有意识地想应如何迈步、如何维持身体平衡等。又如技能熟练的篮球运动员在比赛时，运球等动作往往也达到自动化程度。

对自动化动作的生理机理的解释是以巴甫洛夫所揭示的高级神经活动的基本规律为基础的。人类一切随意运动都必须在大脑皮质参与下方能实现，但是在大脑皮质参与下实现的机体反应活动并不一定都是有意识的。换言之，无意识地完成自动化动作，仍然要在大脑皮质参与下才能实现。在大脑皮质参与下实现的机体反应，有的是有意识的，有的可以是无意识的。

巴甫洛夫在分析有意识和无意识的生理机理时认为，只有在当时条件下具有最适宜兴奋的皮质部位完成的活动才是有意识的。通过这种部位最容易建立新的暂时联系，也

第十二章 运动技能学习与控制

最容易形成新的分化相。当运动技能达到第三过程后,动作各环节的条件反射已逐步达到巩固过程。凡是已巩固的动作都可以由皮质被抑制的区域或兴奋较低的区域来完成。

当动作出现自动化现象时,第一信号系统的活动已经从第二信号系统的影响中相对地"解放出来"。完成自动化动作时,第一信号系统的兴奋不向第二信号系统传递,或者只是不完全地传递,这时的动作是无意识的,或是意识不完全。

当接受外界刺激异常时,大脑皮质的兴奋就会提高,对自动化动作又会产生意识。例如,在悬崖上行走时,步行就成为有意识的。此外,当运动员想要体会自己动作的某环节或肢体的某部分动作时,对这些动作则产生意识。例如,游泳运动员在加速前游时,若注意腿的用力,这时支配腿部肌肉的运动中枢则处于最适宜的兴奋状态,腿的动作就能意识到,而此时两臂的动作则成为无意识的。当快到达池边时,运动员开始注意手的动作,适宜的兴奋性就转移到支配手臂的相应皮质运动中枢,而腿的动作则改为无意识的。

2. 众所周知,运动技能的学习并不是一蹴而就的,会受到多种因素的影响。试从生理学角度分析影响运动技能学习发展的因素有哪些。

【参考解答】

从生理学角度讲,影响运动技能学习发展的因素包括动机、大脑皮质机能状态、身体素质、感觉机能和反馈。

(1) 动机。人们的一切行动都是受一定目的支配的。这种支配人们行为的目的,称为动机。动机是行为的重要驱动力。动机与运动技能的形成和运动成绩的提高及表现的关系是很复杂的,它们之间并不呈线性关系,而呈现倒U型曲线关系。在训练与比赛条件相同的情况下,运动员如果处于最佳动机水平,所取得的训练效果与比赛成绩最好;如果动机水平过高或过低,训练和比赛都不可能获得理想的结果。例如,有些运动员日常训练成绩不错,但在测试、比赛等环境下就会出现紧张、考虑过多、动机太强等现象,而不能表现出自身水平。为此,在教学、训练和比赛中,教练员要善于调整运动员的动机水平,使之处于最佳状态。

(2) 大脑皮质机能状态。大脑皮质机能状态在运动技能形成过程中起着重要的作用。大脑皮质兴奋性过高或过低都会影响正常运动技能水平的发挥。应激水平与运动技能水平之间呈倒U型曲线关系。适度的应激水平可使运动技能的发挥达到最高水平。疲劳可以导致应激水平的降低,赛前紧张可以导致应激水平的升高。调整赛前状态和准备活动可以使应激水平达到最佳状态。

(3) 身体素质。体育运动水平的提高,要求人们有良好的身体素质和运动技术水平。身体素质的发展,在于人体机能不断增强,而运动技能水平的提高,在于运动技术的不断改进和创新,这对运动员身体素质的要求也越来越高。身体素质与运动技能是相辅相成的。身体素质是运动技能的基础,身体素质的提高为进一步改善运动技能打下良好的基础;随着运动技能水平的提高,身体素质也会得到发展。从运动技能形成的生理依据来看，协调素质、柔韧素质、平衡素质、灵敏素质等与运动技能的关系密切。

（4）感觉机能。运动技能的形成过程就是在多种感觉机能的参与下，同大脑皮质动觉细胞建立暂时性神经联系的过程。特别是本体感觉对运动技能的形成具有特殊意义。各种感觉的共同参与，可使人体产生正确的肌肉感觉，没有正确的肌肉感觉，就不可能形成运动技能。所以，在运动实践中只有勤学苦练，才能建立精确的分化，区别正确动作和错误动作的肌肉感觉，才能巩固正确动作，消除错误动作。

在形成运动技能时，除视觉、听觉、位觉、皮肤感觉起重要作用外，内脏感觉机能也发挥着重要作用。在完成任何动作时，各感觉机能都同时起作用，只不过根据运动项目的特点，对某一种感觉机能要求更高一些。因此，在运动实践中，要充分发挥各感觉机能的作用，以便更有效地加速运动技能的形成。

（5）反馈。反馈是对闭环控制系统的分析，是参考外在表现与期望目标状态的差异之后得到的信息。在闭环系统术语中，反馈通常被认为是提示错误的信息。然而，在人类表现系统中，"反馈"一词具有更普遍的意义，它是关于运动和运动结果的信息，而不仅仅是错误信息。

首先，反馈可能有激励学习者的作用，可以使学习者对参加活动更有热情、更加努力；其次，运动节奏与时间的相关反馈信息可以与其他信息（如完成运动是怎样的感觉）相结合，以产生新信息；再次，反馈有助于让学习者注意到动作是如何产生的（注意的内部焦点）或最终的动作及环境对动作完成的影响（外部焦点）；最后，过量使用反馈会产生依赖性，即当反馈存在时，对运动动作产生积极影响，运动表现得以提高，而没有反馈时，运动表现下降。在实践中，反馈的四种作用同时存在，往往很难分离。反馈的四种作用为：①激发动机，激励学习者更加努力；②提供有关错误的信息作为修正动作的依据；③指导学习者关注运动的动作或运动的目标；④过量使用会产生依赖，导致取消反馈时运动表现有失水平。

3. 在北京冬奥会期间，由于我国冬季项目运动员较少，需要从夏季项目中选择部分运动员进行冬季运动项目训练，因此就有跨界跨项选材。请从运动技能的迁移角度谈谈你的看法。

【参考解答】

运动员选材在竞技体育中扮演着重要的角色，选材质量是运动员发展潜力、可训练水平和最终竞技高度的决定性因素。近年来，跨界跨项选材作为运动员选材与培养的新思路，在弥补弱势或新兴项目人才短板的作用上被广泛热议和深入探讨。一般情况下，竞技体育人才培养具有一定的潜在周期，而在跨项选材中，由于跨项运动员通常已经具备较高的竞技能力，因此可以有效缩短运动员培养周期，以较短的时间实现跨项的"弯道超车"。

跨界跨项选材除了遵循常规的科学选材理念外，通常还会依照经验遵循一些其他原则，如原项目与跨项之间运动素质要求基本相似、关键技能正向迁移及制胜规律相通等。

第十二章 运动技能学习与控制

其中，运动技能的正向迁移是跨界跨项运动员转项后快速取得成绩的关键。

运动技能迁移是指已掌握的运动技能对学习新的运动技术的影响作用。对新运动技能学习有促进作用的称为正迁移，也称为良性迁移。以前获得的运动技能对新运动技能的学习起妨碍作用的称为负迁移，也称为劣性迁移。在学习过程中，负迁移虽然出现较为短暂，但也时有发生。而以前获得的运动技能对以后技能的学习没有任何影响的称为零迁移。对于迁移出现的不同效果，如果两种输入刺激的信息相同，反应也相同，就会出现最大的正迁移。如果两种输入刺激的信息相同，而反应不同或对抗，就会出现最大负迁移。如果两种输入刺激的信息不同，反应也不同或对调，迁移效果即为零。但在实际学习过程中，技能迁移的正迁移效果、负迁移效果是同时存在的。例如，网球和羽毛球，从形式上看两者相似，都运用球拍打球，输入信息相同，但具体的击球动作要求不同，即输出反应不同。习惯羽毛球动作后，初学网球容易产生负迁移，如翻腕动作使击球无法控制。但两种运动项目在反应和判断来球的落点、空间距离、脚步移动等方面有共同之处，又可以形成正迁移而相互促进。

上述正、负迁移同时存在的现象在运动员跨项过程中常有发生，因而在跨界跨项选材过程中，除了需要考虑运动员的已有运动素质和身体条件是否符合跨项以外，还需要重点考虑原项目和跨项之间的关键技术动作是否能较好地完成正向迁移。此外，教练员在对跨项运动员的指导和教学中，除传授运动技能外，还应注重理论教学，运动员对运动技能迁移规律、新旧技术动作异同的认识有助于促进正迁移、最大限度减少负迁移的出现。另外，教练员还需合理安排跨项运动员各种技能的学习顺序，强化正迁移而弱化负迁移效果。

第十三章 有氧、无氧工作能力

习题部分

一、名词解释

1. 需氧量
2. 摄氧量
3. 氧亏
4. 运动后过量氧耗
5. 最大摄氧量
6. 乳酸阈
7. 持续训练法
8. 间歇训练法
9. 有氧工作能力
10. 无氧工作能力
11. 最大氧亏积累
12. 无氧功率

二、单选题

1. 从总需氧量中扣除运动过程中（　　）的平均值，是为了精确地计算从事某项运动的净需氧量。
   A. 运动时需氧量　　　　　　　　B. 恢复期需氧量
   C. 安静时需氧量　　　　　　　　D. 运动时需氧量和恢复期需氧量

2. 以下表述正确的是（　　）。
   运动强度越_____，持续时间越_____的运动项目，每分需氧量越_____。
   A. 大 长 大　　B. 大 短 大　　C. 小 长 大　　D. 小 短 小

3. 健康成人安静时每分需氧量为（　　）。
   A. 250mL　　　　　　　　　　　B. 500mL
   C. 750mL　　　　　　　　　　　D. 1000mL

4. 实验室条件下直接测定最大摄氧量的优势不包括（　　）。
   A. 数据可靠　　　B. 重复性好　　　C. 准确客观　　　D. 运动刺激小
5. 最大摄氧量最主要的影响因素为（　　）。
   A. 遗传　　　B. 年龄　　　C. 性别　　　D. 训练水平
6. 研究发现，最大摄氧量存在性别差异，主要表现为（　　）。
   A. 女子高于男子10%　　　B. 男子高于女子20%
   C. 女子低于男子10%　　　D. 男子低于女子5%
7. 最大摄氧量水平高是（　　）项目取得优异成绩的基础和先决条件之一。
   A. 速度类　　　　　　　B. 力量类
   C. 耐力类　　　　　　　D. 柔韧类、协调类
8. 对于发展有氧代谢能力来说，（　　）更为重要。
   A. 强度　　　B. 总的工作量　　　C. 运动负荷　　　D. 运动时间
9. 长时间持续运动对人体生理机能产生的良好影响不包括（　　）。
   A. 提高大脑皮质神经过程的均衡性和机能稳定性
   B. 改善参与运动有关中枢间的协调关系
   C. 提高心肺功能及最大摄氧量
   D. 肌红蛋白减少
10. 个体乳酸阈强度是发展有氧耐力训练的最佳强度，以此强度进行耐力训练，能显著（　　）。
    A. 提高有氧工作能力　　　B. 提高无氧工作能力
    C. 降低有氧工作能力　　　D. 降低无氧工作能力
11. 一般无训练者，以其（　　）的运动强度进行较长时间的运动，血乳酸几乎不增加或略有上升。
    A. $60\% \sim 70\%\ VO_{2max}$　　　B. $85\%\ VO_{2max}$
    C. $50\%\ VO_{2max}$　　　D. $30\%\ VO_{2max}$
12. （　　）是对内脏器官进行训练的一种有效手段。
    A. 持续训练法　　　　　　B. 间歇训练法
    C. 乳酸阈强度训练法　　　D. 高原训练法
13. 以发展磷酸原系统为目的时，一般采用（　　）的训练。
    A. 长时间、高强度　　　　B. 长时间、低强度
    C. 短时间、高强度　　　　D. 短时间、低强度
14. 乳酸阈水平可用来评定机体（　　）能力。
    A. 无氧　　　B. 有氧　　　C. 血乳酸　　　D. ATP-CP 系统
15. 下列运动员中乳酸阈值高的是（　　）。
    A. 短跑运动员　　　B. 长跑运动员　　　C. 跳跃运动员　　　D. 投掷运动员

16. 一般认为，在乳酸耐受能力训练时以血乳酸浓度在（　　）左右为宜。
    A. 15mmol/L　　　　B. 12mmol/L　　　　C. 18mmol/L　　　　D. 20mmol/L
17. 为使运动中产生高浓度的乳酸，应注意（　　）。
    A. 练习强度小，密度大，间歇时间短
    B. 练习强度小，密度大，间歇时间长
    C. 练习强度大，密度大，间歇时间长
    D. 练习强度大，密度大，间歇时间短

三、多选题

1. 限制最大摄氧量直接测定法普及的原因有（　　）。
   A. 数据不准确　　　B. 重复性差　　　C. 实验仪器昂贵　　　D. 方法复杂
2. 目前比较流行的最大摄氧量的间接推算法有（　　）。
   A. Astrand-Ryhmin 列线图法　　　　B. Cooper 试验
   C. Fick 公式法　　　　　　　　　　D. 我国学者制定的多元逐步回归方程式
3. 直接测量最大摄氧量必须满足的条件有（　　）。
   A. 进行大肌肉群参与的运动，且运动募集的肌纤维达到全身肌肉质量的 50%
   B. 除特殊专项外，运动实验不应受到受试者体型、力量和速度素质及运动技巧的影响
   C. 实验应持续足够长的时间以充分调动呼吸、心血管系统机能
   D. 要求受试者运动耐受性良好。受试者应提前接受医学检查，运动过程中应有心电监控
4. 以下选项中是最大摄氧量影响因素的有（　　）。
   A. 遗传　　　　　　　　　　　　　B. 运动训练
   C. 氧运输系统的功能　　　　　　　D. 肌组织利用氧的能力
5. 最大摄氧量出现性别差异的主要原因有女子的（　　）比男子低。
   A. 心容积　　　B. 血红蛋白含量　　　C. 心输出量　　　D. 体重
6. 与肌组织利用氧的能力有关的因素有（　　）。
   A. 肌纤维类型　　B. 毛细血管密度　　C. 线粒体数量　　D. 氧化酶活性
7. 以下能客观、有效地反映人体有氧工作能力的生理指标有（　　）。
   A. 摄氧量　　　B. 最大摄氧量　　　C. 乳酸阈　　　D. 个体乳酸阈
8. 最大摄氧量的间接推算法常用于（　　）。
   A. 年轻人　　　　　　　　　　　　B. 老年人
   C. 呼吸、循环系统疾病不能耐受者　　D. 大众健康体检纵向跟踪
9. 最大摄氧量在运动实践中的意义有（　　）。
   A. 最大摄氧量是评定有氧工作能力的客观指标

B. 最大摄氧量是评定心肺功能的指标

C. 最大摄氧量是选材的生理指标

D. 最大摄氧量是制定运动强度的依据

10. 在渐增负荷运动中，当血乳酸急剧增加时，以下随运动强度的增加而发生相应变化的代谢指标有（　　）。

　　A. 肺通气量　　　　　　　　B. 二氧化碳呼出量

　　C. 肌红蛋白含量　　　　　　D. 摄氧量

11. 持续训练法的要点有（　　）。

　　A. 总工作量低　　B. 强度低　　C. 持续时间长　　D. 不间歇

12. 长时间持续运动对人体生理机能产生诸多良好的影响，主要表现在（　　）。

　　A. 提高大脑皮质中枢的灵活性

　　B. 改善参与运动有关中枢间的协调关系

　　C. 引起快肌纤维选择性肥大

　　D. 提高心肺功能及最大摄氧量

13. 关于间歇训练法，以下说法正确的有（　　）。

　　A. 间歇训练法对心肺机能的影响大

　　B. 间歇训练法包含运动量、强度及间歇时间等要素

　　C. 间歇训练法要考虑年龄、性别特点，科学合理地安排使用

　　D. 间歇训练法要结合训练水平及项目特点，科学合理地安排使用

14. 代谢过程的调节能力会影响机体的工作能力，代谢过程的调节能力体现在（　　）。

　　A. 参与代谢过程的酶活性　　　　B. 神经与激素对代谢的调节

　　C. 酸碱平衡的调节　　　　　　　D. 各器官活动的协调性

15. 以下可以用于无氧工作能力检测的生理学指标有（　　）。

　　A. 血红蛋白含量　　　　　　　　B. 最大氧亏积累

　　C. 乳酸阈　　　　　　　　　　　D. 最大血乳酸水平

16. （　　）项目运动员的最大氧亏积累值会高于耐力性项目运动员。

　　A. 短跑　　　　B. 中跑　　　　C. 马拉松　　　　D. 超长跑

17. 影响无氧工作能力的因素有（　　）。

　　A. 能源物质的储备量　　　　　　B. 代谢过程的调节能力

　　C. 运动后恢复过程的代谢能力　　D. 最大氧亏积累能力

18. 在发展磷酸原系统供能能力的训练中，时间的控制原则有（　　）。

　　A. 最大速度或最大练习时间不超过 10s

　　B. 最大速度或最大练习时间不超过 30s

　　C. 每次练习的间歇不能短于 10s

　　D. 每次练习的间歇不能短于 30s

19. 乳酸耐受能力一般可以通过提高（　　）而获得。
    A. 摄氧能力　　　　　　　　　　B. 缓冲能力
    C. 肌肉中乳酸脱氢酶活性　　　　D. 免疫力
20. 以下测试可以用来评定机体无氧工作能力的有（　　）。
    A. 撒扎特纵跳试验　　　　　　　B. 玛加利亚—卡拉门台阶试验
    C. 温盖特试验　　　　　　　　　D. 无氧跑速试验

四、判断题

1. 安静时，机体代谢水平低，能量消耗小，单位时间内摄取的氧量完全能够满足实际需要的氧量，故每分摄氧量与每分需氧量相等。（　　）
2. 在有氧运动开始的数分钟内，骨骼肌收缩所需要的能源主要由磷酸原系统和糖酵解供能系统供应。（　　）
3. 最大摄氧量与血红蛋白含量及血红蛋白载氧的能力密切相关。（　　）
4. 训练初期最大摄氧量增加主要依赖于肌组织利用氧的能力的提高，训练后期最大摄氧量的增加则主要依赖于心输出量的增大。（　　）
5. 低强度运动时摄氧量能满足需氧量，因而不会出现氧亏。（　　）
6. 经过系统的有氧训练，可使乳酸阈曲线右移，表明其有氧工作能力提高。（　　）
7. 在渐增负荷运动中，将肺通气量急剧增加的拐点称为通气阈。通气阈是无损伤测定乳酸阈常用的指标。（　　）
8. 有氧工作能力越强，在同样的渐增负荷运动中无氧代谢供能动员得越早。（　　）
9. 乳酸代谢存在较大的个体差异，优秀运动员的个体乳酸阈均能达到12mmol/L。（　　）
10. 用个体乳酸阈强度进行训练，既能使呼吸和循环系统机能达到较高水平，又能有效增加肌肉的爆发力。（　　）
11. 评定人体有氧能力训练效果时，乳酸阈值的变化比最大摄氧量值的变化更具有实际意义。（　　）
12. 个体乳酸阈强度和最大摄氧量强度均是发展有氧耐力训练的最佳强度，已被广泛应用于中长跑、自行车、游泳及划船等项目的训练中。（　　）
13. 乳酸阈值越低，其有氧工作能力越强，在同样的渐增负荷运动中动用乳酸供能则越早。（　　）
14. 有氧耐力提高后，个体乳酸阈强度提高，训练强度应适时调整。（　　）
15. 无氧工作能力是指运动中人体通过无氧酵解供能途径消耗糖来提供能量进行运动的能力。（　　）
16. 一般认为，在乳酸耐受能力训练时以血乳酸在15mmol/L左右为宜。（　　）

五、思考题

1. 试述影响运动后过量氧耗的主要因素。
2. 简述氧亏和运动后过量氧耗的氧量区别。
3. 试述机体进行什么样的运动可达到最大摄氧量。
4. 为什么通气阈可以反映乳酸阈?
5. 为什么乳酸阈能反映有氧运动能力?
6. 试述最大摄氧量与有氧耐力的关系及最大摄氧量在体育实践中的应用。

六、实践应用题

1. 对马拉松比赛的 1000 名选手进行运动能力与最大摄氧量的相关性分析,发现两者有很强的正相关关系,但是用前 20 名选手(比赛成绩在 2h10min 以内)进行分析,发现其比赛成绩与最大摄氧量相关性不大。请解释其原理。
2. 中学生体育中考有 800m 和 1000m 跑,如何制订提高成绩的训练计划?

参考答案

一、名词解释

1. **需氧量**:需氧量是指机体为维持某种生理活动所需要的氧量。
2. **摄氧量**:通常将单位时间内机体能够摄取并利用的氧量称为摄氧量,也称为耗氧量。摄氧量通常以每分钟为单位计算。
3. **氧亏**:在运动过程中,当机体能够摄取的氧量不能满足实际需要的氧量时,造成体内氧量的亏欠,称为氧亏。
4. **运动后过量氧耗**:运动结束后一段时间,肌肉活动虽然停止,但机体的摄氧量并不能立即恢复到运动前安静时的水平,机体的耗氧水平高于运动前(或安静状态)耗氧水平的现象称为运动后过量氧耗。
5. **最大摄氧量**:最大摄氧量是指人体在进行有大量肌肉群参加的长时间剧烈运动中,当心肺功能和肌肉利用氧的能力达到人体极限水平时,单位时间内(通常以每分钟为计算单位)所能摄取的氧量,也称最大耗氧量。它反映了机体吸入氧、运输氧和利用氧的能力,是评定人体有氧工作能力的重要指标之一。
6. **乳酸阈**:在递增负荷运动中,血乳酸浓度随运动负荷的递增而增加。当运动强度达到某一负荷时，血乳酸浓度出现急剧增加的那一点（乳酸拐点）称为乳酸阈，也称为乳酸无氧阈，常以血乳酸 4mmol/L 作为正常值。

7. **持续训练法**：持续训练法是指强度较低、持续时间较长且不间歇地进行训练的方法，主要用于提高心肺功能和发展有氧代谢能力。

8. **间歇训练法**：间歇训练法是指在两次练习之间有适当的间歇，并在间歇期进行强度较低的练习，并不是完全休息。

9. **有氧工作能力**：有氧工作能力是指机体在有氧代谢供能情况下进行肌肉活动的能力，也称为肌肉摄取并利用氧的能力。

10. **无氧工作能力**：无氧工作能力是指运动中人体通过无氧代谢途径提供能量进行运动的能力。它由两部分组成，即 ATP-CP 分解供能（非乳酸能）和糖无氧酵解供能（乳酸能）。

11. **最大氧亏积累**：最大氧亏积累是指人体从事极限强度运动时（一般持续 2~3min），完成该项目的理论需氧量与实际耗氧量之差。

12. **无氧功率**：无氧功率是指人体在最大无氧供能代谢状态下的身体做功能力，通常以最大做功率表示。

二、单选题

1. C   2. B   3. A   4. D   5. A   6. B   7. C   8. B   9. D   10. A
11. C   12. B   13. C   14. B   15. B   16. B   17. D

三、多选题

1. CD   2. ABC   3. ABCD   4. ABCD   5. ABC   6. ABCD   7. BCD   8. BCD
9. ABCD   10. ABD   11. BCD   12. BD   13. ABCD   14. ABCD   15. BD   16. AB
17. ABCD   18. AD   19. BC   20. ABCD

四、判断题

1. √   2. √   3. √   4. ×   5. ×   6. √   7. √   8. ×   9. ×   10. ×
11. √   12. ×   13. ×   14. √   15. ×   16. ×

五、思考题

1. **试述影响运动后过量氧耗的主要因素。**

运动结束后一段时间，肌肉活动虽然停止，但机体的摄氧量并不能立即恢复到运动前安静时的水平,机体的耗氧水平高于运动前(或安静状态)的耗氧水平,称为运动后过量氧耗,即运动后恢复期内,为了偿还运动中的氧亏和机体从高水平代谢恢复到安静状态消耗的氧量。主要影响因素如下。

(1) 运动时体温升高,代谢在运动恢复期内还处于较高水平,由此消耗一部分氧。

(2) 运动使体内儿茶酚胺、甲状腺素和肾上腺皮质激素等增加,促进细胞膜上的钠—钾泵活动加强,因而消耗一部分氧。

(3) 运动后恢复期磷酸肌酸的再合成需要消耗一定量的氧。

(4) 运动后恢复细胞内外 Ca^{2+} 浓度需要一定时间。Ca^{2+} 有刺激线粒体呼吸的作用,使运动后的额外耗氧量增加。

此外,运动后乳酸的清除也影响着运动后过量氧耗。

2. 简述氧亏和运动后过量氧耗的氧量区别。

(1) 氧亏是指在运动过程中,当机体能够摄取的氧量不能满足实际需要的氧量时,则会造成体内氧的亏欠。氧亏是运动初期由无氧代谢供能,摄氧量不满足需氧量和机体内脏器官生理惰性,以及运动强度大小共同作用的结果。

(2) 运动后过量氧耗是指运动结束后一段时间,肌肉活动虽然停止,但机体的摄氧量并不能立即恢复到运动前安静时水平,机体的耗氧水平高于运动前(或安静状态)的耗氧水平。运动后过量氧耗与磷酸肌酸再合成、激素调节、运动后乳酸的清除、体温、Ca^{2+} 浓度恢复等因素有关。

(3) 运动后过量氧耗与运动中的氧亏并不相等,而是大于氧亏。因此,运动后恢复期机体不仅要偿还运动中的氧亏,还需要偿还机体从高水平代谢恢复到安静状态所消耗的氧量。

3. 试述机体进行什么样的运动可达到最大摄氧量。

(1) 最大摄氧量是指人体在进行有大量肌肉群参加的长时间剧烈运动中,当心肺功能和肌肉利用氧的能力达到人体极限水平时,单位时间内(通常以每分钟为计算单位)所能摄取的氧量。

(2) 达到最大摄氧量可进行的运动如下。

①进行大肌肉群参与的运动,且运动募集达到全身肌肉质量的50%,如跑步、蹬自行车、划船等。

②应持续足够长的时间以充分调动呼吸、心血管系统机能。一般需持续 6~12min。

③在一定时间内完成强度递增的运动,可以引起通气量、吸入气和呼出气中 O_2 和 CO_2 浓度进行性增加。

4. 为什么通气阈可以反映乳酸阈?

乳酸阈出现的时间点附近,通气量发生相应变化。其原因是随着运动强度增加,当有氧代谢产生的能量满足不了运动需求时,糖酵解供能比例增大,血乳酸浓度增加。此时,机体将动用碳酸氢盐缓冲系统来缓冲乳酸,致使二氧化碳产生量增加。二氧化碳刺激呼吸中枢，使呼吸加快、加深。因此，在乳酸阈出现时，肺通气量及二氧化碳排出量并非线性增加，而是会出现急剧增加的拐点。

5. 为什么乳酸阈能反映有氧运动能力？

在递增负荷运动中，血乳酸浓度随运动负荷的递增而增加。当运动强度达到某一负荷时，血乳酸浓度出现急剧增加的那一点（乳酸拐点）称为乳酸阈。首先，人体从事渐增负荷运动时，机体能量的供给是从以有氧供能为主过渡到以无氧代谢供能为主的连续过程。随着运动强度的增加，有氧代谢产生的能量满足不了机体需要时，糖酵解供能的比例增大，导致血乳酸浓度明显增加，从而出现乳酸阈。其次，乳酸阈受遗传因素影响较小，训练能大幅度提高乳酸阈，能够更加客观合理地评定后天训练所得到的有氧工作能力。最后，最大摄氧量反映了人体在运动时所摄取的最大氧量，而乳酸阈反映了人体在渐增负荷运动中血乳酸开始积累时的最大摄氧量利用率，乳酸阈值越高，其有氧工作能力越强，在同样的渐增负荷运动中无氧代谢供能动员越晚，即在较高的运动负荷时，可以最大限度地利用有氧代谢而不过早地使乳酸积累。因此，乳酸阈可以评定有氧工作能力。

6. 试述最大摄氧量与有氧耐力的关系及最大摄氧量在体育实践中的应用。

（1）最大摄氧量与有氧耐力的关系。

有氧耐力指人体长时间进行以有氧代谢供能为主的运动的能力。运动训练中也将其称作有氧能力。充足的能量底物糖的供应、氧气供应（取决于心肺功能和血液的携氧能力）及利用能力（主要取决于肌肉利用氧的能力）是影响有氧耐力的关键因素。另外，中枢神经系统对肌肉放电的均衡性、持续稳定性和对全身各器官系统的协调控制能力也会极大地影响有氧耐力水平的发挥。在运动实践中，有氧耐力可通过最大摄氧量、无氧阈和运动经济性进行评价；持续训练、间歇训练、高原训练等方法可训练有氧耐力。

最大摄氧量指人体在进行有大量肌肉群参加的长时间剧烈运动中，当心肺功能和肌肉利用氧的能力达到人体极限水平时，单位时间内（通常以每分钟为计算单位）所能摄取的氧量，也称最大耗氧量。它反映了机体吸入氧、运输氧和利用氧的能力。

最大摄氧量作为评价有氧耐力的指标之一，是有氧耐力的基础，长期系统的有氧耐力训练又可以提升最大摄氧量，表现为氧运输系统和肌组织利用氧的能力增强。运动前期最大摄氧量提高主要是心输出量增加，运动后期主要是肌肉利用氧的能力提高。同时，运动训练可以提高个体乳酸阈水平，即乳酸产生时最大摄氧量利用率，使机体完成相同的大强度负荷时最大限度地利用有氧代谢，而不过早地积累乳酸引起疲劳，从而有利于有氧耐力的提高。

（2）最大摄氧量在体育实践中的应用。

①最大摄氧量是评定有氧工作能力的客观指标，可综合反映心肺功能。耐力项目的运动成绩与最大摄氧量高度相关，因此最大限度地提高最大摄氧量水平是耐力项目取得优异成绩的重要因素之一。

②人体达到最大摄氧量时，心肺功能达到极限水平，因此通过最大摄氧量可较客观地评定心肺功能。最大摄氧量越高，心肺功能越好。

③最大摄氧量受遗传限制较大，故可作为选材的生理指标之一，尤其可作为儿童、少年心肺功能和有氧耐力最好的选材指标。

④最大摄氧量可作为制定运动强度的依据，能使运动负荷更客观、更科学，为运动训练服务。

最大摄氧量在体育实践中有较高的应用价值，但也有一定的局限性，如受实验设备等条件限制难以普遍推广和应用、其数值有时并非与运动成绩的提高绝对相关等。因此，最大摄氧量只是诸多影响运动员运动能力的因素之一。

六、实践应用题

1. 对马拉松比赛的 1000 名选手进行运动能力与最大摄氧量的相关性分析，发现两者有很强的正相关关系，但是用前 20 名选手（比赛成绩在 2h10min 以内）进行分析，发现其比赛成绩与最大摄氧量相关性不大。请解释其原理。

   【参考解答】

   （1）有氧工作能力是指机体在有氧代谢供能情况下进行肌肉活动的能力，也称为肌肉摄取并利用氧的能力。反映有氧工作能力的主要指标有三个：最大摄氧量、无氧阈、运动经济性。①最大摄氧量是指人体在进行大量肌肉群参加的长时间剧烈运动中，当心肺功能和肌肉利用氧的能力达到人体极限水平时，单位时间内所能摄取的氧量。②无氧阈是指人体在递增工作强度时，由有氧代谢供能为主开始转换成无氧代谢供能为主的临界点（拐点），分为乳酸无氧阈、通气无氧阈、心率无氧阈或肌电无氧阈。③运动经济性是指在运动过程中，由热能转化成机械能的效率，即在单位运动强度、功率或者速度情况下，机体所消耗的氧气或者能量。

   （2）最大摄氧量主要反映心肺功能，反映机体摄取和运输氧气的最大能力，是人体有氧工作能力的基础；而无氧阈主要反映肌肉利用氧的能力，是指机体在最大有氧情况下，利用有氧供能的最大摄氧量利用率。运动经济性是指机体在利用氧气产生能量的过程中，热能转化成机械能的效率。一般来说，最大摄氧量越大，机体有氧工作能力越强，有氧工作能力与最大摄氧量成正比；但是当最大摄氧量都较高且相对一致时，肌肉利用氧的能力和运动经济性更能反映机体的有氧工作能力。

   （3）当受试者有氧工作能力有较大差别时，最大摄氧量与马拉松成绩成正比，其比赛成绩与最大摄氧量相关系数非常大；但是当受试者水平都很高，而且最大摄氧量都达到较高水平时，最大摄氧量这单一指标无法完整反映受试者有氧工作能力，因而马拉松成绩与最大摄氧量相关系数并不大，此时反映有氧工作能力最重要的指标就是无氧阈和运动经济性。

（4）反映有氧工作能力的指标主要有最大摄氧量、无氧阈和运动经济性。当受试者水平差距较大时，最大摄氧量是反映有氧工作能力最重要的指标，但是当受试者水平一致，且最大摄氧量均达到较高水平时，无氧阈和运动经济性更能反映受试者有氧工作能力。

2. 中学生体育中考有800m和1000m跑，如何制订提高成绩的训练计划？

【参考解答】

（1）无氧工作能力是指机体在不需要氧气的情况下，以无氧代谢供能为主的运动能力，包括糖酵解（无氧耐力）和磷酸原系统（速度爆发力）供能的能力。

（2）无氧耐力的主要影响因素包括无氧糖酵解的能力（肌糖原含量和无氧酵解酶活性）、机体缓冲乳酸的能力（包括血液、呼吸和肾脏及慢肌的有氧代谢能力）、脑细胞耐受酸性环境的能力等。糖酵解系统能力的训练主要包括最大乳酸训练和乳酸耐受训练。

（3）中学生的800m和1000m跑主要是体现他们的无氧耐力水平，糖酵解系统供能能力的训练包括：①最大乳酸训练。机体生成乳酸的最大能力和机体对它的耐受能力直接与运动成绩相关。采用一次1min左右的超极量负荷不可能达到这个高水平的血乳酸，而采用1min超极量强度跑、间歇4min共重复5次的间歇训练，可以使血乳酸浓度达到一个很高的水平。表明这种训练可以使身体获得最大的乳酸刺激，是提高最大乳酸能力的有效训练方法。②乳酸耐受训练。乳酸耐受能力一般可以通过提高缓冲能力和肌肉中乳酸脱氢酶活性而获得。因此，在训练中要求血乳酸达到较高水平。一般认为，在乳酸耐受能力训练时，以血乳酸在12mmol/L左右为宜，然后在重复训练时维持在这一水平上，以刺激身体对这一血乳酸水平的适应，提高乳酸缓冲能力和肌肉中乳酸脱氢酶的活性。除了糖酵解系统供能能力的训练以外，还需要加强有氧能力的训练，如长时间低强度持续跑、高强度间歇跑等；也需要适当加强冲刺能力的训练等。

（4）中学生的800m和1000m跑主要反映了他们的无氧耐力水平，因此以最大乳酸和乳酸耐受的模式进行训练，同时也要适当加强有氧工作能力和短时间冲刺能力的训练。

第十四章 身体素质

习题部分

一、名词解释

1. 身体素质
2. 绝对肌力
3. 相对肌力
4. 肌肉爆发力
5. 肌肉耐力
6. 最适初长度
7. 最大重复次数
8. 反应速度
9. 反应时
10. 动作速度
11. 位移速度
12. 有氧耐力
13. 无氧耐力
14. 平衡
15. 灵敏
16. 柔韧
17. 协调性

二、单选题

1. 举重类或投掷类项目运动员力量练习的最佳负荷是（　　）。
   A. 10～15RM　　　B. 6～10RM　　　C. 1～5RM　　　D. 16～20RM

2. 如果 100kg 是甲的 2RM 负荷，是乙的 3RM 负荷，下列说法正确的是（　　）。
   A. 甲的力量大　　　　　　　　B. 乙的力量大
   C. 甲与乙的力量差不多　　　　D. 无法判断谁力量更大

3. 下列因素中，不属于影响肌肉力量"肌源性"因素的是（　　）。
   A. 肌肉生理横断面积　　　　　B. 肌纤维类型

C. 肌肉收缩时的初长度　　　　　　　　D. 中枢激活

4. 短跑运动员起跑的速度属于（　　）。
　　A. 反应速度　　　　B. 位移速度　　　　C. 动作速度　　　　D. 都不是

5. 投掷类项目运动员器械出手的速度属于（　　）。
　　A. 反应速度　　　　B. 位移速度　　　　C. 动作速度　　　　D. 都不是

6. 游泳运动员游100m的速度属于（　　）。
　　A. 反应速度　　　　B. 位移速度　　　　C. 动作速度　　　　D. 都不是

7. 如果想有效地提高（　　），肌肉所克服的阻力要足够大，阻力应接近或达到甚至略超过肌肉所能克服的最大负荷。
　　A. 爆发力　　　　　B. 相对肌力　　　　C. 绝对肌力　　　　D. 肌肉耐力

8. 如果训练的目的是提高（　　），选择的阻力不能太大，但应强调重复次数和持续时间，使总的训练负荷量较大。
　　A. 最大肌力　　　　B. 相对肌力　　　　C. 绝对肌力　　　　D. 肌肉耐力

9. 决定反应时长短最主要的因素是（　　）。
　　A. 感受器的敏感程度　　　　　　　　　B. 效应器的兴奋性
　　C. 传入传出神经传递速度　　　　　　　D. 中枢延搁

10. 如果运动员大脑皮质兴奋性降低，反应时将（　　）。
　　A. 明显延长　　　　B. 明显缩短　　　　C. 不变　　　　　　D. 无法判断

11. 运动条件反射越巩固，反应速度（　　）。
　　A. 不变　　　　　　B. 越快　　　　　　C. 越慢　　　　　　D. 无法判断

12. 视觉也会引起平衡能力下降，如有恐高症的人站在高处向下看时，会感到两腿发软，难以维持站立姿势。这是由于（　　）。
　　A. 视觉对平衡能力的负面影响　　　　　B. 视觉对平衡能力的正面影响
　　C. 前庭对平衡能力的正面影响　　　　　D. 前庭对平衡能力的负面影响

三、多选题

1. 力量训练的负荷强度可以用（　　）表示。
　　A. 最大重复次数　　　　　　　　　　　B. 训练频率
　　C. 最大肌力的百分比　　　　　　　　　D. 负荷量

2. 专门性原则是指所从事的肌肉力量练习应与相应的运动项目相适应。力量训练的专门性原则体现在（　　）。
　　A. 进行力量练习的身体部位的专门性　　B. 练习方式的专门性
　　C. 练习动作的专门性　　　　　　　　　D. 练习项目的专门性

3. 力量训练的练习顺序原则包括（　　）。
   A. 先练大肌群，后练小肌群
   B. 多关节肌训练在前，单关节肌训练在后
   C. 前后相邻运动避免使用同一肌群
   D. 在训练单一肌群时，大强度练习在前，小强度练习在后

4. 无氧耐力水平的高低，主要取决于（　　）。
   A. 肌肉内糖酵解供能的能力　　　　B. 缓冲乳酸的能力
   C. 脑细胞对血液 pH 值变化的耐受力　　D. 肌肉利用氧的能力

5. 速度素质是指人体进行快速运动的能力或最短时间完成某种运动的能力。按其在运动中的表现可以分为（　　）。
   A. 反应速度　　　　　　　　　　B. 动作速度
   C. 位移速度　　　　　　　　　　D. 耐力速度

6. 力量训练原则有（　　）。
   A. 大负荷原则　　　　　　　　　B. 专门性原则
   C. 练习顺序原则　　　　　　　　D. 合理间隔原则

7. 动作速度取决于（　　）。
   A. 肌纤维类型　　　　　　　　　B. 肌肉力量
   C. 肌肉组织机能状态　　　　　　D. 运动条件反射的巩固程度

8. 速度素质的训练包括（　　）。
   A. 提高动作速率的训练　　　　　B. 发展磷酸原系统供能的能力
   C. 提高肌肉的放松能力　　　　　D. 发展肌肉力量及关节的柔韧性

9. 柔韧性取决于（　　）。
   A. 关节的结构特征　　　　　　　B. 关节周围软组织的伸展性
   C. 关节周围组织的体积　　　　　D. 神经系统的调节能力和肌肉力量

10. 人体平衡的维持主要依赖于（　　）。
    A. 前庭机能
    B. 本体感觉
    C. 视觉
    D. 中枢神经系统的机能状态和协调整合能力

11. 下列练习中，属于超等长练习的有（　　）。
    A. 跳深练习　　　　　　　　　　B. 快速牵拉橡皮带
    C. 游泳练习　　　　　　　　　　D. 负重深蹲练习

12. 跑步时的步长主要取决于（　　）。
    A. 下肢长度　　　　　　　　　　B. 协调性
    C. 髋关节柔韧性　　　　　　　　D. 下肢肌肉力量

13. 跑步时的步频主要取决于（　　）。
    A. 大脑皮质运动中枢灵活性　　　　　　B. 快肌纤维的百分比
    C. 大脑各中枢协调性　　　　　　　　　D. 下肢肌肉力量
14. 提高步频的训练方法有（　　）。
    A. 顺风跑　　　　　　　　　　　　　　B. 牵引跑
    C. 转动跑台上跑　　　　　　　　　　　D. 上坡跑
15. 灵敏是一项复杂的综合素质，它与运动员的（　　）密切相关。
    A. 力量　　　　B. 反应　　　　C. 速度　　　　D. 协调性

四、判断题

1. 通常所说的肌肉力量主要是指绝对肌力，它是各种肌力形式的基础。（　　）
2. 肌肉收缩前的初长度越长，收缩产生的张力也越大。（　　）
3. 肌肉收缩力量的大小取决于 ATP 酶的活性。（　　）
4. 训练中大负荷原则的生理学基础是人体对运动的反应和适应规律。（　　）
5. 合理间隔原则就是寻求两次训练课之间的适宜间隔时间，使下次力量训练在上次训练引起的力量增长高峰（超量恢复）期内进行，从而使运动训练效果得以积累。（　　）
6. 如果前庭器官对位觉刺激过于敏感（前庭功能稳定性差），反而会破坏身体平衡。（　　）
7. 肌肉在进行最大随意收缩时，所有的肌纤维都同时参与收缩。（　　）
8. 当阻力负荷超过最大肌力的 80% 时，肌肉力量的增加主要靠提高神经中枢发放冲动的频率和有关肌肉中枢同步兴奋程度来实现。（　　）
9. 主动拉伸的力量来源于外力，被动拉伸的力量来源于练习者自身。（　　）
10. 速度素质与关节柔韧性无关。（　　）
11. 体操运动员的灵敏主要表现为对身体姿势的控制和转换动作的能力。（　　）
12. 保持平衡是完成一切运动技能的前提。（　　）
13. 从能量供给的角度看，无氧耐力的大小取决于机体磷酸原系统的供能能力。（　　）
14. 肌肉的放松能力可以影响位移速度。（　　）
15. 跑步的速度不仅取决于步频与步长，还与协调性有关。（　　）

五、思考题

1. 决定肌肉力量的主要因素有哪些？
2. 试述抗阻力训练提高肌肉力量的原理。
3. 力量训练为什么要遵循大负荷原则？在实践中如何把握这一原则？
4. 如何发展柔韧素质？

六、实践应用题

在体育课中，小王参加原地纵跳摸高测试。第一次测试，小王直腿起跳，成绩是 2.13m；第二次测试，经同学提醒，小王先下蹲，然后迅速起跳，成绩是 2.35m。请采用生理学原理分析第二次测试成绩明显提高的原因。

参考答案

一、名词解释

1. **身体素质**：通常人们把人体在肌肉活动中表现出来的力量、速度、耐力、灵敏及柔韧等能力统称为身体素质。

2. **绝对肌力**：绝对肌力是指肌肉做最大随意收缩时所能产生的张力，通常用肌肉收缩时所能克服的最大阻力负荷来表示。

3. **相对肌力**：相对肌力又称比肌力，是指单位生理横断面积的肌肉做最大收缩时所能产生的肌张力。

4. **肌肉爆发力**：肌肉爆发力是指肌肉在短时间内发挥力量的能力，通常用肌肉单位时间的做功量来表示。

5. **肌肉耐力**：肌肉耐力是指肌肉长时间收缩的能力，常用肌肉克服某一固定负荷的最多次数（动力性运动）或最长时间（静力性运动）来表示。

6. **最适初长度**：肌肉收缩力量的大小取决于活化的横桥数目的多少，当肌肉处某一初长度时，肌小节中粗、细肌丝的重叠状态最佳，收缩可活化（与位点结合）的横桥数目最多，因而产生的力量也最大，这一长度称为最适初长度。

7. **最大重复次数**：最大重复次数是指肌肉收缩所能克服某一负荷的最大次数。

8. **反应速度**：反应速度是指人体对各种刺激产生反应的快慢，如短跑运动员从听到发令到起动的时间等。

9. **反应时**：从感受器接受刺激产生兴奋并沿反射弧传递开始，到引起效应器发生反应所需要的时间称为反应时。

10. **动作速度**：动作速度是指完成单个动作时间的长短，如排球运动员扣球时的挥臂速度等。

11. **位移速度**：位移速度是指周期性运动（如跑步和游泳等）中人体通过一定距离的时间。

12. **有氧耐力**：有氧耐力是指人体长时间进行以有氧代谢供能为主的运动能力。

13. **无氧耐力**：无氧耐力是指机体在缺氧情况下较长时间进行肌肉活动的能力。

14. **平衡**：平衡是身体所处的一种姿态，以及在运动或受到外力作用时能够自动调整并维持姿势的能力。

15. **灵敏**：灵敏是运动者迅速改变体位、转换动作和随机应变的能力。
16. **柔韧**：柔韧是人体在运动过程中完成大幅度动作的能力，即关节的主动或被动活动范围。
17. **协调性**：协调性是指人体在运动过程中身体各器官、系统在时间和空间上相互配合完成动作的能力。

二、单选题

1. C 2. B 3. D 4. A 5. C 6. B 7. C 8. D 9. D 10. A
11. B 12. A

三、多选题

1. AC 2. AC 3. ABCD 4. ABC 5. ABC 6. ABCD 7. ABCD 8. ABCD
9. ABCD 10. ABCD 11. AB 12. ACD 13. ABC 14. ABC 15. ABCD

四、判断题

1. √ 2. × 3. × 4. √ 5. √ 6. √ 7. × 8. √ 9. × 10. ×
11. √ 12. √ 13. × 14. √ 15. √

五、思考题

1. 决定肌肉力量的主要因素有哪些？

肌肉力量主要受"肌源性"和"神经源性"因素影响。"肌源性"因素包括肌肉的生理横断面积、肌纤维类型、肌肉收缩时的初长度等，"神经源性"因素包括中枢激活、中枢神经对肌肉活动的协调和控制能力、神经系统的兴奋状态等方面。此外，年龄、性别、体重等因素可通过影响上述因素而影响力量。

（1）肌肉生理横断面积。在其他因素相同的情况下，肌肉的生理横断面积越大，力量也越大，而且这种关系不受年龄和性别的影响。

（2）肌纤维类型。肌肉中快肌纤维百分比高的人，肌肉收缩力量也大。

（3）肌肉收缩时的初长度。随着肌肉收缩时的初长度改变，肌小节中粗、细肌丝的重叠状态也发生变化，导致活化的横桥数目改变，从而影响肌肉力量。

（4）中枢神经系统状态与激活水平。中枢激活指中枢神经系统募集肌纤维参加收缩的能力。中枢激活水平越高，募集的肌纤维数目就越多，肌肉收缩力量也越大。中枢兴奋性通过参与兴奋的神经元数量和兴奋神经元发出神经冲动的频率来体现，兴奋性高，则参与兴奋的神经元多，发出的动作电位频率高，可使更多的兴奋性较低的运动单位也参与到兴奋收缩中来，从而使肌力增大。

（5）中枢神经对肌肉活动的协调和控制能力。不同肌群接受不同神经中枢的支配，中枢之间良好的协调配合将减少因肌群间工作不协调所致的力量抵消和能量浪费，有利于发挥出更大的力量。

（6）年龄与性别。肌肉力量从出生后随年龄的增加而自然增长，通常在20~30岁时达到最大，以后逐渐下降。10~12岁的儿童，男孩的力量仅比女孩略大，无明显差异。进入青春期后，由于雄性激素分泌增多，有效地促进了男孩肌肉和骨骼体积的增大，使其力量明显大于女孩。成年女子由于受性激素等影响，其肌肉发达程度远较男性差，故肌肉平均力量大约仅为男性肌力的2/3，但不同肌群力量差异不同。

（7）体重。体重重的人一般绝对力量较大，而体重轻的人可能具有较大的相对力量。

除了上述因素，肌糖原、肌红蛋白含量和毛细血管分布密度也会影响肌肉力量。

2. 试述抗阻力训练提高肌肉力量的原理。

抗阻力训练，又称力量训练，可使机体产生结构和功能的适应性变化，主要通过增长肌肉和改善神经肌肉控制实现力量增长。

力量训练可使骨骼肌选择性肥大，肌肉生理横断面积增加，肌肉代谢能力增强，从而增加力量。

力量训练还能够提高运动神经元的放电频率，从而提高中枢激活水平而增强力量。

中枢神经对肌肉活动的协调和控制能力可以通过训练得到提高，对于某一特定动作来说，动作越熟练，与其相关的神经中枢之间协调配合也越好，因此，动作是否熟练将影响完成动作时的力量表现。

3. 力量训练为什么要遵循大负荷原则？在实践中如何把握这一原则？

大负荷原则的生理学基础是人体对运动的反应和适应规律，即任何运动都可以引起人体的生理反应。通常，只要不超出人体的承受能力，运动负荷越大，生理反应也越大，反复多次后人体的适应性变化也越大，训练效果也越好。如果运动负荷较小，人体对该负荷已经适应，因而生理反应小，将无法获得更高水平的适应，训练效果会变差。因此，在力量训练时，训练负荷应较大，应超过训练者已经习惯或适应的负荷。大负荷原则也称为"超负荷原则"。

在进行力量训练时，应根据不同的训练目的，灵活运用大负荷原则，如果想有效地提高最大肌力，肌肉克服的阻力要足够大，阻力应接近或达到甚至略超过肌肉能克服的最大负荷。由于肌肉内各运动单位的兴奋性不同，当阻力负荷较小时，中枢只能调动兴奋性高的运动单位参与收缩，随着阻力的加大，参与收缩的运动单位逐渐增多。足够大的负荷对中枢神经系统的刺激大，能使运动中枢发出更强的信号，从而调动更多的运动单位参与同步收缩，肌肉表现出更大的肌张力。通常低于最大负荷80%的力量练习对提高最大肌力的作用不明显。如果训练目的是提高肌肉耐力，选择的阻力不能太大，但应强调重复次数和持续时间，使总的训练负荷量较大。

在力量训练实践中，采用某一"大负荷"训练一段时间后，肌肉对这一负荷逐渐习惯或适应，其力量也得到提高，原来的负荷对于提高的力量来说已不属于"大负荷"了，根据"大负荷原则"，需要增加负荷以重新满足大负荷的要求，保证肌肉力量持续增长。

必须指出的是，在进行大负荷训练时，应全面评估人体的生理承受能力，注意避免过度训练或运动损伤。

4. 如何发展柔韧素质？

发展柔韧素质一般采用伸展性练习，包括以下方法。

（1）静力拉伸法。静力拉伸法是指先通过动力性拉伸使肌肉等软组织拉长，然后持续保持某一特定长度的练习方法。在练习时缓慢牵拉肌肉，当肌肉感到被牵拉时，停止继续拉长，坚持10～30s后再放松。静力性拉伸练习，避免了牵张反射的副作用，其优点是效果明显、花费的时间短、可以独立完成练习且发生肌肉损伤的概率低。

（2）动力拉伸法。动力拉伸法是指按照一定节奏、通过多次重复练习使软组织逐渐被拉长的练习方法。练习时，用力不宜过大，幅度应由小到大，避免拉伤。动力拉伸会引起肌肉牵张反射性收缩，反射性收缩部分抵消了主动牵拉肌肉的力量，降低了锻炼的效果。

（3）PNF练习法。本体感觉神经肌肉促进法（PNF）利用反牵张反射和交互抑制原理，促使痉挛或紧张的肌肉放松，从而扩大关节活动范围。其练习的操作原则和方法是：首先在助手的帮助下，使肢体达到关节活动幅度的最大限度，然后被拉长的肌肉用力对抗助手给予的阻力，做肌肉最大强度的等长收缩，坚持10s左右后放松。然后再次做肌肉最大强度的等长收缩，各次之间基本没有间隔时间。一般在最初的3～5次，关节活动幅度提高较明显，之后提高的幅度下降，可重复至10次左右。PNF练习能够有效地提高身体柔韧性，且不易引起肌肉损伤。

六、实践应用题

在体育课中，小王参加原地纵跳摸高测试。第一次测试，小王直腿起跳，成绩是2.13m；第二次测试，经同学提醒，小王先下蹲，然后迅速起跳，成绩是2.35m。请采用生理学原理分析第二次测试成绩明显提高的原因。

【参考解答】

纵跳摸高的成绩主要受下肢伸肌力量的影响。第二次测试，下蹲后迅速起跳，通过如下机制增加了参与纵跳的肌群的力量，从而提高了成绩。

（1）增加了肌肉收缩前的初长度。肌肉收缩力量取决于活化的横桥数目，肌肉处于某一初长度时活化的横桥数目最多，产生的力量也最大，这一长度称最适初长度，通常稍长于肌肉在人体内的静息长度。第二次测试，小王下蹲时其髋关节、膝关节、踝关节周围的部分肌群被拉长，起跳时向心收缩增加了肌肉力量。

（2）利用了牵张反射的原理。快速牵拉肌肉，刺激了肌梭，触发了牵张反射，反射性地提高了肌力。

（3）肌肉的弹性成分发挥了助力作用。被牵拉的肌肉的弹性成分具有弹性势能，且在起跳时与肌肉收缩的方向一致，起到了助力的作用，进一步增加了起跳时的肌肉力量。

第十五章 运动过程中人体机能变化规律

习题部分

一、名词解释

1. 赛前状态
2. 准备活动
3. 进入工作状态
4. 极点
5. 去极点
6. 稳定状态
7. 运动性疲劳
8. 恢复过程
9. 超量恢复
10. 积极性休息
11. 整理活动
12. 脱训
13. 尖峰状态训练

二、单选题

1. 比赛前运动员神经系统的兴奋性（　　）有助于克服内脏器官机能惰性。
   A. 升高　　　　　B. 下降　　　　　C. 过高　　　　　D. 过低
2. 下列不属于准备活动作用的是（　　）。
   A. 调节赛前状态
   B. 缩短进入工作状态
   C. 减轻"极点"程度
   D. 加速运动疲劳的恢复
3. 下列关于真稳定状态的描述，不正确的是（　　）。
   A. 需氧量大于摄氧量

B. 需氧量等于摄氧量

C. 需氧量小于最大摄氧量

D. 乳酸少量堆积

4. "极点"现象多出现在（　　）项目中。

　　A. 短跑　　　　　　　　　　　　B. 中长跑

　　C. 超长跑　　　　　　　　　　　D. 马拉松

5. 下列关于假稳定状态的叙述，正确的是（　　）。

　　A. 需氧量大于摄氧量　　　　　　B. 需氧量等于摄氧量

　　C. 需氧量小于摄氧量　　　　　　D. 乳酸少量堆积

6. "去极点"的出现标志着（　　）。

　　A. 进入工作状态结束　　　　　　B. 准备活动的结束

　　C. 稳定状态的结束　　　　　　　D. 疲劳的恢复

7. 下列关于马拉松运动的描述，正确的是（　　）。

　　A. 在假稳定状态下工作　　　　　B. 主要由有氧氧化供能

　　C. 在负大量氧债下工作　　　　　D. 运动中堆积大量乳酸

8. 出现运动性疲劳时，心电图的变化是（　　）。

　　A. S-T 段上移，T 波可能倒置　　B. S-T 段下移，T 波抬高

　　C. S-T 段下移，T 波可能倒置　　D. S-T 段上移，T 波抬高

9. 基础心率出现（　　）时，机体疲劳有积累。

　　A. 下降　　　　　　　　　　　　B. 不变

　　C. 上升 1～5 次　　　　　　　　D. 上升 5～10 次

10. 短时间、剧烈运动时，突触前膜释放（　　），可造成神经—肌肉接点兴奋传递障碍，引起运动能力下降，产生运动性疲劳。

　　A. 乙酰胆碱减少　　　　　　　　B. 乙酰胆碱增多

　　C. 肾上腺素增多　　　　　　　　D. 肾上腺素减少

11. 发生在神经—肌肉接头、肌细胞膜、细胞器和肌肉收缩蛋白等部位的疲劳统称为（　　）。

　　A. 外周疲劳　　B. 中枢疲劳　　C. 局部疲劳　　D. 全身疲劳

12. 运动性疲劳产生机理中的"衰竭学说"的证据是（　　）。

　　A. 疲劳时 ATP 含量接近零

　　B. 呼吸困难

　　C. 摄氧量不再增加

　　D. 疲劳时 CP、糖原含量明显下降

13. （　　）认为疲劳的产生是运动过程中某些代谢产物在肌肉组织中大量堆积造成的。

　　A. 衰竭学说　　　　　　　　　　B. 堵塞学说

C. 内环境稳定性失调学说　　　　　　D. 保护性抑制学说
14. 剧烈运动过程中产生的自由基主要损伤（　　）。
　　　A. 细胞的膜性结构　　B. 细胞质　　　　C. 细胞核　　　　　D. 线粒体
15. 在一定范围内，超量恢复出现的规律是（　　）。
　　　A. 运动量越大，超量恢复越明显，但出现的时间延迟
　　　B. 运动量越大，超量恢复越不明显，但出现的时间早
　　　C. 运动量越小，超量恢复越明显，但出现的时间早
　　　D. 运动量越小，超量恢复越明显，但出现的时间延迟

三、多选题

1. 下列因素中与赛前状态的反应程度有关的是（　　）。
　　　A. 比赛性质　　　　　　　　　　　　B. 运动员的训练水平
　　　C. 运动员的机能状态　　　　　　　　D. 心理素质
2. 赛前状态可以分为（　　）。
　　　A. 起赛热症　　　　　　　　　　　　B. 起赛冷淡
　　　C. 准备状态　　　　　　　　　　　　D. 进入工作状态
3. 赛前状态中起赛热症的主要表现有（　　）。
　　　A. 四肢乏力、全身微微颤抖　　　　　B. 对比赛或训练淡漠
　　　C. 咽喉发堵、寝食难安　　　　　　　D. 呼吸短促、尿频等不良反应
4. 一般性准备活动的生理作用包括（　　）。
　　　A. 提高神经系统的兴奋性
　　　B. 升高体温、增强机体的代谢水平和各器官、系统的功能
　　　C. 预防运动损伤
　　　D. 提高参与运动有关中枢间的协调性，强化动力定型
5. 减轻"极点"反应的主要措施有（　　）。
　　　A. 适当降低运动强度　　　　　　　　B. 继续坚持运动
　　　C. 调整呼吸节奏　　　　　　　　　　D. 加深呼气深度
6. 以下项目更可能会出现真稳定状态的是（　　）。
　　　A. 马拉松　　　　B. 竞走　　　　　　C. 3000m 跑　　　　D. 800m 跑
7. 根据"内环境稳定性失调"学说，运动性疲劳的发生与下列因素有关的是（　　）。
　　　A. 血液 pH 值下降
　　　B. 机体严重脱水
　　　C. 血浆渗透压及电解质浓度改变
　　　D. 细胞内、外离子平衡遭到破坏

8. 按照疲劳产生的部位,可以将运动性疲劳分为(　　)。

　　A. 骨骼肌疲劳　　　　　　　　　B. 心血管疲劳

　　C. 呼吸系统疲劳　　　　　　　　D. 耐力性疲劳

9. 关于判断运动性疲劳的指标,下列正确的是(　　)。

　　A. 皮肤两点辨别阈　　　　　　　B. 闪光融合频率

　　C. 反应时　　　　　　　　　　　D. 主观体力感觉等级表

10. 保护性抑制学说认为,运动性疲劳时(　　)。

　　A. 大脑皮质 ATP 含量下降

　　B. 大脑皮质 γ-氨基丁酸升高

　　C. 大脑皮质 5-羟色胺升高

　　D. 血糖浓度下降、缺氧、pH 值下降、盐分丧失和渗透压升高

11. 突变理论认为,运动性疲劳产生的原因是(　　)。

　　A. 乳酸堆积　　　　　　　　　　B. 能量消耗

　　C. 肌肉力量下降　　　　　　　　D. 兴奋性丧失

12. 中枢性疲劳具体表现为(　　)。

　　A. 脑细胞功能降低

　　B. 神经肌肉接头兴奋传递障碍

　　C. 细胞膜结构破坏

　　D. 运动神经元功能下降

13. 外周性疲劳主要发生在(　　)。

　　A. 骨骼肌收缩蛋白　　　　　　　B. 神经—肌肉接点处

　　C. 细胞膜　　　　　　　　　　　D. 兴奋—收缩脱耦联

14. 心率是评定运动性疲劳的简易指标之一。一般常用(　　)判断疲劳程度。

　　A. 基础心率　　　　　　　　　　B. 定量负荷运动后即刻心率

　　C. 定量负荷运动恢复期心率　　　D. 最大心率

15. 下列关于重力性休克的描述,正确的有(　　)。

　　A. 运动结束后骤然静止可诱发

　　B. 存在氧气的补充及静脉回流受阻

　　C. 心输出量减少,血压下降,脑组织暂时性缺血

　　D. 适当整理活动可以降低发生率

四、判断题

1. 运动强度越大,训练水平越低的人,"极点"出现也越晚,而且越不明显。(　　)

2. 良好的赛前状态和适宜的准备活动,都能缩短进入工作状态的时间。(　　)

3. 起赛冷淡一般是赛前兴奋性过低所致。（   ）
4. 整理活动具有使肌肉放松、降低肌肉紧张度、促进疲劳恢复的作用。（   ）
5. 运动时，儿童少年进入工作状态的时间比成人短。（   ）
6. 准备活动不能对正式训练和比赛产生"痕迹"效应。（   ）
7. 准备状态是运动员良好的赛前状态表现，多见于优秀运动员。（   ）
8. 根据运动员赛前状态，安排适宜的准备活动，如果运动员过度紧张，可安排一些强度大的活动或练习。（   ）
9. 强度较大的叩击能提高运动员的兴奋性，而强度小的轻揉、抚摩则降低运动员的兴奋性。（   ）
10. 准备活动和正式比赛时间间隔一般不超过15min。（   ）
11. 在适宜运动负荷下运动强度越高，进入工作状态的时间就越长。（   ）
12. 动作越复杂、活动变换越频繁，进入工作状态越快。（   ）
13. 对人体而言，运动性疲劳是一种由运动本身引起的、机体工作能力暂时降低的保护性机制。（   ）
14. 快速疲劳是指长时间、小强度运动引起的身体机能下降现象。（   ）
15. 整体疲劳往往包含着以某一器官为主的局部疲劳，而局部疲劳不可能发展为整体疲劳。（   ）
16. 在运动竞赛和训练中产生的运动性疲劳，只有躯体疲劳的成分，不含有心理疲劳的成分。（   ）

五、思考题

1. 赛前状态对人体工作能力有什么影响？
2. 怎样克服不良的赛前状态？
3. 在进行剧烈运动时，为什么会出现"极点"？
4. 做准备活动的目的是什么？
5. 超量恢复有什么特点？

六、实践应用题

1. 在马拉松比赛过程中，运动员每隔一段时间就会补充含电解质和糖的运动饮料或物质，如盐丸和能量胶等，请分析这样做的原因。
2. 200m跑比赛前的准备活动，有两种方法。方法一是只进行小强度慢跑以保存体能；方法二是在小强度慢跑的基础上加入少量高强度的快速跑，对运动员的肌肉给予额外刺激。请说明哪种方法更加科学并解释其原理。

第十五章 运动过程中人体机能变化规律

参考答案

一、名词解释

1. **赛前状态**：赛前状态是指在参加正式比赛或训练前，人体某些器官、系统产生的一系列条件反射性机能变化。
2. **准备活动**：准备活动是指在正式比赛、训练或体育课的基本部分之前进行的身体练习。
3. **进入工作状态**：运动开始后人体机能逐步提高的过程称为进入工作状态。
4. **极点**：在强度较大、持续时间较长的运动中，开始阶段运动者常常产生一些非常难受的生理反应，如呼吸困难、胸闷、头晕、肌肉酸软乏力、动作迟缓不协调和精神低落，甚至产生停止运动的想法等，这种现象称为"极点"。
5. **去极点**："极点"出现后，运动者继续坚持运动，一些不良的生理反应逐渐减轻或消失，这种现象称为"去极点"。
6. **稳定状态**：稳定状态是指进入工作状态结束后，人体各器官、系统的机能在一段时间内保持在相对稳定的水平上，如心率、心输出量、呼吸频率、每分通气量、摄氧量和血压等生理指标均波动较小。
7. **运动性疲劳**：运动性疲劳是由运动负荷引起的机体工作能力暂时性下降的一种正常生理现象，是机体对运动负荷刺激的反应，适度的疲劳可以刺激身体机能水平不断提高。
8. **恢复过程**：恢复过程是指人体在运动过程中和运动结束后，身体生理机能和运动中消耗的能源物质逐渐恢复到运动前水平的过程。
9. **超量恢复**：运动时消耗的能源物质和各器官、系统的机能恢复超过原有的水平称为超量恢复或超量补偿。
10. **积极性休息**：积极性休息是指运动过程中为了消除疲劳而采取的各种变换动作或运动强度的练习。
11. **整理活动**：整理活动是指运动后进行的各种较为轻松的身体练习，其目的是消除疲劳，促进体力恢复。
12. **脱训**：脱训又称停训，是指由于运动训练停止或运动负荷的减少，使先前训练产生的解剖、生理适应和提高的运动成绩完全或部分消退。
13. **尖峰状态训练**：尖峰状态训练又称赛前减量训练，是指在运动员参加大赛前的最后几天降低他们的训练负荷，使其在比赛中取得优异成绩的训练。

二、单选题

1. A 2. D 3. A 4. B 5. A 6. A 7. B 8. C 9. D 10. A
11. A 12. D 13. B 14. A 15. A

三、多选题

1. ABCD 2. ABC 3. ACD 4. ABC 5. ABCD 6. ABC 7. ABCD 8. ABC
9. ABCD 10. BC 11. BCD 12. AD 13. ABCD 14. ABC 15. ABCD

四、判断题

1. × 2. √ 3. √ 4. √ 5. √ 6. × 7. √ 8. × 9. √ 10. √
11. × 12. × 13. √ 14. × 15. × 16. ×

五、思考题

1. 赛前状态对人体工作能力有什么影响？

赛前状态分为起赛热症、准备状态和起赛冷淡。其中准备状态属于良好的赛前状态。良好的赛前状态可预先动员人体相应器官、系统的机能，克服内脏器官的生理惰性，为即将进行的比赛或运动训练做好准备，有利于机体迅速进入最佳运动状态。起赛热症、起赛冷淡属于不良的赛前状态。不良的赛前状态，将会对比赛或运动训练造成负面影响，导致运动员身体机能和竞技能力下降。

2. 怎样克服不良的赛前状态？

不良的赛前状态有两种：起赛热症和起赛冷淡。

起赛热症的调整可采用提高运动员的心理素质和自控能力，使其正确认识和对待比赛；多组织运动员参加比赛、模拟比赛或观看比赛，以适应各种比赛环境；如果运动员过度紧张，可安排一些轻松缓和、节奏感强、强度小、能够转移注意力的活动或练习；用强度小的轻揉、抚摩降低神经的兴奋性。

起赛冷淡的调整可安排一些活跃、强度较大、时间较长、与比赛内容较为接近的练习或活动。另外，用强度较大的叩击可提高运动员的兴奋性。

3. 在进行剧烈运动时，为什么会出现"极点"？

"极点"产生的主要原因是内脏器官的机能惰性大，摄氧量水平的上升满足不了肌肉活动对氧的需求，造成体内供氧不足，导致乳酸等代谢产物积累、血液 pH 值下降、内环境改变等现象。这不仅使神经肌肉的兴奋性降低，还反射性地引起呼吸、循环系统活动紊乱。同时，机能失调的强烈刺激传入大脑皮质，使运动动力定型暂时遭到破坏，运动中枢抑制过程加强，表现为动作迟缓、不协调和精神低落等症状。

4. 做准备活动的目的是什么？

做准备活动的目的是预先动员人体的生理机能，克服内脏器官的生理惰性，缩短进入工作状态的时间。准备活动具有提高神经系统的兴奋性、体温和代谢水平、肌肉的收缩能力、机体的散热能力，增强人体氧运输能力，调整赛前状态等作用，有利于进入工作状态。

5. 超量恢复有什么特点？

（1）超量恢复的程度和出现的时间早晚与运动量（或消耗程度）密切相关。在一定的范围内，运动量越大，物质消耗得越多，超量恢复越明显，但出现的时间会延迟；反之，超量恢复不明显，但出现的时间较早。如果运动量过大，超过了生理范围，恢复时间将会进一步延长。

（2）不同能源物质出现超量恢复的快慢不同。如剧烈运动后 CP 在 20~30s 仅恢复 50%，需 3~5min 才能出现超量恢复；短时间、大强度运动后，肌糖原约在运动后 15min 出现超量恢复，而蛋白质出现超量恢复相对较晚；马拉松运动后，脂肪出现恢复的时间发生在第 3 天；游泳运动员在进行大运动量训练后的第 1 至 3 天，身体机能明显下降，到第 3 至 5 天恢复到原来水平，第 5 至 8 天才出现超量恢复。

（3）超量恢复与膳食和运动模式有密切的关系。研究发现，让受试者以 75%VO_{2max} 运动强度进行单腿自行车运动，另一条腿为安静对照。当运动至精疲力竭时，运动腿股外侧肌的肌糖原含量接近于零。运动结束后连续 3 天食用高糖膳食而不参加任何运动，结果显示，运动腿股外侧肌肌糖原含量超过安静时的水平，是安静腿的 2 倍，而安静腿肌糖原水平仅略有波动。

六、实践应用题

1. 在马拉松比赛过程中，运动员每隔一段时间就会补充含电解质和糖的运动饮料或物质，如盐丸和能量胶等，请分析这样做的原因。

【参考解答】

马拉松是典型的超长跑运动，运动时间长，耗能巨大，对机体的刺激达到极限程度，故而产生疲劳的原因较为复杂，其中，糖原的消耗、水和电解质紊乱是重要原因：①肌糖原和肝糖原的极量消耗造成血糖浓度下降，导致中枢神经细胞 ATP 合成减少，引起大脑运动皮质发放神经冲动的频率和强度降低，触发骨骼肌收缩活动的能力下降；②当糖原氧化供能几尽耗竭时，脂肪分解供能迅速增加，尤其是马拉松后半程，80%的能量由脂肪氧化供给，而脂肪氧化分解不彻底，造成骨骼肌细胞内大量的代谢产物堆积，使骨骼肌细胞的兴奋性和收缩下降；③体内大量热量的淤积，导致体温升高，可达 42℃ 并大量排汗，使机体水和电解质丢失过多而出现代谢异常。

运动过程中，每隔一段时间补充含电解质和糖的运动饮料或盐丸和能量胶，可以在补充水和电解质的同时补充糖，有利于维持血糖稳定，防止出现严重的电解质紊乱，从而延缓运动性疲劳的出现。

2. 200m 跑比赛前的准备活动，有两种方法。方法一是只进行小强度慢跑以保存体能；方法二是在小强度慢跑的基础上加入少量高强度的快速跑，对运动员的肌肉给予额外刺激。请说明哪种方法更加科学并解释其原理。

【参考解答】

方法二更科学，在常规热身后，加入少量高强度的快速跑可利用激活后增强效应提高 200m 跑的运动表现。

激活后增强效应是一种由预先短时间次最大强度抗阻练习引起的肌肉发力速度或爆发力急性增加的生理现象。其生理机制包括：肌球蛋白调节轻链的磷酸化；高阶运动单位募集能力的提高；肌肉收缩时羽状角的改变。

第十六章 特殊环境与运动

习题部分

一、名词解释

1. 高原训练
2. 高住高练法
3. 高住低练法
4. 急性高山病
5. 高原习服
6. 热习服
7. 冷习服
8. 冻伤
9. 废用性肌萎缩

二、单选题

1. 一般认为，亚高原训练是指在海拔（　　）的地点进行训练，它既能满足运动员达到足够训练强度的目的，又能对运动员的携氧能力产生积极的刺激作用。
   A. 500～1500m   B. 1000～1500m   C. 500～1800m   D. 1000～1800m
2. 初达高原，机体因缺氧而产生一系列反应，其中（　　）对缺氧最敏感，易先受损。
   A. 视网膜感光细胞   B. 肺组织   C. 脑组织   D. 心肌细胞
3. 在冷环境中进行（　　）运动，会导致身体热量过度散发，超过机体对体温调节控制的能力，引起过低体温。
   A. 2～3h   B. 1～4h   C. 1～3h   D. 1～2h
4. 在确定高原训练持续时间时，需要考虑运动项目的差异。以下表述正确的是（　　）。耐力性项目应持续时间＿＿＿＿些，速度及速度耐力性项目应＿＿＿＿些。
   A. 短　长   B. 短　短   C. 长　长   D. 长　短

5. 根据环境温度与人体热平衡的关系，通常把35℃的生活环境和32℃以上的训练环境视为高温环境，相对湿度在（　　）以上的环境称为高湿环境。
   A. 50%　　　　　　B. 60%　　　　　　C. 70%　　　　　　D. 80%

6. （　　）可作为高住高练法之前的过渡性训练。
   A. 低住高练法　　　　　　　　　　　B. 亚高原训练法
   C. 间歇性低氧训练法　　　　　　　　D. 模拟高原训练法

7. 关于热习服后心功能得到改善，以下说法正确的是（　　）。
   心率_____，每搏输出量_____，而心输出量及动脉血压基本保持_____。
   A. 加快　增加　增加　　　　　　　　B. 减慢　增加　增加
   C. 减慢　增加　不变　　　　　　　　D. 加快　减少　不变

8. 热习服时最大排汗率由1.5L/h增加至（　　）从而使散热增加。
   A. 2～2.5L/h　　　B. 2～3L/h　　　C. 2.5～3L/h　　　D. 2.5～3.5L/h

9. 游泳时的体位对循环功能有影响。以下说法正确的是（　　）。
   游泳时水平的体位使静脉血_____回到心脏，因而静脉回流量会_____。
   A. 不易　减少　　　　　　　　　　　B. 不易　基本不变
   C. 较易　增加　　　　　　　　　　　D. 较易　基本不变

10. 坚持长期游泳锻炼，心脏体积呈运动性增大，心肌收缩有力。以下说法正确的是（　　）。
    安静心率_____，每搏输出量_____，血管壁增厚，弹性加大，心血管系统的效率得到提高。
    A. 减慢　增加　　　　　　　　　　　B. 减慢　基本不变
    C. 增快　增加　　　　　　　　　　　D. 增快　减少

11. 冬泳的适宜温度是（　　）。
    A. 9～15℃　　　B. 7～13℃　　　C. 10～14℃　　　D. 8～14℃

12. 游泳运动对呼吸功能影响较深刻，（　　）是游泳运动员一大特点。
    A. 最大摄氧量大　　B. 肺活量大　　C. 肺通气量大　　D. 功能余气量大

13. 在水中游泳，若停留时间太长，会引起（　　）而出现皮肤和嘴唇发绀。
    A. 小动脉收缩，小静脉舒张　　　　　B. 小动脉舒张，小静脉收缩
    C. 小动脉收缩，小静脉收缩　　　　　D. 小动脉舒张，小静脉舒张

三、多选题

1. 进入高原后消化腺的分泌和胃肠道蠕动受到抑制。因此，会出现（　　）等消化系统紊乱症状。
   A. 食欲不振　　　　　　　　　　　　B. 腹胀
   C. 腹泻或便秘　　　　　　　　　　　D. 上腹疼痛

2. 当平原地区的人急速进入高原时，可能会出现（　　）等健康风险。
   A. 急性高山病　　　　　　　　　　B. 高原肺水肿
   C. 高原性头痛　　　　　　　　　　D. 高原脑水肿
3. 急性高原暴露时，人体产生的应激反应涉及的系统包括（　　）。
   A. 呼吸系统和循环系统　　　　　　B. 消化系统和泌尿系统
   C. 免疫系统　　　　　　　　　　　D. 神经系统
4. 在长期高原低氧训练中，影响乳酸下降的因素有（　　）。
   A. 儿茶酚胺含量增加　　　　　　　B. 儿茶酚胺含量减少
   C. 肌肉清除乳酸的能力提高　　　　D. 活动肌乳酸释放减少
5. 在高温高湿环境中，与每搏输出量减少相关的因素有（　　）。
   A. 运动时血流量重新分配，体表血流量增加使心脏的循环血量减少
   B. 排汗增多，血液浓缩，血黏滞性增加，回心血量减少
   C. 心率显著增加，心室充盈时间缩短
   D. 心脏温度升高，心收缩力减弱，心率的代偿性增加不足以弥补每搏输出量的减少
6. 在高温高湿环境中进行剧烈运动时，热对机体造成危害而发生热病，热病主要包括（　　）。
   A. 热痉挛　　　　B. 热衰竭　　　　C. 中暑　　　　D. 热射病
7. 热痉挛表现为（　　）。
   A. 肌肉痉挛　　　B. 排汗多　　　　C. 疲劳　　　　D. 体温过高
8. 在冷环境中，人体产生的生理反应有（　　）。
   A. 体温降低　　　　　　　　　　　B. 物质代谢变化
   C. 骨骼肌机能下降　　　　　　　　D. 心血管系统活动减弱
9. 在冷环境中，防止体温下降的调节机制有（　　）。
   A. 寒战以增加代谢产热　　　　　　B. 心率降低
   C. 神经传导速度降低　　　　　　　D. 外周血管收缩，减少热量散失
10. 经常在水中运动对呼吸机能的影响包括（　　）。
    A. 肺活量增大　　　　　　　　　　B. 摄取氧的效率提高
    C. 呼吸深度降低　　　　　　　　　D. 换气效率提高

四、判断题

1. 高原通常指海拔在 500m 以上的地区。（　　）
2. 一般情况下海拔每升高 100m，气温就下降 0.6℃。海拔每升高 100m，紫外线强度增加 1.3%。（　　）

3. 平原地区正常人每分钟脉搏为 75 次；初到高原时由于缺氧，为保证组织器官的血氧供应，心跳加快，脉搏可增至 80~90 次/分，甚至高达每分钟 100 多次，居住一段时间后，仍然保持在这一水平。（   ）

4. 高原训练后，长跑项目的最佳比赛时间为下高原后 4~5 天，中距离项目为 10~14 天，短距离项目为 20~26 天。（   ）

5. 高原习服是循序渐进的，到达 2300m 高度约需两周时间适应，然后每增加 600m，需多一周时间适应。（   ）

6. 高住高练法能充分利用高原低氧环境，取得低氧训练的效果，训练强度较大。（   ）

7. 低住高练法是让运动员居住在较低的高度（1300m 或平原），在海拔较高的高度（2500m）进行训练。这样既能保证运动员进行低氧训练，也能促进运动员的恢复。（   ）

8. 运动员对高温环境的热习服周期通常为 7~21 天。（   ）

9. 热适应时肾脏和汗腺对 Na^+ 重吸收增加，汗液中 Na^+ 浓度下降，Na^+ 在体内保留，使血浆和细胞外液的容量增加，内环境相对稳定。（   ）

10. 热习服时最大排汗率由 1.5L/h 增加至 2.5~3L/h，从而使散热增加。（   ）

11. 热衰竭表现为虚弱、脉搏加快、直立时血压低、头痛和头晕等，排汗可能稍减少，体温会升高（通常低于 39.5℃）。出现热衰竭时应停止运动，并到阴凉地方休息，补充水分，必要时可以输液。（   ）

12. 在冷环境中，机体通过两种调节机制防止体温下降：一是通过寒战增加代谢产热；二是外周血管收缩以减少热量散失。（   ）

13. 冷习服后机体对脂肪动员的能力增强，而机体保存肌糖原和肝糖原的能力也相应增强。（   ）

14. 冷习服的人可以增加非寒战的产热过程以保证产热。（   ）

15. 严寒的冷水应激会使人体的最大摄氧量显著升高，心率显著降低。（   ）

五、思考题

1. 高原环境的气候特点有哪些？
2. 高原训练的方法有哪些？
3. 热习服的表现有哪些？
4. 试述冷环境导致运动损伤的原理及其防治。
5. 失重会使人体产生怎样的生理反应？
6. 水环境使机体产生哪些生理适应？
7. 游泳时，体温调节活动会发生什么变化？

六、实践应用题

1. 某人搭乘飞机从北京到拉萨（海拔 3650m），当天晚上感到头晕、头痛，并伴有腹泻、嗜睡等症状，其原因是什么？如何预防和减轻这种不适？
2. 运动员在高温环境下进行训练或比赛时，有什么措施可以减轻或者防止热病的发生？
3. 经过了几十年的发展，人们对高原训练的理论和实践有了较多认识。请你谈谈高原训练的利与弊。

参考答案

一、名词解释

1. **高原训练**：高原训练是一种在低压、缺氧条件下的强化训练。这种训练对人体有两种负荷，一种是运动本身引起的缺氧负荷，即运动性缺氧负荷；另一种是高原性缺氧负荷。这两种负荷相加，造成比平原更为深刻的缺氧刺激，可调动身体的机能潜力。
2. **高住高练法**：高住高练法是指在高原居住，在高原训练。不同海拔的高住高练所产生的训练效果有所差异，因此，在高住高练法具体应用时往往采用改变海拔的方法，以谋求最佳效果。
3. **高住低练法**：高住低练法是指让运动员在较高的高度（2500m）居住，而在较低的高度（1300m）训练。
4. **急性高山病**：急性高山病是指当平原地区的人急速进入高原时，由于对高原低氧等环境不适应，造成机体氧供应不足，氧的运输和利用受到阻碍，有些人员就会产生急性缺氧反应，常见的症状有头痛、失眠、食欲减退、疲倦、呼吸困难等。
5. **高原习服**：高原的低氧环境给呼吸循环机能带来不利影响。但是，在高原地区停留一定时期，机体通过对低氧环境产生各种适应性反应，提高对缺氧的耐受能力，这种现象称为高原习服。
6. **热习服**：人体长期处于高温高湿环境中，机体在一定范围内逐渐产生对这种特殊环境的适应，称为热习服，也称热适应。
7. **冷习服**：冷习服是指人体较长期暴露于冷环境中，经过自身各系统生理生化的调节，对冷环境产生适应的过程，也称冷适应。
8. **冻伤**：在极冷环境中，皮肤血流量减少致氧气和营养物质缺乏，出现组织坏死，即为冻伤。
9. **废用性肌萎缩**：临床上，因机体患病（如瘫痪、心血管疾病等）或治疗措施（如骨折固定）的要求，患者需要长时间卧床休息和制动，如果不进行康复治疗，肌肉形态结构会改变，最直接的变化是肌肉萎缩，称为废用性肌萎缩。

二、单选题

1. A 2. C 3. B 4. D 5. B 6. B 7. C 8. C 9. C 10. A
11. D 12. B 13. A

三、多选题

1. ABCD 2. ABCD 3. ABCD 4. BCD 5. ABCD 6. ABCD 7. ABC 8. ABC
9. AD 10. ABD

四、判断题

1. × 2. √ 3. × 4. √ 5. √ 6. × 7. √ 8. × 9. √ 10. √
11. √ 12. √ 13. √ 14. √ 15. ×

五、思考题

1. 高原环境的气候特点有哪些？

（1）低气压和低氧。海拔越高，空气越稀薄，气压越低，氧分压也随之降低。由于空气中含氧量减少，人体肺泡和动脉氧分压也随之降低，引起人体缺氧。

（2）寒冷。海拔越高，气温越低。一般海拔每升高100m，气温就下降0.6℃。高原气温的特点是日差和向阴、向阳面温差较大而年度温差较小，年无炎夏，日有四季。

（3）干燥、多风。由于降水量少、降水集中（集中在7—9月）、日照长、蒸发快，因此高原气候十分干燥，且多风，给人体健康带来不利影响。

（4）高原辐射。由于海拔高、空气稀薄、空气洁净度高，直射光和雪的反射光皆强；高原太阳辐射强度增加，紫外线的比例也高，海拔每升高100m，紫外线强度增加1.3%。

2. 高原训练的方法有哪些？

高原训练的方法主要有高住高练法、高住低练法、低住高练法、亚高原训练法、间歇性低氧训练法和模拟高原训练法等。

（1）高住高练法。高住高练法是指在高原居住，在高原训练。不同海拔的高住高练产生的训练效果有所差异，因此，在高住高练法具体应用时往往采用改变海拔的方法，以谋求最佳效果。例如，运动员先在海拔1500～1900m高度训练一段时间后，再到海拔

2000～2500m 高度训练，然后回到海拔 1500～1900m 高度训练，最后返回平原。高住高练法能充分利用高原低氧环境，取得低氧训练的效果，但是训练强度不宜过大。

（2）高住低练法。高住低练法是让运动员在较高的高度（2500m）居住，而在较低的高度（1300m）训练。这样，既可以充分调动机体适应高原缺氧环境，挖掘本身的机能潜力，又可达到相当大的训练量和强度。

（3）低住高练法。和高住低练法相反，低住高练法是让运动员居住在较低的高度（1300m 或平原），在海拔较高的高度（2500m）进行训练。既能保证运动员进行低氧训练，也能促进运动员的恢复。

（4）亚高原训练法。一般认为，亚高原训练是指在海拔 500～1500m 的地点进行训练，它既能满足运动员达到足够的训练强度，又能对运动员的携氧能力产生积极的刺激作用。目前，亚高原训练在赛艇、短跑、马拉松等项目中均有应用，在摔跤、举重、散打等力量项目中也有应用。它对于准备亚高原比赛进行的适应性训练比较有效。此外，也可作为高住高练法之前的过渡性训练。

（5）间歇性低氧训练法。间歇性低氧训练是采用呼吸气体发生器吸入低于正常氧分压的气体，使体内适度缺氧，从而产生一系列有利于提高有氧代谢能力的抗缺氧生理适应，以达到高原训练的目的。

（6）模拟高原训练法。即让运动员生活在模拟海拔 2500m 高原状态的"高原屋"中，然后在 1300m 高度训练。这种仿高原训练法，既不需要高原训练基地，又免去往返迁移，同时可使运动员机能潜力得到最大发掘，达到高住低练的效果。

3. 热习服的表现有哪些？

（1）体温调节。热习服时最大排汗率由 1.5L/h 增加至 2.5～3L/h，从而使散热增加。

（2）水盐代谢。热适应时肾脏和汗腺对 Na^+ 重吸收增加，汗液中 Na^+ 浓度下降。Na^+ 在体内保留，使血浆和细胞外液的容量增加，内环境相对稳定。

（3）心血管机能。热习服后心功能得到改善，心率减慢，每搏输出量增加，而心输出量及动脉血压基本保持不变。同时，血流量重新分配，使皮肤血流量减少，肌肉血流量增多，提高了肌肉的工作能力。

在炎热环境中进行运动训练可加速热习服效果。热习服训练所需的时间与训练的气候条件和运动强度有关。

4. 试述冷环境导致运动损伤的原理及其防治。

在冷环境中过度暴露可对机体造成潜在的损伤，包括外周组织及心脏、呼吸系统。

（1）心脏损伤。体温过低导致死亡的原因是心脏骤停。温度低主要影响心脏起搏器——窦房结，导致心率逐渐降低，最终骤停。

（2）呼吸系统。过度冷暴露会通过降低呼吸频率及通气量来影响呼吸系统功能。

（3）冻伤。在极冷环境中，皮肤血流量减少致氧气和营养物质缺乏，出现组织坏死，即为冻伤。如果治疗不及时，冻伤可严重到坏疽和组织坏死的程度。

低体温程度轻时，将患者安置在温暖环境，换上干衣物与暖被即可。中等以上程度的低体温患者需要简要处理，防止出现心律失常。严重体温过低的患者需要医疗设备和药物治疗。

5. 失重会使人体产生怎样的生理反应？

（1）心血管系统。人体处于失重环境时产生的反应之一是血浆容量减少。失重时人体的流体静压丧失，血液和其他体液不像在重力条件下那样惯常地流向下身。相反，下身的血液回流到胸腔、头部，使回心血量增加，心输出量增加和动脉血压升高，肾动脉血压随之升高，引起尿量增加，血浆容量减少。

（2）肌肉。研究表明，当肢体用石膏固定或后肢悬吊后，肌肉结构和功能迅速发生变化，表现为肌肉蛋白质合成减少，肌肉萎缩。同时，肌肉力量的减少要比肌肉结构的变化更大。

（3）骨骼。长期失重会引起人体骨钙质代谢紊乱。人体失重后，作用于腿骨、脊椎骨等承重骨的压力骤减，同时，肌肉运动减少，对骨骼的刺激减弱，骨骼血液供应相应减少。在这种情况下，成骨细胞增殖、分化功能减弱，而破骨细胞数量增多、功能增强，使得骨质大量脱钙并经肾脏排出体外，造成骨质丢失和骨质疏松，并可能引起肾结石。失重导致的骨丢失随飞行时间的延长而持续，而且这种骨质疏松一旦形成，即便返回到地面重力环境后，损失的骨质可能也难以完全恢复。

（4）体重和体成分。卧床休息和空间微重力环境可以引起体重和体成分的改变。空间飞行后，宇航员的体重可减轻。1～3天空间飞行所致的体重减轻很大程度上是由体液丧失所致。12天以上空间飞行的体重减轻，体液丧失起到一半的作用，另一半是由脂肪和蛋白质的丧失引起的。其中，脂肪的丧失是由能量摄入不足造成的。

6. 水环境使机体产生哪些生理适应？

（1）呼吸机能。肺活量大是游泳运动员的一大特点。游泳运动员的肺活量可以达到4000～6000mL，甚至7000mL，呼吸差为12～15cm，剧烈运动时最大吸氧量为4.5～7.5L/min，比安静时增大20倍。一般健康男子肺活量只有3000～4000mL，呼吸差仅为4～8cm，剧烈运动时的最大吸氧量为2.5～3L/min，比安静时大10倍。

（2）心血管机能。运动员游泳时的最大心率比跑时平均低10～15次/分，游泳时动脉血压高于跑步，这是由于水对身体的压力增加及水温较低，使皮肤血管收缩、外周阻力增加。坚持长期进行游泳锻炼，心脏体积呈运动性增大，心肌收缩有力，安静心率减慢，每搏输出量增加，血管壁增厚，弹性加大，心血管系统的效率得到提高。

（3）骨骼特征。游泳运动是一项全身性运动，它通过全身骨骼肌的活动和水的压力，产生对骨的机械应力，刺激骨细胞活性，增加骨矿物质的沉积，促进骨的再建，同时还可以促进Ca、P等营养元素的吸收，增加骨血量，促进骨形成增加，提高骨量储备，减缓随年龄增长发生的骨丢失，对骨质疏松起到预防作用。

（4）体温调节能力。经常在水环境中活动，会逐渐适应水环境，改善产热和散热过程，提高体温调节能力。

7. 游泳时，体温调节活动会发生什么变化？

第一阶段，刚入水，冷刺激引起散热减少，产热加强（发白阶段）；第二阶段，皮肤血管反射性舒张，血液流向皮肤，皮肤发红，有温暖感觉（发红阶段）；第三阶段，身体散热过多，会出现寒战（发抖阶段）；第四阶段，若继续停留太长时间，会引起小动脉收缩，小静脉扩张，血液滞留在皮下静脉中使皮肤和嘴唇发绀（发紫阶段）。寒战是体热消耗过度的信号，所以在身体感觉寒冷时应上岸擦干身体，做些轻微活动以加强产热。

六、实践应用题

1. 某人搭乘飞机从北京到拉萨（海拔 3650m），当天晚上感到头晕、头痛，并伴有腹泻、嗜睡等症状，其原因是什么？如何预防和减轻这种不适？

【参考解答】

（1）原因。

①高原环境。高原自然环境主要有低氧和低气压、高寒、高紫外线、干燥多风的特点。当平原地区的人急速进入高原时，会出现急性高原暴露时的应激反应和健康风险。

②当急速进入高原时，由于平原地区的人对高原低氧等环境不适应，造成机体氧供应不足，氧的运输和利用受到阻碍，有些人员就会产生急性缺氧反应，常见的症状有头痛、失眠、食欲减退、疲倦、呼吸困难等，即所谓急性高山病。其中头痛是最常见的症状，主要是脑缺氧引起的，脑组织对缺氧最敏感，最易受损。另外，由于体液滞留在脑部或肺部，容易发生高山脑水肿或肺水肿而危及生命。会出现相应应激反应的具体系统包括呼吸系统、循环系统、消化系统、泌尿系统、免疫系统和神经系统。

（2）预防和减轻不适。

进高原之前的低氧预适应、尽量乘坐火车缓慢进入高原、带上氧气包吸氧等都可以适当预防和缓解此高原应激反应；如果反应剧烈，还需要及时送医治疗。

2. 运动员在高温环境下进行训练或比赛时，有什么措施可以减轻或者防止热病的发生？

【参考解答】

人体在高温高湿环境中运动时，由于代谢产热和环境热两种因素的共同作用，机体处于热应激状态，发生一系列生理反应。如心血管系统能力下降、机体核心温度上升、神经内分泌系统反应加强、物质代谢加速等。严重者会产生热病，如热痉挛、热衰竭和中暑等。

出现热痉挛时，应将患者移至阴凉的地方休息，解开衣扣、腰带，敞开上衣，再喝些凉开水或盐水，如意识丧失、痉挛剧烈，应让患者侧卧、头向后仰，保证呼吸道畅通，同时快速通知急救中心；出现热衰竭时应停止运动，并到阴凉的地方休息，补充水分，必要时输液；对于中暑，早发现、早处置非常有必要。当在高温环境中工作一段时间后，出现轻微的头晕、头痛、耳鸣、眼花、口渴、浑身无力及行走不稳等中暑先兆时，应使患者迅速脱离高热环境，移至通风好的阴凉地方，解开衣扣，让患者平卧，用冷毛巾敷其头部，扇扇子，并给予清凉饮料。

近年来冷环境刺激常被用于高热环境中的预冷降温，从而调节运动员高热环境下的运动能力。目前常使用的方法包括冷水浸泡、冷水饮用、穿着降温背心和暴露在冷环境中，以及混合使用的方式。

3. 经过了几十年的发展，人们对高原训练的理论和实践有了较多认识。请你谈谈高原训练的利与弊。

【参考解答】

高原训练是一种在低压、缺氧条件下的强化训练。这种训练对人体有两种负荷，一种是运动本身引起的缺氧负荷，即运动性缺氧负荷，另一种是高原性缺氧负荷。这两种负荷相加，造成比平原更为深刻的缺氧刺激，可调动身体的机能潜力。高原训练的生理学适应主要表现在呼吸系统、心血管系统、骨骼肌、免疫系统和内分泌系统等的适应。高原适应是人体增强运动能力的主要生理学基础。

高原适应可以增强人体运动能力，这是高原训练有利的方面。例如，呼吸系统：经高原训练后，运动员的最大通气量有所提高，肺通气量、呼吸频率比初上高原时有所降低，肺活量显著增大。心血管系统：高原缺氧引起促红细胞生成素的释放，促进红细胞的生成；红细胞渗透脆性、血液黏度、红细胞电泳时间和血沉比一般人明显下降，红细胞滤过增加，和红细胞变形能力比一般人明显增强；红细胞压积在最适值范围内，使红细胞携氧能力达到较佳状态，且对血液黏度无不利影响；红细胞流变性增加；同等强度运动后，血液乳酸浓度下降；高原训练可提高心脏泵血功能，即左心室收缩力增强，每搏输出量、射血分数增大，心输出量增加。骨骼肌：毛细血管密度增加，氧化酶活性升高，肌红蛋白浓度增加，肌肉缓冲能力增加。此外，免疫系统、内分泌系统和代谢能力也会出现相应适应性改变。

高原训练也有许多弊端。如高原恶劣环境导致高原训练浪费人力、物力、财力；高原训练会导致肌肉蛋白质分解，从而降低肌肉力量；缺氧会导致运动员训练无法达到平原训练强度，恢复也有一定困难。

高原训练可以造成机体许多器官系统对缺氧的生理学适应，能增强运动能力，但其弊端也对高原训练造成一些困难。为了克服这些弊端，出现了许多新的高原训练方法与手段，如高住高练法、高住低练法、低住高练法、间歇性低氧训练法和模拟高原训练法等。

第十七章 运动机能的生理学评定

◆◆ 习题部分 ◆◆

一、名词解释

1. 基础心率
2. 心搏频率储备
3. 最大摄氧量平台持续时间
4. 最大有氧阈
5. 无氧阈
6. 运动经济性
7. 最大乳酸稳态

二、单选题

1. 在测试肌肉静力性耐力时,一般使用( )的最大力量持续的最长时间。
   A. 50% B. 60% C. 70% D. 80%

2. 在测试肌肉动力性耐力时,一般使用( )的最大力量连续完成的最大次数。
   A. 50% B. 60% C. 70% D. 80%

3. 一般来说,参加全年训练的运动员体重变化规律是( )。
   A. 不变化
   B. 明显增加
   C. 降低
   D. 相对稳定或只有轻微的波动

4. 通过30~90s最大能力持续运动实验来完成糖酵解代谢能力测定时,反应能力强的标志是( )。
   A. 做功量大,运动前后血乳酸增值大
   B. 做功量小,运动前后血乳酸增值小
   C. 做功量大,运动前后血乳酸增值小

D. 做功量小，运动前后血乳酸增值大

5. 通过 10~15s 最大能力持续运动实验来完成磷酸原代谢能力测定时，反应能力强的标志是（　　）。

   A. 无氧输出功率越高，血乳酸上升越多

   B. 无氧输出功率越高，血乳酸上升越少

   C. 无氧输出功率越低，血乳酸上升越多

   D. 无氧输出功率越低，血乳酸上升越少

6. 运动训练可改善受训练者的心血管机能，安静时出现收缩压和舒张压（　　）。

   A. 升高　　　　　B. 降低　　　　　C. 恒定　　　　　D. 不变

7. 无氧阈是指人体在递增工作强度时，由有氧代谢供能为主开始转换成无氧代谢供能为主的临界点（拐点）。当拐点出现时，血乳酸浓度达到（　　）mmol/L，将此血乳酸浓度定义为乳酸阈，乳酸阈对应的运动强度为乳酸阈强度。

   A. 2　　　　　　B. 3　　　　　　C. 4　　　　　　D. 5

8. 运动员的心脏表现为功能性肥大，主要是心肌肥厚和心腔扩大。以下表述正确的是（　　）。

   力量性运动主要导致_____，耐力性运动主要导致_____。

   A. 心肌肥厚　心肌肥厚　　　　　B. 心腔扩大　心腔扩大

   C. 心肌肥厚　心腔扩大　　　　　D. 心腔扩大　心肌肥厚

9. 不同训练水平的人进行相同负荷运动时，训练有素的运动员在安静时出现机能节省化，在定量工作时的反应比训练不足的人（　　）。

   A. 高　　　　　　B. 低　　　　　　C. 相等　　　　　D. 不变

10. 训练有素的运动员在开始运动时机能动员较无训练者（　　）。

    A. 快　　　　　　B. 慢　　　　　　C. 相等　　　　　D. 不变

11. 以下表述正确的是（　　）。

    在完成同样的负荷时，训练有素的运动员较无训练者肌肉活动程度_____，肌电振幅和积分值_____。

    A. 较小　较小　　B. 较小　较大　　C. 较大　较小　　D. 较大　较大

12. 以下表述正确的是（　　）。

    在定量负荷中，有训练者以_____增加更为明显，无训练者以_____增加更为明显。

    A. 呼吸频率　呼吸频率　　　　　B. 呼吸频率　呼吸深度

    C. 呼吸深度　呼吸频率　　　　　D. 呼吸深度　呼吸深度

13. 以下表述正确的是（　　）。

    在定量负荷中，有训练者的心率和心输出量比无训练者_____，收缩压_____。

    A. 高　明显升高　　　　　　　　B. 高　明显降低

    C. 低　明显升高　　　　　　　　D. 低　明显降低

14. 以下表述正确的是（　　）。

　　训练有素的耐力项目运动员红细胞和血红蛋白值_____，有氧代谢酶活性_____。

　　A. 增加　增加　　　　　　　　　　B. 增加　降低

　　C. 降低　增加　　　　　　　　　　D. 降低　降低

15. 长期系统的运动训练使运动员的机体形态和机能对运动产生适应性变化。关于其表现说法正确的是（　　）。

　　安静状态机能水平_____，开始运动时机能动员_____，定量运动负荷时机能变化幅度_____，最大运动负荷时机能水平_____及运动后机能恢复_____等。

　　A. 较低　较快　较小　较高　较快　　B. 较高　较慢　较小　较高　较快

　　C. 较低　较快　较大　较低　较慢　　D. 较低　较快　较大　较低　较快

16. 以下表述正确的是（　　）。

　　一般来说，小运动量引起的疲劳需要_____消除，大运动量后的恢复一般不应超过_____。

　　A. 24h　72h　　　　　　　　　　　B. 24h　一周

　　C. 12h　24h　　　　　　　　　　　D. 12h　一周

三、多选题

1. 运动引起血清酶活性增高的主要原因有（　　）。

　　A. 运动牵拉使细胞膜通透性增加　　B. 儿茶酚胺类物质释放增多

　　C. 组织细胞损伤　　　　　　　　　D. 酶从细胞漏出进入血液增多

2. 以下关于基础心率的说法正确的有（　　）。

　　A. 基础心率是清晨起床前空腹卧位心率

　　B. 基础心率一般较为稳定

　　C. 基础心率随着训练年限的延长和训练水平的提高而减慢

　　D. 基础心率突然加快或者减慢往往提示有过度疲劳或疾病的存在

3. 在动力性运动中血压的变化与运动强度有关，大强度训练后（　　），且恢复较快，表明身体机能良好。

　　A. 收缩压上升　　B. 收缩压下降　　C. 舒张压上升　　D. 舒张压下降

4. 联合机能实验是运动实践中评价运动员心血管功能的常用方法。总体负荷由（　　）组成。

　　A. 30s 内 20 次深蹲，然后连续测试脉搏和血压 3min

　　B. 15s 原地快跑，然后连续测试脉搏和血压 4min

　　C. 1min 原地中速跑，然后连续测试脉搏和血压 4min

　　D. 3min 原地慢跑，然后连续测试脉搏和血压 5min

5. 在运动员心电图测试中，经常出现 QRS 波高电压，可以诊断为左室高电压。但要诊断左心室肥厚，还需要满足的条件有（　　）。
   A. 心电轴左偏　　　　　　　　　B. QRS 波时间延长
   C. ST-T 段改变　　　　　　　　　D. T 波倒置

6. 测定磷酸原代谢能力，一般是通过 10～15s 的最大能力持续运动实验来完成的。基本评价标准是（　　）。
   A. 无氧输出功率高　　　　　　　B. 无氧输出功率低
   C. 血乳酸上升多　　　　　　　　D. 血乳酸上升少

7. 测定磷酸原代谢能力，一般常用的方法有（　　）。
   A. 磷酸原能商法　　　　　　　　B. Quebec 10s 无氧功试验
   C. 玛加利亚—卡拉门台阶试验　　D. 10s 最大负荷测试

8. 测定糖酵解代谢能力，一般是通过 30～90s 的最大能力持续运动实验来完成的。测定糖酵解代谢能力，一般常用的测试方法有（　　）。
   A. 温盖特率试验　　　　　　　　B. Quebec 90s 试验
   C. 无氧功跑台测试　　　　　　　D. 60s 最大负荷测试

9. 心脏泵血功能主要由（　　）决定。
   A. 心肌收缩性能　　　　　　　　B. 心脏前后负荷
   C. 心率　　　　　　　　　　　　D. 心输出量

10. 测定糖酵解代谢能力，一般是通过 30～90s 的最大能力持续运动实验来完成的。基本评价标准是（　　）。
    A. 做功量小　　　　　　　　　　B. 做功量大
    C. 运动前后血乳酸增值小　　　　D. 运动前后血乳酸增值大

11. 以下血清酶指标，可以通过测定其活性从而评定骨骼肌系统与组织的损伤程度和恢复情况的有（　　）。
    A. 血清肌酸激酶（CK）　　　　　B. 乳酸脱氢酶（LDH）
    C. 血清谷草转氨酶（GOT）　　　 D. 血清肌红蛋白（Mb）

12. 心率是心脏周期性机械活动的频率及心脏每分钟搏动的次数，以次/分表示，可以用脉搏表示心率。常用的心率有（　　）。
    A. 基础心率　　B. 安静时心率　　C. 运动中心率　　D. 运动后心率

13. 如果运动后数日内出现（　　）的现象，则说明运动量偏大，有疲劳积累的征兆，应及时减少运动量。
    A. 脉搏、血压明显持续上升
    B. 肺活量、体重明显持续下降
    C. 运动后次日基础心率每分钟波动小于 3 次
    D. 运动后次日呼吸频率每分钟波动小于 2 次

四、判断题

1. 等长收缩是指肌肉在收缩时长度不变的收缩。在等长力量测试中，一般只能测出某一关节角度的最大肌力。（　　）
2. 等张收缩是指肌肉在收缩时张力几乎不变的收缩。在等张力量测试中，只能测出肌肉收缩过程中关节处于最不利收缩角度时的最大肌力，在其他收缩角度时测出的肌力都小于最大肌力。（　　）
3. 在大运动量训练时，血清酶活性通常会升高，主要是因为能量物质衰竭。（　　）
4. 训练后血清酶活性升高的幅度与恢复的快慢可反映运动强度和训练量的大小及身体的适应情况。（　　）
5. 通过测定运动后血清中一些血清酶的活性，可以评定骨骼肌系统与组织的损伤程度和恢复情况。（　　）
6. 基础心率是指人体在平时安静时测得的心率。（　　）
7. 人体的基础心率一般不太稳定，会经常变化。（　　）
8. 测试运动中心率的时候，一般用运动后即刻60s的心率代替运动中心率。（　　）
9. 在同等运动强度下，运动中心率增加越多，表示心脏机能越差。（　　）
10. 运动后心率的下降速度，反映运动员身体机能的恢复情况。（　　）
11. 运动中心率增加到最大限度时叫最大心率，一般最大心率随年龄增长而逐渐增加。（　　）
12. 测定磷酸原代谢能力，一般是通过10～15s的最大能力持续运动实验来完成的。（　　）
13. 测定糖酵解代谢能力，一般是通过30～90s的最大能力持续运动实验来完成的。（　　）
14. 糖酵解代谢能力主要反映速度耐力项目的运动机能。（　　）
15. 磷酸原代谢能力主要反映速度爆发力项目的运动机能。（　　）
16. 测定糖酵解代谢能力，基本评价标准是做功量，如做功量越大，运动前后血乳酸的增值越小，标志糖酵解代谢能力越强。（　　）
17. 在日常运动训练监控中，如果运动员体重呈进行性下降，有可能出现了过度训练或者患有某种疾病。（　　）
18. 一般来说，参加全年训练的运动员体重是相对稳定或只有轻微波动的。（　　）
19. 在一次训练课中，由于出汗及体内能量物质的消耗，体重也可能减轻0.5～1.5kg，但一般次日清晨就能恢复。（　　）
20. 训练中血压的变化与运动强度有关，大强度训练后收缩压上升和舒张压下降明显，且恢复较快，表明身体机能良好。（　　）
21. 运动员中常可见到非特异性T波，若出现平坦、双向或倒置的T波，可能与过度紧张或过度训练有关。（　　）

22. 测定磷酸原代谢能力，基本评价标准是无氧输出功率，如无氧输出功率越高，血乳酸上升越多，磷酸原代谢能力越强。（　　）
23. 安静状态运动员的肺活量明显高于普通人，呼吸频率减少，呼吸深度增加，肺通气量也明显高于普通人。（　　）
24. 运动员在完成定量负荷时的心肺功能变化小，表现在心率提高幅度和呼吸频率增加较小，但每搏输出量和呼吸深度增加较多。（　　）

五、思考题

1. 运动员身体机能的生理学评定包括哪些测试指标？
2. 简述肌力评定指标及方法。
3. 试述如何对心率进行监测及心率在运动实践中的应用。
4. 试述如何对心电图进行监测及心电图在运动实践中的应用。
5. 试述如何对有氧代谢能力进行评定及评定指标在运动实践中的意义。
6. 试述运动员安静状态下的生物学特征。
7. 试述运动员在运动时和恢复期的生物学特征。
8. 试述如何对运动员进行综合机能评定。
9. 试述如何对适宜运动量进行生理学评定。

六、实践应用题

小王是一名优秀运动员，经过10年的运动训练，在比赛中获得了大量的荣誉。请问小王和普通大学生相比，他们的身体各器官系统的结构和功能究竟会出现哪些不一样的情况？

参考答案

一、名词解释

1. **基础心率**：基础心率是清晨起床前空腹卧位心率，一般较为稳定。基础心率随着训练年限的延长和训练水平的提高而减慢，其突然加快或者减慢往往提示有过度疲劳或疾病的存在。
2. **心搏频率储备**：最大心率与安静时心率之差称为心搏频率储备，表示人体运动时心率可能增加的潜在能力。

第十七章　运动机能的生理学评定

3. **最大摄氧量平台持续时间**：最大摄氧量平台持续时间是指在测试 VO_{2max} 时，当运动强度持续增加，而 VO_2 水平不再增加时，VO_2 在最高水平维持的时间，与耐力项目的运动能力密切相关。
4. **最大有氧阈**：最大有氧阈是指渐增负荷过程中达到 VO_{2max} 所需的最低运动强度。
5. **无氧阈**：无氧阈是指人体在递增工作强度时，由有氧代谢供能为主开始转换成无氧代谢供能为主的临界点（拐点）。当拐点出现时，血乳酸含量达到 4mmol/L，将此血乳酸浓度定义为乳酸阈，乳酸阈所对应的运动强度为乳酸阈强度。
6. **运动经济性**：运动经济性是指在次最大摄氧量强度下给定速度所消耗的能量，其意义是在给定速度下，消耗的能量越少，运动经济性越高，它是反映整体效率的良好指标。
7. **最大乳酸稳态**：最大乳酸稳态代表在固定负荷做功中，血乳酸浓度达到平稳状态，即达到稳态乳酸浓度的上限（一般为 3mmol/L）。

二、单选题

1. C　2. C　3. D　4. A　5. B　6. B　7. C　8. C　9. B　10. A
11. A　12. C　13. C　14. A　15. A　16. A

三、多选题

1. ABCD　2. ABCD　3. AD　4. ABD　5. ABC　6. AD　7. ABCD　8. ABCD
9. ABC　10. BD　11. ABCD　12. ABCD　13. AB

四、判断题

1. √　2. √　3. ×　4. √　5. √　6. ×　7. ×　8. ×　9. √　10. √
11. ×　12. √　13. ×　14. √　15. √　16. ×　17. √　18. √　19. √　20. √
21. √　22. ×　23. ×　24. √

五、思考题

1. 运动员身体机能的生理学评定包括哪些测试指标？

运动员身体机能的生理学评定采用的测试指标主要包括运动系统、心血管系统、呼吸系统、能量代谢系统、神经系统及感觉机能、身体形态学及其他机能评定指标。

（1）运动系统。运动系统的测试指标主要有肌力、肌电图、关节伸展度、血清酶活性。

①肌力。肌力评定主要包括最大肌力、爆发力和肌肉耐力等，有等长力量、等张力量和等动力量三种形式。

②肌电图。肌电图是通过肌电仪将肌纤维兴奋时产生的动作电位放大并记录得到的图形。通过计算机可对其进行振幅、频域和时域分析，从而对肌肉兴奋程度、兴奋状态进行评定。

③关节伸展度。通过测定受试者相关关节的活动幅度，可以评价运动员的柔韧性。

④血清酶活性。通过测定血清中一些血清酶的活性，可以评定骨骼肌系统与组织的损伤程度和恢复情况，如血清肌酸激酶（CK）、乳酸脱氢酶（LDH）、血清谷草转氨酶（GOT）和谷丙转氨酶（GPT）、血清肌红蛋白（Mb）、血清丙二醛（MDA）和尿3-甲基组氨酸（3-MH）等。

（2）心血管系统。心血管系统的测试指标主要有心率、血压和心电图。其中常用的心率有基础心率、安静时心率、运动中心率和运动后心率。

（3）呼吸系统。呼吸系统的测试指标主要有肺活量、连续肺活量、时间肺活量和最大通气量。这些指标可通过肺活量计、气体分析仪等仪器设备测得。

（4）能量代谢系统。能量代谢系统的测试指标主要包括有氧代谢能力、磷酸原代谢能力和糖酵解代谢能力。

① 有氧代谢能力测定。其包括最大摄氧量、无氧阈、运动经济性和最大乳酸稳态等指标。

② 磷酸原代谢能力测定。测定磷酸原代谢能力，一般是通过10～15s的最大能力持续运动实验来完成的。基本评价标准是无氧输出功率越高，血乳酸上升越少，磷酸原代谢能力越强。包括磷酸原能商法、玛加利亚—卡拉门台阶试验、Quebec 10s无氧功试验和10s最大负荷测试法等。主要反映速度爆发力项目的运动机能。

③ 糖酵解代谢能力测定。测定糖酵解代谢能力，一般是通过30～90s的最大能力持续运动实验来完成的。基本评价标准是做功量越大，运动前后血乳酸的增值越大，是糖酵解代谢能力强的标志。包括温盖特试验、Quebec 90s试验、60s最大负荷测试和无氧功跑台测试等。主要反映速度耐力项目的运动机能。

（5）神经系统及感觉机能。在运动训练实践中，常用脑电图和一些感觉机能指标从整体的角度来评定运动员中枢神经系统的疲劳与恢复情况，如两点辨别阈、闪光融合频率、主观体力感觉等级值等。

（6）身体形态学。身体形态学的测试指标主要包括体重、身体成分及其他形态学的测试指标。

（7）其他机能评定指标。在机能评定中还常通过专门仪器测试运动医学和运动生物化学方面的指标，如血乳酸、尿蛋白、血红蛋白、血尿素、睾酮等相关激素水平及与代谢有关的酶类活性。此外，尚有心理方面的指标，如注意分配实验等，与生理学指标共同对受试者做出较全面的机能评定。

2. 简述肌力评定指标及方法。

肌力评定主要包括最大肌力、爆发力和肌肉耐力等，有等长力量、等张力量和等动力量三种形式。

（1）等长力量又叫静止力量，常采用测力计完成，在测试过程中肌肉或肌群做等长收缩，无关节活动。此方式主要用来了解在某一固定关节角度时肌肉或肌群所能克服的最大阻力负荷（最大肌力）或克服70%最大阻力的最长时间（肌肉耐力）。

（2）等张力量又叫动态力量，常用测力计、杠铃、哑铃及力量练习器械来测定。其对最大肌力的测定是以受试者能克服一次最大阻力值（1RM）来表示的，在克服所给予阻力后休息2~3min，再克服新的阻力，通常每次增重不超过2~4kg，直到最高阻力值。等张耐力的测定通常以能持续克服最大等张力量70%负荷的次数作为评定指标，一般人可连续完成12~15次，而运动员可完成20~25次。爆发力是指在最短时间爆发出最大速度和最大力量的能力，可以用等动力量练习器进行测定。

（3）等动力量的测试需要利用专门的等动测力计完成。与等长力量和等张力量的区别在于，等长力量只能测出某一关节角度的最大肌力，等张力量只能测出肌肉收缩过程中关节处于最不利收缩角度时的最大肌力，在其他收缩角度时测出的肌力都小于最大肌力。而等动力量的测试过程中，由于运动阻力是随关节活动而不断变化并自动调节的，因而只要肌肉进行最大收缩，就可准确测出肌肉或肌群在整个运动范围的最大肌力。

3. 试述如何对心率进行监测及心率在运动实践中的应用。

心率是心脏周期性机械活动的频率及心脏每分钟搏动的次数，以次/分表示，可以用脉搏表示心率。常用的心率有基础心率、安静时心率、运动中心率和运动后心率。

（1）基础心率。基础心率是清晨起床前空腹卧位心率，一般较为稳定。基础心率随着训练年限的延长和训练水平的提高而减慢，其突然加快或者减慢往往提示有过度疲劳或疾病的存在。

（2）安静时心率。安静时心率变化有明显的个体差异。一般新生儿的心率较快，可达130次/分。正常健康成人的心率为60~100次/分，而运动员的安静时心率一般较低，出现窦性心动徐缓，可以低于60次/分。耐力项目运动员的安静时心率低于其他项目运动员，最低可达36次/分左右。评定运动员安静时心率时，应采用自身前后比较，多用于运动时的对照。

（3）运动中心率。运动中心率分为极限负荷心率（心率达180次/分以上）、次极限负荷心率（170次/分左右）和一般负荷心率（140次/分左右）。运动中心率增加到最大限度时叫最大心率。最大心率随年龄增长而逐渐降低，一般用220减年龄估算最大心率。最大心率与安静时心率之差称为心搏频率储备，表示人体运动时心率可能增加的潜在能力。可用运动后即刻10s的心率代替运动中心率。一般情况下，运动中心率的快慢与运动强度有关，强度越大，则心率越快；同等运动强度下，运动中心率增加越多，表示心脏机能越差。

（4）运动后心率。在运动结束后测量心率，运动后心率的下降速度，反映运动员身体机能的恢复情况。

4. 试述如何对心电图进行监测及心电图在运动实践中的应用。

将引导电极置于肢体或躯体的一定部位记录的心脏电变化曲线称为心电图。综合国内外对运动员心电图的研究，主要可分为以下几种变化。

（1）电压增高。表现为 QRS 波高电压，在运动员中较为常见，可以诊断为左室高电压。但要诊断左心室肥厚，除电压增高外，还应综合参考心电轴左偏、QRS 波时间延长、ST-T 段改变等心电图变化。

（2）激动起源异常。运动员中常见窦性心动过速或过缓。正常窦性心律在 60~100 次/分，但当窦房结发出的激动超过 100 次/分时，称为窦性心动过速，它可由运动、兴奋、身体受外界刺激等因素引起。当窦房结发出的激动在 60 次/分以下时，称为窦性心动过缓。普通人在闭气、呕吐、脑内疾病（如肿瘤）、刺激迷走神经或服用某些药物时，均可引起心动过缓。长期体育运动使心脏功能得到改善，迷走神经功能增强，心率减慢。运动员中窦性心律不齐占 30%~78%。

（3）激动传导异常。运动员会出现不完全性或完全性右束支传导阻滞，另有Ⅰ度或Ⅱ度房室传导阻滞。运动员中常可见到非特异性 T 波，若出现平坦、双向或倒置的 T 波，可能与过度紧张或过度训练有关。

5. 试述如何对有氧代谢能力进行评定及评定指标在运动实践中的意义。

（1）最大摄氧量。最大摄氧量是在心肺功能和全身各器官、系统充分动员的条件下，在单位时间内机体吸入和利用的氧量，它的意义在于反映人体最大有氧代谢能力，反映心肺功能氧的转运能力（包括心排量、血红蛋白、毛细血管密度）和肌肉对氧的吸收、利用能力（包括线粒体多少、酶活性等）。测试方法包括最大摄氧量直接测定法、间接测定法和最大摄氧量平台的测定等。

最大摄氧量可以作为评定运动能力变化的指标，因为运动员在不同训练阶段和训练状态时最大摄氧量有所不同，尤其是耐力运动项目更为明显；可以作为选材的生理指标；可以反映运动员在不同训练状态时心肺功能的变化，当运动员由于过度训练等引起心肺功能下降时，在运动负荷量未达到极量时，摄氧量已达到"极限"，此时摄氧量的增加主要依靠肺通气量的增加，能量消耗大，氧利用率低，完成负荷时，呼吸频率快而表浅。

最大摄氧量平台持续时间是指在测试 VO_{2max} 时，当运动强度持续增加，而 VO_2 水平不再增加时，VO_2 在最高水平维持的时间，与耐力项目的运动能力密切相关。通常把渐增负荷过程中达到 VO_{2max} 所需的最低运动强度看作一种阈值，称为最大有氧阈或者最大摄氧量临界强度。多数耐力项目运动员此时的心率在 180~185 次/分，在此强度下进行训练，一方面可以充分体现心肺功能和组织氧化能力；另一方面不至于使无氧代谢过多地参与而使体内代谢发生过于剧烈的变化，过早出现疲劳，从而可以延长平台持续时间而增强有氧代谢能力。

(2）无氧阈。无氧阈是指人体在递增工作强度时，由有氧代谢供能为主开始转换成无氧代谢供能为主的临界点（拐点）。当拐点出现时，血乳酸含量达到4mmol/L，将此血乳酸浓度定义为乳酸阈，乳酸阈对应的运动强度为乳酸阈强度。

在乳酸阈强度，心率、肺通气等与代谢有关的指标会出现拐点现象，肌纤维募集方式也会出现变化。因此，在实践中除了可直接测定血乳酸来评定无氧阈外，也可通过测定通气量、心率等指标评定无氧阈，肌电图测试也可以判断无氧阈，分别称为乳酸无氧阈、通气无氧阈、心率无氧阈和肌电无氧阈。以不同方法测试的无氧阈可能有一定的差异。

无氧阈对耐力的评定、训练强度控制都有重要的实用价值。最大摄氧量虽然是评定耐力的可靠指标，但随着运动员耐力不断提高，运动成绩不断被刷新，其最大摄氧量的提高幅度很小。运动员耐力提高不但取决于心血管系统的改善，还和骨骼肌氧化代谢能力的提高有关，即在长时间持续运动中，运动员在血乳酸没有明显堆积之前能够达到较高的摄氧能力，说明其有氧代谢水平较高。

目前无氧阈可以用于评定运动员运动能力和评价训练效果。当无氧阈负荷增大时，运动员运动能力强，反之则差。也可根据运动员的无氧阈安排运动训练强度。

(3）运动经济性。运动经济性是指在次最大摄氧量强度下给定速度所消耗的能量，其意义是在给定速度下，消耗的能量越少，运动经济性越高，是反映整体效率的良好指标。

在耐力项目中，神经骨骼肌系统可能在提高运动经济性方面起着重要的作用，耐力训练可诱导神经骨骼肌系统适应，降低代谢需求，提高运动成绩。运动经济性与Ⅰ型肌纤维有关，还与解偶联蛋白3（UCP3）含量、骨骼肌线粒体数量、解剖结构、生物力学等因素有关。

受试者先以较低强度跑（6~8km/h）热身3min，再以次最大摄氧量强度（12km/h或者其他）运动5~8min，当摄氧量稳定后，取最后1min的摄氧量为该强度下的摄氧量值，用来判断运动经济性。

(4）最大乳酸稳态。最大乳酸稳态代表在固定负荷做功中，血乳酸浓度达到平稳状态，即达到稳态乳酸浓度的上限（一般为3mmol/L）。稳态测试用于评定氧转运系统的适应性和专项耐力运动的能力，而不是调查运动员的最大有氧运动能力。由于这一有氧能力的测试方法无须机体达到力竭程度，它将成为监测耐力训练效果和评定机能的主要手段之一。具体方法为：运动员在训练前后接受亚极量稳态实验，训练后稳态实验时血乳酸和心率明显下降，表示运动员有氧代谢能力改善。

6. 试述运动员安静状态下的生物学特征。

(1）运动系统。

①骨骼特征。运动训练对骨骼的影响主要表现在骨密度（BMD）的变化。不同的运动项目由于对骨的刺激作用不同，骨密度也表现不同的变化特点。力量性运动项目，如

举重运动员的骨密度最高，其身体各部位的骨密度绝对值都高于其他项目运动员和普通人；而耐力性项目运动员的骨密度最低，有研究表明甚至低于普通人。

②骨骼肌特征。运动对骨骼肌的影响主要表现在肌肉的功能性肥大和肌力增加。实际上，运动对肌肉的影响是通过肌肉的物质消耗、结构损伤、修复和再生等过程，使肌肉在结构和功能等方面出现适应，从而肌肉出现功能性肥大和肌肉力量增加，尤其是速度和爆发力项目运动员。

（2）血液循环系统。运动员的血液指标与一般人相比并无明显差异，仅在某些项目如耐力性项目运动员中出现红细胞和血红蛋白值有所增加、个别酶活性高于普通人的现象，而在心血管形态和机能方面则表现出明显不同于普通人的特点。运动员的心脏表现为功能性肥大，主要是心肌肥厚和心腔扩大。

在心肌收缩性和心脏泵血功能方面，安静时运动员出现明显的心动徐缓现象，一般都低于正常值下限，但同时，其每搏输出量明显高于普通人。

（3）呼吸系统。安静状态下运动员的肺活量明显高于普通人，呼吸频率减少，呼吸深度增加，但肺通气量一般并无差异。一般人安静时的呼吸频率为 12～18 次/分，呼吸深度约 500mL，而运动员可降至 8～12 次/分甚至更少，呼吸深度可达 1000～1500mL。因此，虽然肺通气量相同，但由于运动员的肺泡通气量更大，其通气效率更高。

（4）神经系统。长期系统运动训练使神经系统结构和功能出现适应性改变，如脑神经细胞肥大，神经突触增多，神经元细胞之间的联系更加紧密，神经元放电更有规律。

（5）内分泌系统。经过长期系统训练，运动员内分泌功能会通过自身形态、结构和机能的一系列适应性变化，对抗运动负荷对机体的强烈刺激，如激素调节更加敏感，运动对激素刺激反应减弱或者加强。总之，经过长期系统训练后，不同激素变化的综合结果总是朝着有利于运动和健康的趋势发展。

由此可见，运动员在安静状态下机能系统表现出自身特征，在总体上体现出经济实用的能量节省化现象。

7. 试述运动员在运动时和恢复期的生物学特征。

运动员在开始运动时的机能动员较无训练者快，表现在各系统的机能进入工作状态阶段短，极点症状反应较小，能较快地进入稳定状态；参与运动的肌群协调性和节奏感好。呼吸运动的节律和呼吸深度能很快适应运动形式。

（1）在完成定量运动负荷时，运动员更表现出与普通人较大的机能差异。首先，完成同样的负荷，运动员肌肉活动的程度较小，主动肌、协同肌和对抗肌能较好地协同工作，因而肌电放电节律清晰，肌电振幅和积分值较小。而普通人由于动作协调性和熟练性较差，在完成运动时主动肌、协同肌和对抗肌的紧张性增加，表现出肌电放电节律紊乱，肌电振幅和积分值较大。另外，运动员在完成定量负荷时的心肺功能变化较小，表现在心率提高幅度和呼吸频率增加较小，但每搏输出量和呼吸深度增加较多。这表明运动员较普通人有较高的通气和泵血效率。

(2) 在完成最大运动负荷时，机体需全力以赴克服运动阻力，此时运动员表现出远高于普通人的机能水平。一方面，肌肉的最大做功量和做功效率明显高于普通人，能克服更大的运动阻力。另一方面，作为衡量机能水平重要指标的最大摄氧量，普通人只有2～3L/min，而优秀的耐力运动员可以高达5L/min以上，这可保证运动员在高强度运动状态下，能获得较多的氧气供机体代谢所用。在运动时，运动员的心力贮备充分动员，主要表现在心率增快和心输出量增加，心率最高时可达200次/分以上。优秀运动员最大每搏输出量出现在心率为140～160次/分时，且能维持此水平到最高心率，因此心输出量可高达35～45 L/min以上。而普通人最大每搏输出量出现在心率为120～130次/分，且当心率超过150次/分时，每搏输出量出现明显减少，因而最大心输出量仅能达20 L/min左右。

(3) 运动结束后，运动员的机能恢复比一般人快。研究表明，完成同样的运动负荷，运动员肌肉的收缩能力和心肺功能指标，如心率、心输出量、肺通气量等恢复的绝对值和相对速率都优于普通人，血乳酸消除速率也较普通人更快。

综上可见，长期系统的运动训练使运动员机体形态和机能对运动产生适应性变化。与普通人相比，表现在安静状态下机能水平较低，开始运动时机能动员较快，定量运动负荷时机能变化幅度较小，最大运动负荷时机能水平较高及运动后机能恢复较快等。

8. 试述如何对运动员进行综合机能评定。

(1) 明确机能评定目的及范围。机能评定的范围很广，测试指标内容繁多，在一次评定中要全部测完十分困难。此外，运动员、普通健康人、伤病康复者等不同受试者所测内容各异，测试目的也不同。运动员机能测试通常为了解最大机能水平，所用运动负荷强度很大，常处于极限或亚极限运动状态；普通健康人机能评定常完成同年龄群体机能测试内容，以了解自身的生理年龄和机能状况；伤病康复者通常了解受伤部位机能恢复情况或病愈后相关机能水平。因此，应根据受试者实际情况分别予以处理。在确定测试范围时，首先要了解受试者的年龄、性别、职业、身体基本状况及测试目的，才能确定其具体的测试项目。

(2) 常规健康检查。常规健康检查主要了解受试者基本身体状况、有无运动禁忌证等。健康检查的内容和项目较多，应因人因条件等而异。一般应包括下列项目：一般史（既往病史和生活史）、运动史、体表和肌肉骨骼检查、人体测量、各系统和器官检查、心肺机能试验、心电图等。其检查重点是肌肉骨骼系统、心血管系统、神经系统和心理状态。

(3) 机能测试过程。机能测试与评定通常遵循相关步骤完成，具体测试内容因人而异。首先，受试者填写基本情况表，主测者询问相关情况。其次，测试受试者安静状态指标，如身高、体重、形态学、运动系统和其他系统的指标。再次，测试运动状态指标，如一般运动机能水平、最大运动机能水平、康复运动机能水平。最后，测试恢复过程机能指标，如机能恢复速率、绝对恢复值、相对恢复值等。

(4) 评定报告及运动处方和膳食处方。根据所测结果对被测对象身体形态和机能状态做出全面客观的评价，并结合其实际情况提出与身体状况相适应的运动方案和饮食建议，供受试者了解和应用。

9. 试述如何对适宜运动量进行生理学评定。

评定运动量是否适宜，最好通过多途径、多指标、多学科进行同步测试，再做综合分析，至少应包括以下几方面材料。

（1）生理指标的检查。运动训练对人体机能引起的深刻变化，即使是大运动量也必须在2~3天恢复。要及时掌握恢复情况，为此，一般在早晨起床前后的基础状态下进行各种简易指标的测试（如脉搏、呼吸、血压、体重等），至少每周末安排一次检查。数日内如有脉搏、血压明显持续上升，或肺活量、体重等明显持续下降，则说明运动量偏大，有疲劳积累的征兆。

了解高级神经活动的变化是评定适宜运动量的又一个方面，可用反应速度和建立分化抑制的准确程度来评定皮质机能的恢复情况。如反应速度不变或加快、分化能力不变或提高、视觉基强度不变或下降，说明皮质机能恢复良好。反之，则说明由于运动量偏大，运动员没有得到良好的恢复，疲劳尚未消除。再如感官的阈限和平衡觉等机能变化，也都能反映疲劳消除的程度。

在有些运动项目中，身体局部负担很大，但整体反应并不明显。其结果往往导致局部疲劳积累，进而可造成局部肌肉出现慢性劳损。为此，可用肌电图研究肌肉活动的潜伏期。即看到刺激信号时肌肉做快速收缩；在收缩期间看到刺激信号时做快速放松。研究发现，未消除疲劳的肌肉，收缩和放松的潜伏期均延长，尤以后者最为突出。

运动心电图试验是近年来广泛用于判断疲劳程度的重要指标。研究表明，过度疲劳时心电图发生变化的阳性率达50%。

此外，诸如肺的最大通气量、尿的成分、气体代谢、体温等指标的变化，也都可以作为观察疲劳消除的依据。

根据上述指标的变化，一般来说，小运动量导致的疲劳，24h之内即应消除，而大运动量后的恢复一般不宜超过3天。

（2）运动员的自我感觉及教育学观察。疲劳程度不深时，运动员主观感觉的变化不大，食欲和睡眠也都正常，微感困倦、思睡，缺乏完成训练任务后出现的安慰感。如在此基础上继续追求大运动量，可能造成疲劳积累，久而久之，运动员即可产生许多异常感受，如食欲不振、不易入睡、多梦、乏力、易汗、心悸、自信心动摇，以及对体育场地、器材、练习信号产生厌恶感等。这就是不合理的大运动量训练所致的过度疲劳，此种现象易在自觉性高、意志力强的运动员身上发生。在检查运动员的训练日记时，应予以重视，以便做出防患于未然的调整。

在疲劳继续发展的过程中，教师和教练还可应用教育学指标对运动员进行观察。即运动员在训练过程中是否出现烦躁不安、脸色苍白、眼光无神、表情淡漠、反应迟滞、协调性差、注意力不集中及运动成绩明显下降等现象。哪怕只有部分现象出现，也意味着疲劳积累已经达到必须调整运动量的程度。

第十七章 运动机能的生理学评定

六、实践应用题

小王是一名优秀运动员,经过 10 年的运动训练,在比赛中获得了大量的荣誉。请问小王和普通大学生相比,他们的身体各器官系统的结构和功能究竟会出现哪些不一样的情况?

【参考解答】

在运动训练实践过程中,采用运动人体科学理论、实验技术和方法,对运动员身体机能进行测量以评价运动员身体机能状态,分析其变化趋势,并及时向教练员反馈,这一过程称为运动员身体机能评定。运动员身体机能评定包括全身各器官系统的综合评定,如运动系统、心血管系统、呼吸系统、能量代谢系统、神经系统及感觉机能、身体形态学评定等。

长期系统的运动训练对人体各器官、系统的形态、结构和机能水平都会产生影响,从而形成独特的运动员形态和机能特征。而运动员形态和机能的变化是机体对运动负荷主动适应的结果,是身体机能水平提高的表现,并提出运动员心脏、运动员血液、肌肉功能性肥大、运动性心动徐缓等针对运动员生物学特征的专业术语。由于长期系统运动形成的运动员生物学特征可表现在安静状态、运动过程中和运动后的恢复期,并因其运动项目特点而表现出不同的特征。

安静状态下运动员的生物学特征:运动员在安静状态下机能系统表现出自身特征,在总体上体现经济实用的能量节省化现象,如呼吸系统、心血管系统、骨骼肌等出现节省化现象。运动时的生物学特征:运动员在开始运动时的机能动员较无训练者快,表现在各系统的机能进入工作状态阶段短,极点症状反应较小,能较快地进入稳定状态;参与运动的肌群协调性和节奏感好。在完成定量运动负荷时,运动员更表现出与普通人较大的机能差异。运动员肌肉活动的程度较小,心肺功能变化也较小,表现在心率提高幅度和呼吸频率增加较小,但每搏输出量和呼吸深度增加较多。这表明运动员较一般人有较高的通气和泵血效率。在完成最大运动负荷时,机体需全力以赴克服运动阻力,此时运动员表现出远高于普通人的机能水平。如肌肉做功、摄氧量明显较普通人高,能达到较大的极限。运动结束后,运动员的机能恢复比一般人快。研究表明,完成同样的运动负荷,运动员肌肉的收缩能力和心肺功能指标,如心率、心输出量、肺通气量等恢复的绝对值和相对速率都快于一般人,血乳酸消除速率也较一般人更快。

总之,长期系统的运动训练使运动员机体形态和机能对运动产生适应性变化。与一般人相比,表现在安静状态下机能水平较低,开始运动时机能动员较快,定量运动负荷时机能变化幅度较小,最大运动负荷时机能水平较高及运动后机能恢复较快等。

第十八章 运动与代谢综合征

习题部分

一、名词解释

1. 代谢综合征
2. 糖代谢异常
3. 脂代谢异常
4. 胰岛素抵抗
5. 原发性肥胖
6. 继发性高血压
7. 中心型肥胖
8. 周围型肥胖

二、单选题

1. 当机体发生蛋白质代谢障碍时易出现（　　）。
   A. 痛风　　　　　B. 肥胖　　　　　C. 血黏稠　　　　　D. 胰岛素抵抗
2. 以下不属于代谢综合征影响因素的是（　　）。
   A. 环境　　　　　B. 感染　　　　　C. 遗传　　　　　D. 生活方式
3. 代谢综合征发生的主要病理生理环节是（　　）。
   A. 炎症　　　　　　　　　　　　　B. 内分泌异常
   C. 超重与肥胖　　　　　　　　　　D. 胰岛素抵抗
4. 以下表述正确的是（　　）。
   发生胰岛素抵抗时，会使脂肪组织的脂解作用＿＿＿＿＿，血浆游离脂肪酸浓度＿＿＿＿＿，高密度脂蛋白胆固醇（HDL-C）浓度＿＿＿＿＿，低密度脂蛋白胆固醇（LDL-C）浓度＿＿＿＿＿。
   A. 增强　升高　升高　降低　　　　B. 减弱　升高　降低　升高

C. 增强　升高　降低　升高　　　　　D. 减弱　降低　降低　升高

5. （　　）神经元异常可导致正常能量平衡负反馈调节紊乱，出现能量失衡，继而引发机体代谢紊乱。

   A. 丘脑　　　　　　　　　　　　　B. 垂体
   C. 下丘脑　　　　　　　　　　　　D. 松果体

6. 采用运动锻炼的方法来防治代谢综合征时，应保持每日轻至中等强度体力活动至少（　　）min。

   A. 25　　　　B. 30　　　　C. 35　　　　D. 40

7. 美国糖尿病学会提出，目前可供医治代谢综合征的"最佳药物"是（　　）。

   A. 养成规律的生活习惯　　　　　　B. 低脂饮食
   C. 高脂饮食　　　　　　　　　　　D. 运动锻炼

8. 以下表述正确的是（　　）。
   一般将空腹血糖2次测试大于_____或餐后血糖2次测试大于_____认定为糖尿病。

   A. 7.0 mmol/L　12.0 mmol/L　　　B. 8.0 mmol/L　12.0 mmol/L
   C. 7.0 mmol/L　11.1 mmol/L　　　D. 8.0 mmol/L　11.1 mmol/L

9. 低血糖症是指成年人空腹血糖浓度小于（　　）。

   A. 2.8 mmol/L　　B. 2.9 mmol/L　　C. 3.0 mmol/L　　D. 3.2 mmol/L

10. （　　）能够降低血糖，当激素调节障碍时可导致糖代谢异常。

    A. 肾上腺素　　B. 胰岛素　　C. 糖皮质激素　　D. 盐皮质激素

11. 以下不属于炎症因子的是（　　）。

    A. 干扰素　　　　　　　　　　　　B. 肾上腺素
    C. 肿瘤坏死因子　　　　　　　　　D. 白细胞介素-1

12. 当血糖升高加重细胞代谢负荷，线粒体产生过量（　　），启动炎症反应，引起胰腺β细胞的胰岛素分泌异常，以及肌肉和脂肪等组织发生胰岛素抵抗。

    A. 干扰素　　　　　　　　　　　　B. 白细胞介素-1
    C. 活性氧　　　　　　　　　　　　D. 白细胞介素-6

13. 身体质量指数（BMI）的计算方法为（　　）。

    A. 体重（kg）/身高^2（cm^2）　　B. 体重（kg）/身高^2（m^2）
    C. 体重（kg）/身高（m）　　　　　D. 体重（kg）/身高（cm）

14. 通过腰臀比（WHR）可以对肥胖进行判断，其中男性、女性的标准分别为（　　）。

    A. WHR>0.9、WHR>0.85　　　　　B. WHR>0.85、WHR>0.9
    C. WHR>0.9、WHR>0.8　　　　　 D. WHR>0.8、WHR>0.9

15. 我国对正常体重所界定的BMI范围是（　　）。

    A. 18.5～24.9kg/m^2　　　　　　B. 18.5～23.9kg/m^2
    C. 17.5～23.9kg/m^2　　　　　　D. 17.5～22.9kg/m^2

16. 在发胖的体质类型中，外胚层体型特征为骨架小，肩膀窄而四肢纤长，少肌肉且肌力较差，不容易长胖但想增重或变得强壮较困难，又被称为（　　）。
　　A. 肌肉型　　　　　B. 纤瘦型　　　　　C. 易瘦型　　　　　D. 易胖型

17. 以下表述正确的是（　　）。
　　血脂异常表现为脂蛋白异常血症，是以_____异常升高和_____异常降低为主要表现的临床综合征。
　　A. LDL、TC　TG、HDL　　　　　B. HDL　TC、TG、HDL
　　C. LDL、TC、TG　HDL　　　　　D. HDL、TC　TG、HDL

18. 以下表述正确的是（　　）。
　　我国 18 岁以上成人高血压采用国际统一标准，即在未使用降压药物的情况下，收缩压≥_____mmHg，舒张压≥_____mmHg。
　　A. 140　90　　　　　　　　　　B. 130　85
　　C. 130　90　　　　　　　　　　D. 140　85

19. 目前，公认的心脑血管疾病的基本病因是（　　），由此引起的一系列心、脑、肾等的器官损害。
　　A. 高脂血症　　　　　　　　　　B. 高血压
　　C. 高血糖　　　　　　　　　　　D. 动脉粥样硬化

三、多选题

1. 我国目前对于代谢综合征的诊断标准包括（　　）。
　　A. 腰臀比男（女）>0.9（0.85）　　B. BMI≥27kg/m²
　　C. 甘油三酯≥150mg/dL　　　　　D. 血压≥140/90mmHg
2. 代谢综合征预防和治疗的基本方法有（　　）。
　　A. 减轻体重　　　　　　　　　　B. 饮食调节
　　C. 体育锻炼　　　　　　　　　　D. 养成规律的生活习惯
3. 胰岛素发挥作用的途径有（　　）。
　　A. 抑制肝糖原分解和非糖物质转化为葡萄糖
　　B. 促进血糖合成糖原
　　C. 加速血糖氧化分解
　　D. 促进血糖转变为脂肪等非糖物质
4. 血糖浓度受多种激素调节，升血糖激素主要包括（　　）。
　　A. 肾上腺素　　　B. 胰高血糖素　　　C. 胰岛素　　　D. 生长激素
5. 下列因素中，可能引发高血糖症的有（　　）。
　　A. 肾损伤　　　　　　　　　　　B. 炎症反应

C. 肠道菌群异常　　　　　　　　D. 妊娠

6. 低血糖的发病原因可能有（　　）。

   A. 肝脏病理变化导致的代谢异常

   B. 肾上腺皮质功能低下引起的肾上腺素及胰高血糖素分泌减少

   C. 饮酒

   D. 重症疾病，如心力衰竭、肾衰竭

7. 以下关于发胖的体质类型中，描述正确的有（　　）。

   A. 中胚层体型特征为体态挺拔，骨骼强健，肩部和胸部较为伸展，女性髋部约与肩同宽，男性会更窄

   B. 外胚层体型特征为骨架小，肩膀窄而四肢纤长，多肌肉且肌力强，容易长胖但想增重或变得强壮较困难

   C. 内胚层体型特征为消化系统发达，脂肪沉积丰富，骨架宽大，尤其下半身容易肥胖

   D. 根据发胖的体质类型，可分为中胚层体型、外胚层体型和内胚层体型

8. 运动对超重与肥胖的改善作用主要有（　　）。

   A. 运动可以增加机体能量消耗

   B. 运动可以适度降低机体食欲

   C. 运动可以增加机体基础代谢率

   D. 运动可以抑制机体脂肪生成

四、判断题

1. 运动可有效改善代谢综合征、糖代谢异常、脂代谢异常和心脑血管机能异常对人体造成的不良影响。（　　）

2. 代谢综合征的特点是多种代谢紊乱并存，有共同的病理基础，会诱发多种疾病，有共同的预防和治疗措施。（　　）

3. 运动可抑制迷走神经活动、兴奋交感神经、缓解小动脉痉挛，达到降低血压的效果。（　　）

4. 人胰高血糖素由胰岛β细胞分泌，主要作用于肝脏。（　　）

5. 身体质量指数（BMI）是目前国际上常用来衡量人体肥胖及健康程度的标准，适用于18~65岁人群，包括孕妇、老人及运动员等。（　　）

6. 胰岛素由胰岛α细胞分泌，主要作用于肝脏，促进肝糖原分解进入血液，促进脂肪酸和氨基酸等非糖物质转化为葡萄糖，最终使血糖升高。（　　）

7. 低血糖产生原因及发病机制包括胰岛源性因素和胰岛素拮抗激素缺乏、肝源性因素、神经内分泌调节异常、药物和其他因素。（　　）

8. 运动和胰岛素对1型糖尿病人的血糖调节具有拮抗作用。（　　）

9. 运动训练与2型糖尿病发病率呈负相关，有运动训练者比无训练者的胰岛素敏感性更强。（　　）
10. 肥胖按照病因可分为原发性肥胖和继发性肥胖。两种类型的发病比例相近，各占50%左右。（　　）
11. 体质性肥胖（幼年起病型肥胖）是自幼因体内合成代谢超过分解代谢，而导致脂肪细胞的增生及肥大。（　　）
12. "中枢体重调定点理论"表明下丘脑存在体重"调定点"，体重正常时，调定点相对稳定，肥胖症患者的调定点相对提高，导致摄食量和体重增加。（　　）
13. 血管机能异常导致的高血压可分为原发性高血压和继发性高血压。继发性高血压又称高血压病，是以血压升高为主要临床表现，伴或不伴有多种心血管危险因素的综合征。（　　）
14. 血管机能异常导致高血压，但其发生机制至今尚未完全阐明，目前主要可归纳为神经学说、肾源学说和内分泌学说等。（　　）
15. 糖尿病患者的血糖较正常人偏高，日常不会发生低血糖事件。（　　）
16. 运动锻炼可以通过一系列体液调节机制减少血浆去甲肾上腺素水平，使血压降低。（　　）

五、思考题

1. 试述运动改善代谢综合征的基本原则与方法。
2. 试述运动如何改善糖代谢异常。
3. 简述运动对血脂代谢异常的改善作用。
4. 试述运动改善血脂代谢异常的可能机制。
5. 简述运动对超重与肥胖的改善作用。
6. 试述代谢综合征的发生机制。
7. 试述超重与肥胖发生的主要原因。
8. 试述运动对心脏机能异常的改善作用及其机制。
9. 试述运动减少高血压相关的可控危险因素。
10. 试述运动对血管机能异常的改善作用及其机制。

六、实践应用题

1. 一名BMI超过$30kg/m^2$的中年女性受自身体型的困扰，请从肥胖发生的原因及运动改善肥胖的作用机制等方面，向该中年女性介绍运动减肥的科学性。
2. 45岁的王先生体检结果如下：①BMI：$32kg/m^2$；②腰臀比：1.2；③TG：200mg/dL；④血压：160mmHg/120mmHg。请根据王先生的体检结果，运用本章所学知识提出相应建议。

第十八章　运动与代谢综合征

参考答案

一、名词解释

1. **代谢综合征**：代谢综合征是指机体的蛋白质、脂肪、碳水化合物等物质发生代谢紊乱，在临床上出现一系列综合征。其特征是一组以非传染性且疾病进程缓慢，以中心性肥胖、高血糖、血脂紊乱和高血压及心脑血管疾病等为主要表现的临床综合征，属于慢性非传染性疾病的重要临床表现。

2. **糖代谢异常**：糖代谢异常是指与正常血糖浓度（空腹：3.9～6.1mmol/L，餐后2h：3.9～7.8mmol/L）比较，由遗传、环境或疾病等因素作用，机体胰岛素或相关激素/酶的结构、功能及浓度异常导致的血糖浓度调控紊乱。其临床表现为血糖浓度过高或过低，由此引起机体组织、器官发生病理性变化，导致多种与糖代谢紊乱等相关的疾病。

3. **脂代谢异常**：脂代谢异常是指脂类物质在体内的合成、分解、消化、吸收、转运发生异常，导致机体各组织器官中的脂质过多或过少而影响身体机能的情况。脂代谢异常是一种生理病理过程，包括体内脂肪聚集过多和（或）分布异常、血脂异常。

4. **胰岛素抵抗**：胰岛素作用的靶组织和靶器官（如肝脏、肌肉和脂肪组织）对胰岛素作用的敏感性降低产生胰岛素抵抗，引起高血糖症，而血液中胰岛素水平可正常或高于正常值。

5. **原发性肥胖**：原发性肥胖又称单纯性肥胖，是指在遗传的基础上主要是由于活动量减少及饮食结构变化造成能量的摄取远大于消耗，导致多余脂肪在体内的贮存。

6. **继发性高血压**：由某些确定的疾病或病因引起的血压升高称为继发性高血压。

7. **中心型肥胖**：中心型肥胖或中央型肥胖，即腹型肥胖，脂肪堆积在腹部，由于形如苹果，也称为"苹果"型肥胖。

8. **周围型肥胖**：周围型肥胖是指体内脂肪主要积聚在腹部、臀部、大腿等部位，躯体呈现上窄下宽，看起来像鸭梨，又称为"梨"型肥胖，多见于女性。

二、单选题

1. A　2. B　3. D　4. C　5. C　6. D　7. D　8. C　9. A　10. B
11. B　12. C　13. B　14. A　15. B　16. B　17. C　18. A　19. D

三、多选题

1. ACD　2. ABCD　3. ABCD　4. ABD　5. ABCD　6. ABCD　7. ACD　8. ABCD

四、判断题

1. √ 2. √ 3. × 4. × 5. × 6. × 7. √ 8. × 9. √ 10. ×
11. √ 12. √ 13. × 14. √ 15. × 16. √

五、思考题

1. 试述运动改善代谢综合征的基本原则与方法。

（1）代谢综合征的定义：是指机体的蛋白质、脂肪、碳水化合物等物质发生代谢紊乱，在临床上出现一系列综合征，其特征是一组以非传染性且疾病进程缓慢，以中心性肥胖、高血糖、血脂紊乱和高血压及心脑血管疾病等为主要表现的临床综合征，属于慢性非传染性疾病的重要临床表现。

（2）运动改善代谢综合征的基本原则如下所示。

①坚持治疗原发性疾病：凡发现患有高血压、高脂血症、高尿酸血症、糖尿病、肥胖症等，均应尽早在正规医院坚持系统治疗。如出现胰岛素抵抗，应采用胰岛素增敏剂等药物治疗。积极预防和及时治疗代谢综合征的并发症。如遇突发性患者，应采取紧急措施，并送医院进行抢救。

②注重预防和康复：代谢综合征的预防及前期，以及医学救治的康复期，宜采用运动、营养和生活方式等综合干预。

（3）运动改善代谢综合征的基本方法如下所示。

①减轻体重：主要通过饮食和生活方式干预，包括运动锻炼和必要的药物治疗。

②饮食调节：减少脂肪摄入，控制总热量。

③运动锻炼：每日进行轻至中等强度体力活动至少30min。一般来说，耐力运动和力量练习均可防治代谢综合征的发生发展。

④养成规律的生活习惯：合理安排作息时间，劳逸结合，避免熬夜，提高工作效率，减轻心理压力，养成早睡早起的好习惯。注重科学饮食，维护肠道菌群健康，少吃油炸辛辣食物，多吃蔬菜水果、五谷杂粮和富含膳食纤维的食物，促进胃肠蠕动，对预防代谢综合征至关重要。

2. 试述运动如何改善糖代谢异常。

（1）适度运动调节1型糖尿病患者血糖水平：运动和胰岛素对1型糖尿病人的血糖调节具有协同作用。采用胰岛素控制的糖尿病患者进行耐力运动时和运动后的血糖显著降低。

（2）适度运动和控制饮食可有效改善2型糖尿病患者表型：体育锻炼与2型糖尿病发病率呈负相关，有运动训练者比无运动训练者的胰岛素敏感性更高。每天规律运动可

第十八章 运动与代谢综合征

使糖尿病发病风险下降15%～60%，且运动强度越大，发生糖尿病的相对危险性越低。抗阻训练较有氧训练更显著增加胰岛素敏感性和糖酵解代谢能力，可将抗阻训练纳入糖尿病的运动处方。

（3）适度运动通过降低机体代谢紊乱改善糖代谢异常：运动可改善糖尿病患者的糖化血红蛋白（HbA1c）水平，该效应与饮食和药物治疗效果相当。规律运动锻炼还可显著降低 Hb1Ac、TG、TC 水平，提高 HDL-C 水平并降低 LDL-C 水平。

（4）适度运动通过降低并发症发生率改善糖代谢异常：包括运动在内的生活方式干预，可降低心血管事件的发生风险和视网膜病变的发病率，降低死亡率。

3. 简述运动对血脂代谢异常的改善作用。

（1）改变饮食、积极运动和控制体重是防治高脂血症的基本步骤，且运动疗法是治疗高脂血症的重要手段。

（2）适度运动锻炼可增加机体能量消耗，有效改善血浆脂蛋白成分，降低血液 LDL-C 水平。

（3）适度运动可预防冠心病，主要是通过促进 HDL 介导胆固醇逆向转运来实现的。

（4）适度运动可通过降低血压、TG、TC、LDL 水平，提高 HDL 水平，特别是 HDL2 的水平，且与运动强度和频率密切相关。

（5）还可能与其他个体因素，如性别、年龄、个人生活习惯、营养摄取和遗传等有关。

4. 试述运动改善血脂代谢异常的可能机制。

研究表明，运动改善血脂代谢异常是通过多途径、多靶点、多环节而产生效应的。主要有以下六种可能机制的调节。

（1）运动通过增加 LPL 活性，促进运动中和运动后脂肪分解和脂肪作为能量的利用，以及提高 TG 表面成分向 LDL 转移，增加 LDL 分子量，促进 HDL 形成。

（2）运动通过提高肝脏 LDL-R 的表达，促进体内 LDL 清除。

（3）运动通过骨骼肌以 FFA 氧化作为主要能量来源，增加对 FFA 的利用，提高血清 TG 分解代谢，降低血清 TG 水平，升高 HDL-C 水平。

（4）运动通过增加体内 FFA 消耗，加速乳糜微粒和极低密度脂蛋白分解。

（5）运动通过增加 LPL 活动，使毛细血管内皮 LPL 得到补充，血浆 TG 脂解增加，从而降低 TG 水平。

（6）耐力运动可降低高脂膳食后的糖原贮存，加快脂肪氧化，减少脂肪堆积。

5. 简述运动对超重与肥胖的改善作用。

运动不足是机体热量失衡和超重与肥胖的主要原因之一。因此，超重与肥胖的预防和改善需要在饮食控制、纠正不良生活方式、必要的药物治疗等基础上，坚持运动。运动对超重与肥胖的改善作用主要体现在以下四个方面。

（1）运动可以增加机体能量消耗。适量运动，尤其是长时间耐力运动可消耗大量能量,而脂肪是机体氧化供能的主要形式,因此适量耐力运动的效果最明显。

(2) 运动可以适度降低机体食欲。运动对机体食欲的影响较为复杂。在食欲方面,运动对体脂率和体脂分布不同的人群效果相同,尤其对于代谢紊乱的肥胖症患者来说,适量运动可以抑制食欲。

(3) 运动可以增加机体基础代谢率。单纯依靠减少能量摄入控制体重,会因为基础代谢率降低而抵消。基础代谢率与机体瘦体重成正相关,适量运动在增加机体瘦体重的前提下,增加基础代谢率,防止因能量摄入减少导致能量代谢降低。

(4) 运动可以抑制机体脂肪生成。适量运动下调脂肪酸合成酶基因表达,减少或抑制脂肪合成。高脂饮食导致脂肪生成加强,运动干预可有效减少脂肪生成。运动通过降低血浆胰岛素水平和减少脂肪酸合成酶触发因子的表达,下调脂肪酸合成酶基因表达,抑制机体脂肪生成,有效改善肥胖症患者的体脂率。

6. 试述代谢综合征的发生机制。

代谢综合征是遗传、环境和生活方式等因素共同作用的结果,胰岛素抵抗是重要的病理生理环节。

(1) 胰岛素抵抗。人胰岛素抵抗(IR)是指胰岛素作用的靶组织和靶器官(如肝脏、肌肉和脂肪组织)对胰岛素作用的敏感性降低。发生的具体原因尚未完全阐明,目前认为与遗传、环境和生活方式等密切相关。能量摄入过多会产生IR,引起脂肪利用或/和贮存障碍,脂肪细胞肥大,内脏脂肪组织聚集和异位分布;IR可使脂肪组织的脂解作用增强,血浆游离脂肪酸(FFA)浓度升高,HDL-C浓度降低,LDL-C浓度升高,循环中高浓度FFA通过抑制细胞对葡萄糖的摄取和利用,使血糖浓度升高,进一步加重IR;另外,IR与炎症密切相关,伴有炎症因子的升高。因此,IR不仅与代谢综合征发病有关,也是各种心血管病危险因素聚集的重要内在因素。

(2) 超重与肥胖。机体脂肪堆积导致一系列生理功能改变,加速脂肪降解导致FFA升高。FFA升高严重阻碍肝脏摄取葡萄糖,引起肝脏的糖利用和糖异生发生障碍,最终出现2型糖尿病。因此,超重与肥胖人群常并存IR和2型糖尿病及合并血脂代谢紊乱,伴随IR导致脂蛋白酯酶活性降低,使TG和LDL清除障碍;肥胖与高血压存在相关性,是高血压独立危险因素之一;神经内分泌调节紊乱,交感—肾上腺活性增加,细胞膜协同转运功能发生缺陷,钠—钾泵活性异常等,是肥胖导致高血压的机制。目前研究认为,肥胖基因、脂肪因子和肠道菌群紊乱也是肥胖的重要因素。

(3) 炎症。炎症是机体对感染和外来损伤的一种反应。炎症介质与炎症细胞相互作用构成炎症反应。炎症因子,如C反应蛋白等不仅与身体质量指数(BMI)呈正相关,也与代谢综合征的组分,如IR、2型糖尿病、肥胖、血脂代谢紊乱及高血压等相关。

超重与肥胖引起的低度系统性炎症反应会导致糖尿病、骨关节炎、肝硬化等多种并发症。在肥胖症患者体内,辅助性T细胞的细胞因子分泌偏多,异常多的T细胞会向非淋巴组织浸润,脂肪组织内存在较高的辅助性T细胞和干扰素水平。

(4) 神经内分泌异常。下丘脑是大脑调节内脏活动的高级中枢，可调节体温、摄食、水盐平衡和内分泌腺活动等。下丘脑神经元异常可导致正常能量平衡负反馈调节紊乱，出现能量失衡，继而引发机体代谢紊乱，促使肥胖症和2型糖尿病的发生发展。

(5) 遗传及其他因素。代谢综合征是在多基因遗传基础上发生的多种代谢异常。遗传因素在其发病中起着重要作用。诸多研究表明，代谢综合征与老龄、膳食和长时间静坐等因素相关。

7. 试述超重与肥胖发生的主要原因。

超重与肥胖是由遗传、环境和激素等多因素相互作用引起的代谢综合征，病因复杂，其机制迄今尚未完全阐明，但常作为主要致病原因与2型糖尿病、冠心病、高血压、高脂血症等疾病并存。超重与肥胖的特征是进食调控和能量代谢紊乱，发病过程复杂，脂肪代谢调节失常，存在严重的脂代谢紊乱。其主要病因是机体能量代谢失衡导致的功能异常，即热量摄入量超过消耗量，多余热量以脂肪形式贮存于体内，且储存量超出正常生理需要量。诸多原因可导致机体能量代谢失衡，如遗传因素、神经内分泌因素、代谢与环境和行为因素等。

(1) 遗传因素。基因调控分析发现，肥胖症属于多基因编码调控。基因易感性主要取决于遗传因素，而环境因素需要作用于特定遗传背景才能导致肥胖症的发生。

(2) 神经内分泌因素。下丘脑存在调节摄食活动的腹内（外）侧核，其中腹内侧核为饱食中枢，腹外侧核为摄食中枢，两者间由神经纤维联系，相互调节和制约，协同调节体重。这两个中枢同时受机体糖、脂肪和氨基酸的影响，饱食中枢受损可引起摄食过量，引发肥胖。同时，大脑皮质高级神经活动通过神经递质影响下丘脑食欲中枢调节饥饿感和饱食感。精神状态对摄食活动具有显著影响，精神过度紧张或忧伤可刺激肾上腺素能神经伴交感神经兴奋，抑制食欲。心情愉悦可兴奋迷走神经，增加胰岛素分泌，促进食欲，导致肥胖。除下丘脑调控外，体内其他内分泌激素紊乱也可引起肥胖，其中胰岛素和肾上腺皮质激素被公认为是肥胖症发病机制的关键。此外，生长激素、甲状腺激素、性腺激素、胰高血糖素和儿茶酚胺等也是影响肥胖症发病的因素。

(3) 代谢因素。糖和脂肪的氧化供能是人体能量消耗的主要来源，肥胖症患者能量消耗主要依赖糖的氧化供能，脂肪储存过多是肥胖症患者脂类氧化能力降低的主要原因。机体过量脂肪储存导致脂代谢紊乱，如TC、LDL-C、血浆三酰甘油和载脂蛋白B水平升高，HDL-C和载脂蛋白A水平降低，诱发动脉粥样硬化。同时，肥胖症患者血脂升高，诱发肝脏的糖利用和糖异生发生障碍，机体胰岛素受体表达下调和胰岛素抵抗，最终导致高胰岛素血症和高血糖。因此，过量糖氧化和低脂肪氧化供能、胰岛素抵抗等也是肥胖症的高危险因素。

(4) 环境和行为因素。在肥胖症发生发展过程中，环境和行为因素也不容忽视。成人肥胖症患者除受遗传因素影响外，也会受不良生活方式和行为的影响。如运动不足导致能量消耗减少，部分营养素缺乏导致脂肪产热过程受限和脂肪堆积，以及长期嗜酒、睡前进食或晚餐多食等。不良生活方式和行为引发的儿童肥胖症会延续至成人肥胖症。

肥胖症的发生机制是多方面的，如遗传倾向、神经内分泌、饮食习惯、体力活动量和精神因素等，但其最根本的机制是机体热量摄入和消耗失衡导致的热量蓄积。

8. 试述运动对心脏机能异常的改善作用及其机制。

科学运动可有效降低心、脑血管疾病的发病率和死亡率。通过有效强度的运动刺激，可降低心、脑血管疾病的危险因素，改善血管内皮功能，稳定冠状动脉斑块，促进侧支循环建立，改善缺血器官功能，提高生活质量。运动对心脏机能异常的改善作用及其机制主要有：①运动改善自主神经调控。有氧运动可使迷走神经活动增强、交感神经活动减弱；合理的体育锻炼可能通过提高迷走神经张力，增强自主神经抗炎症效应，对心肌具有保护作用，对缺血性心脏病有预防和康复作用，且不同的运动方式作用效果不同。②运动促进缺血组织的血运重建。运动具有明确的血管新生效应，血管新生的来源包括多种途径，如体内干/祖细胞的动员，促血管生长因子及其受体的基因和蛋白表达增加，血管抑制因子及其受体的基因和蛋白表达降低等。③运动改善脂质代谢异常，降低氧化应激和脂质过氧化。合理的运动锻炼可以提高血浆脂蛋白酯酶的活性，增加脂肪作为能量的利用，降低血液 LDL 和 TG 水平，提高 HDL 水平。④运动改善心肌的病理性重构，抑制心肌细胞凋亡。合理运动可改善钙离子调节功能和受损心肌的收缩力，改善循环中炎症因子（如 IL-1、IL-6 和 TNF-α 等）的表达。运动促进缺血性心肌的线粒体增生，能增强线粒体呼吸链复合体 1 活性，增加三磷酸腺苷的生成率。长期运动锻炼可以降低血羧甲基赖氨酸复合物（CML）的表达，阻止年龄相关的心肌胶原纤维交联，延缓心肌纤维化。运动可抑制线粒体过度自噬和心肌细胞凋亡，减轻缺血性心脏病的心肌组织病理重塑。

9. 试述运动减少高血压相关的可控危险因素。

①运动降低血压应激的反应阈值。运动通过调节人体对应激反应的适应性，提高机体对自我调节的适应能力，降低血压应激的反应阈值。②运动降低机体脂代谢紊乱。运动可降低血液 LDL 水平，提高血液 HDL 水平，降低血流阻力，增加血管壁弹性，降低血压，有利于动脉粥样硬化的防治。③运动降低胰岛素抵抗。原发性高血压前期进行长期有氧运动，通过降低阻力血管 G 蛋白耦联受体激酶 2（GRK2）蛋白水平和活性，显著改善血管胰岛素敏感性和胰岛素诱导的 Akt-eNOS 信号通路，延缓高血压的发展。④运动改善情绪紧张引起的高血压。长期情绪紧张，如各种负性（消极）精神状态（焦虑、恐惧、愤怒和抑郁等）均可导致血压升高。运动通过中枢和体液等血压调节机制，改善患者情绪，使患者解除身心紧张，改善血压调节异常，减轻心脏负荷。⑤运动作为一种积极主动、科学合理的治疗方法，几乎无副作用，不仅可以平稳血压，还能减少高血压相关可控危险因素。

10. 试述运动对血管机能异常的改善作用及其机制。

服用降血压药物是临床常见的治疗高血压的手段。运动、饮食和规律生活等干预方式可有效防治高血压。但运动降低血压的机制尚未明了,目前认为可能的机制有以下四个方面。①神经调节机制。运动可抑制交感神经活动,兴奋迷走神经,缓解小动脉痉挛,达到降低血压的效果;运动锻炼通过调节大脑皮质及皮质下运动中枢,降低紧张度,重新调定机体的血压调控水平,使运动后血压平衡在较低水平,使血压降低。②体液调节机制。运动锻炼通过降低血管紧张素Ⅱ(AngⅡ)水平,减轻 AngⅡ 的升压作用,对预防和降低高血压具有积极作用。运动降低去甲肾上腺素(NE)水平;刺激血管内皮生成的血管活性物质发生反应性变化;刺激机体激素分泌水平发生变化。运动通过减少升压激素儿茶酚胺、5-羟色胺水平,提高降压激素多巴胺、前列腺素 E、血浆心钠素水平,促进尿钠排泄,减少血容量,减轻心脏负荷,扩张毛细血管,减少外周阻力,使血压降低。③神经体液调节机制。运动刺激调节反射中枢变化降低血压。运动引起压力感受性反射和化学感受性反射,二者共同作用于心血管系统调节中枢,减弱交感神经兴奋性,加强心迷走神经兴奋性,使心率降低,外周阻力下降,血压降低。运动激活大脑中枢的脑啡肽系统降低血压。运动通过激活大脑中枢的脑啡肽系统和边缘系统,发挥降压作用。④运动减少高血压相关可控危险因素。运动降低血压应激的反应阈值;运动降低机体脂代谢紊乱;运动降低胰岛素抵抗;运动改善情绪紧张引起的高血压;运动作为一种积极主动、科学合理的治疗方法,几乎无副作用,不仅可以平稳血压,还能减少高血压相关可控危险因素。

六、实践应用题

1. 一名 BMI 超过 $30kg/m^2$ 的中年女性受自身体型的困扰,请从肥胖发生的原因及运动改善肥胖的作用机制等方面,向该中年女性介绍运动减肥的科学性。

【参考解答】

(1)肥胖的定义。肥胖是长期的热量摄取超过机体正常消耗,多余热量以脂肪的形式贮存,而导致体内脂肪过多聚集和(或)分布异常的现象。在中国人群中,BMI ≥ $28kg/m^2$ 被判定为肥胖。按照病因可分为原发性(单纯性)肥胖和继发性肥胖。原发性(单纯性)肥胖与生活方式密切相关,在遗传的基础上主要是活动量减少及饮食结构变化造成能量的摄取远大于消耗,导致多余脂肪在体内贮存。原发性肥胖属于非病理性肥胖,是最常见的一种肥胖,又分为体质性肥胖和获得性肥胖两类。体质性肥胖(幼年起病型肥胖)是自幼体内合成代谢超过分解代谢,导致脂肪细胞的增生及肥大。获得性肥胖又称营养性肥胖(成年起病型肥胖),这种肥胖多由身体活动减少、饮食热量摄取过多而引起的脂肪细胞的肥大。因此,该名中年女性可判定为肥胖,并且可归为获得性肥胖。

(2)肥胖发生的原因。肥胖的形成是机体能量代谢失衡导致的功能异常,即热量摄入量超过消耗量,多余热量以脂肪形式贮存于体内,且储存超出正常生理需要量。肥胖形成的主要影响因素有以下四点:①遗传因素。遗传是肥胖症的主要决定因素。基因调控分析发现，肥胖症属于多基因编码调控。基因易感性主要取决于遗传因素，而环境因素需要作用于特定遗传背景才能导致肥胖症的发生。②神经内分泌因素。下丘脑存在调节摄食活动的腹内（外）侧核，其中腹内侧核为饱食中枢，腹外侧核为摄食中枢，两者间由神经纤维联系，相互调节和制约，协同调节体重。这两个中枢同时受机体糖、脂肪和氨基酸的影响。目前胰岛素和肾上腺皮质激素被公认为是肥胖症发病机制的关键，此外，生长激素、甲状腺激素、性腺激素、胰高血糖素和儿茶酚胺等也是影响肥胖症发病的因素。③代谢因素。糖和脂肪的氧化供能是人体能量消耗的主要来源，肥胖症患者能量消耗主要依赖糖的氧化供能，脂肪储存过多是肥胖症患者脂类氧化能力降低的主要原因。④环境和行为因素。肥胖患者多数具有饮食量大、喜甜食或进食频率高、速度快等特点。在肥胖症发生发展过程中，环境和行为因素不容忽视。成人肥胖症患者除受遗传因素影响外，也会受不良生活方式和行为的影响，如运动不足导致能量消耗减少，部分营养素缺乏导致脂肪产热过程受限和脂肪堆积，以及长期嗜酒、睡前进食或晚餐多食等。总之，肥胖症的发生机制是多方面的，如遗传倾向、神经内分泌、饮食习惯、体力活动量和精神因素等，但其最根本的机制是机体热量摄入和消耗失衡导致的热量蓄积。

（3）运动不足是机体热量失衡和超重与肥胖的主要原因之一。因此，超重与肥胖的预防和改善需要在饮食控制、纠正不良生活方式和必要的药物治疗等基础上，坚持运动。运动对超重与肥胖的改善作用主要体现在以下四个方面：①运动可以增加机体能量消耗。适量运动，尤其是长时间耐力运动可消耗大量能量，而脂肪是机体氧化供能的主要形式，因此适量耐力运动的效果最明显。②运动可以适度降低机体食欲。运动对机体食欲的影响较为复杂。在食欲方面，运动对体脂率和体脂分布不同的人群效果相同，尤其对于代谢紊乱的肥胖症患者来说，适量运动可以抑制食欲。③运动可以增加机体基础代谢率。单纯依靠减少能量摄入控制体重，会因为基础代谢率降低而抵消。基础代谢率与机体瘦体重成正相关，适量运动在增加机体瘦体重的前提下，增加基础代谢率，防止因能量摄入减少导致能量代谢降低。④运动可以抑制机体脂肪生成。适量运动下调脂肪酸合成酶基因表达，减少或抑制脂肪合成。高脂饮食导致脂肪生成加强，运动干预可有效减少脂肪生成。运动通过降低血浆胰岛素水平和减少脂肪酸合成酶促发因子的表达，下调脂肪酸合成酶基因表达，抑制机体脂肪生成，有效降低肥胖症患者的体脂率。

2. 45岁的王先生体检结果如下：①BMI：$32kg/m^2$；②腰臀比：1.2；③TG：200mg/dL；④血压：160mmHg/120mmHg。请根据王先生的体检结果，运用本章所学知识提出相应建议。

【参考解答】

（1）代谢综合征定义。代谢综合征是指机体的蛋白质、脂肪、碳水化合物等物质发生代谢紊乱，在临床上出现一系列综合征，其特征是一组以非传染性且疾病进程缓慢，以中心性肥胖、高血糖、血脂紊乱和高血压及心脑血管疾病等为主要表现的临床综合征，属于慢性非传染性疾病的重要临床表现。

(2) 代谢综合征诊断标准。中华医学会糖尿病学分会建议：适合中国人群代谢综合征的诊断标准如下，符合以下四个标准中的三个或全部者即可诊断为代谢综合征：①超重或肥胖：体重指数≥30kg/m²；②血脂紊乱：TG≥150mg/dL；③高血压：收缩压/舒张压≥140/90mmHg；④尿蛋白排除率≥20μg/min。或者采用中心肥胖诊断标准：在确诊为中心性肥胖，并有以下两种以上者即为代谢综合征：① TG≥150 mg/dL；② HDL-C 男（女）<40mg/dL（50mg/dL）；③ 血压≥130/85 mmHg。

参照代谢综合征定义和诊断标准可以发现，王先生已患有代谢综合征，应尽早到正规医院进行系统治疗。同时，应积极采用运动、营养和生活方式等综合干预，进行康复，具体措施如下。

①减轻体重。主要通过饮食和生活方式干预，包括运动锻炼和必要的药物治疗。减肥目标是使体重降低5%~15%。遵医嘱合理用药，通过抑制胃肠道胰脂肪酶，减少脂肪吸收，控制饮食，减轻体重。

②饮食调节。减少脂肪摄入，控制总热量。摄入热量减少 500~1000 kcal/d，使体重控制在合理范围。

③运动锻炼。每日至少进行轻至中等强度体力活动 30 min。持续和间歇有氧运动、抗阻练习等方式，可以降低体重，减轻机体脂肪含量，特别是内脏脂肪含量，促进糖、脂分解与合成代谢，缓解高血压，降低心脑血管疾病风险。运动前应注意医学检查。根据自身体重和机体各器官并发症，选择合适的运动方式、运动频率和运动强度。

④养成规律的生活习惯。合理安排作息时间，劳逸结合，避免熬夜，提高工作效率，减轻心理压力，养成早睡早起的好习惯。注重科学饮食，维护肠道菌群健康，少吃油炸辛辣食物，多吃蔬菜水果、五谷杂粮和富含膳食纤维的食物，促进胃肠蠕动，对预防代谢综合征至关重要。

第十九章 儿童少年生长发育与体育运动

习题部分

一、名词解释

1. 生长
2. 发育
3. 成熟
4. 青春发育期
5. 身体素质的自然增长
6. 身体素质增长敏感期

二、单选题

1. 青春发育期开始的标志是（　　）。
   A. 身高增长　　　B. 生长突增　　　C. 体重增加　　　D. 性成熟
2. 青春期男性力量增长与女性相比（　　）。
   A. 较慢　　　　　B. 较明显　　　　C. 较晚　　　　　D. 一样
3. 儿童少年时期血压总体水平与成年人比（　　）。
   A. 要低　　　　　　　　　　　　　B. 要高
   C. 基本一样　　　　　　　　　　　D. 有时高，有时低
4. 以下表述正确的是（　　）。
   随着年龄的增长，儿童少年的心脏每搏输出量_____，心脏输出功率_____。
   A. 减少　增加　B. 增加　减少　C. 增加　增加　D. 减少　减少
5. 以下表述正确的是（　　）。
   儿童少年最大心率_____成人，心输出量_____成人，氧运输能力_____成人。
   A. 高于　低于　不及　　　　　　B. 低于　高于　胜于

C. 低于　低于　不及　　　　　　　　D. 高于　低于　胜于

6. 关于儿童少年最大摄氧量的表述正确的是（　　）。
   A. 最大摄氧量的峰值出现在 17～21 岁，然后随年龄呈线性下降
   B. 女性最大摄氧量开始下降的年龄比男性晚
   C. 多用最大摄氧量绝对值来反映儿童少年生长过程中运动能力的变化
   D. 对于不同身材的儿童少年来说，最大摄氧量是计算有氧能力最适宜的指标

7. 儿童少年在 8～10 岁进行力量训练时要注意的事项是（　　）。
   A. 在进行轻度抗阻运动时，维持小运动量
   B. 在增加运动项目时，逐渐给予运动负荷，略微增加运动量，监控运动耐受程度
   C. 先学习全部的基本运动技术，然后逐步学习更高难度的技术，最后学习并掌握运动项目的特异性
   D. 在学习并掌握运动项目的特异性时，强调运动技术、技巧

8. 青春期高血压的特点表现在（　　）。
   A. 收缩压增高，舒张压降低
   B. 收缩压增高，舒张压增高
   C. 收缩压增高，舒张压正常
   D. 收缩压正常，舒张压增高

9. 以下表述正确的是（　　）。
   儿童少年经运动训练出现体重和脂肪含量_____，瘦体重_____。
   A. 减少　增加　　B. 增加　减少　　C. 减少　减少　　D. 增加　增加

10. 儿童少年各项身体素质随年龄增加而增长，下列表述正确的是（　　）。
    A. 在不同年龄段，各项身体素质增长速度差不多相同
    B. 在同一年龄段，不同身体素质发展变化相同
    C. 青春发育期，身体素质自然增长的速度快且幅度大
    D. 性成熟期结束时，身体素质便不再增长

11. 5～8 岁儿童，适合发展（　　）。
    A. 爆发力　　　　B. 反应速度　　　　C. 无氧耐力　　　　D. 柔韧性

12. 在儿童少年时期，宜采用（　　）。
    A. 大负荷力量性练习　　　　　　B. 长时间静力性练习
    C. 长距离耐力性练习　　　　　　D. 短时间速度性练习

13. 在青春发育前期，肌肉主要是（　　）。
    A. 纵向发展，肌纤维逐渐增粗　　B. 横向发展，肌肉长度增加
    C. 纵向发展，肌肉长度增加　　　D. 横向发展，肌力逐渐增加

14. 速度素质发展的敏感期在（　　）。
    A. 5～8 岁　　　　B. 7～12 岁　　　　C. 10～13 岁　　　　D. 13～17 岁

三、多选题

1. 生长一般沿着（　　）的模式进行。
   A. 从头到脚 B. 从脚到头
   C. 从躯干到四肢 D. 从四肢到躯干
2. 生长发育各年龄阶段的划分依据有（　　）。
   A. 生长发育的规律 B. 形态特点 C. 生理特点 D. 心理特点
3. 影响儿童少年生长发育的因素包括（　　）。
   A. 遗传 B. 营养 C. 疾病 D. 体育运动
4. 儿童少年身体素质发展的特点包括（　　）。
   A. 身体素质的自然增长 B. 身体素质发展的阶段性
   C. 身体素质增长的顺序性 D. 身体素质发展的不规律性
5. 影响儿童少年力量变化的因素包括（　　）。
   A. 动作技巧协调性 B. 运动单位的动员程度
   C. 运动强度和运动量 D. 神经肌肉适应
6. 力量素质的发展特点包括（　　）。
   A. 肌肉力量随着年龄增长，并在25～29岁达到高峰
   B. 身体两侧肌肉力量基本都是平衡发展的
   C. 优势侧力量会更大
   D. 青春期男性肌肉力量会高于女性
7. 儿童少年运动表现的变化与（　　）有关。
   A. 个体自身经验水平 B. 身体增长
   C. 生理发育 D. 神经功能的变化

四、判断题

1. 在生长发育过程中，机体器官系统的生长发育是一个速度不均衡、波浪式增长的过程。（　　）
2. 儿童少年发育是量的增加，而生长是质的变化。（　　）
3. 青春发育期以生长突增为开始的标志。（　　）
4. 女性先于男性达到力量峰值。（　　）
5. 由于儿童少年心率较高，心输出量也较高，因此其氧运输能力比成人要好。（　　）
6. 随着耐力训练的开展，儿童少年最大摄氧量的增长幅度较成人小，但其运动能力的提高幅度却相对较大。（　　）

7. 各种身体素质是随年龄而增长的，其增长速度在各年龄阶段都一样。（   ）
8. 青春期前几年骨密度增加、骨膜伸展增大，为增长骨量最重要的时期。（   ）
9. 为了促进儿童少年力量的增长，应尽早开始力量训练。（   ）
10. 灵敏、柔韧等协调身体素质发展的敏感期比爆发力、无氧耐力要晚。（   ）
11. 以提高耐力专项能力为目的的大强度训练的开始年龄必须相对较晚，通常为16～17岁。（   ）

五、思考题

1. 如何划分儿童少年的年龄阶段？
2. 影响儿童少年生长发育的因素有哪些？
3. 儿童少年心血管和呼吸机能对运动应激的反应是什么？
4. 儿童少年代谢机能的发育特点是什么？
5. 根据儿童少年身体机能的发展特点，如何合理安排力量训练？
6. 儿童少年力量素质的发展特点是什么？
7. 儿童少年速度素质的发展特点是什么？
8. 儿童少年耐力素质的发展特点是什么？

六、实践应用题

1. 根据儿童少年期学生身体素质发展特点，试为他们的速度素质发展提供合理的建议。
2. 很多人认为青少年进行负重训练会导致运动损伤，甚至影响生长发育过程，但有研究发现，青春期之前或青春期少年进行抗阻训练时，发生运动损伤的风险并不高。试为青少年力量训练提供合理的建议。

参考答案

一、名词解释

1. **生长**：生长是指人体随着年龄的增长，机体内细胞繁殖、增大及细胞间质的增加，表现为组织、器官及身体形态和重量的变化，以及身体化学组成成分改变的过程。
2. **发育**：发育是指各器官、组织、细胞的形态改变与功能逐渐完善的过程，包括心理、智力持续发展及运动技能不断获得和提高的过程。
3. **成熟**：成熟是指生长发育过程达到一个比较完备的阶段，标志着个体发育在形态、生理、心理方面全面达到成人阶段。

4. 青春发育期：青春发育期即青春期，是由儿童少年时期过渡到成人的一个迅速发育的阶段，以生长突增为开始的标志，以性成熟为结束。

5. 身体素质的自然增长：儿童少年各项素质随年龄增加而增长的现象，称为身体素质的自然增长。

6. 身体素质增长敏感期：在不同的年龄阶段，各项素质增长的速度不同。把身体素质增长速度快的年龄阶段叫作身体素质增长敏感期。以年增长率的均值加一个标准差作为确定敏感期范围的标准。年增长率大于或等于标准值的年龄阶段为敏感期，小于标准值的为非敏感期。

二、单选题

1. B　　2. B　　3. A　　4. C　　5. A　　6. A　　7. B　　8. C　　9. A　　10. C
11. D　　12. D　　13. C　　14. D

三、多选题

1. AC　　2. ABCD　　3. ABCD　　4. ABC　　5. ABD　　6. ABCD　　7. ABCD

四、判断题

1. √　　2. ×　　3. √　　4. √　　5. ×　　6. √　　7. ×　　8. √　　9. √　　10. ×
11. ×

五、思考题

1. 如何划分儿童少年的年龄阶段？

根据生长发育的规律，以及形态、生理和心理的特点，通常将7~17岁总称为儿童少年时期，将儿童少年时期连同新生儿期和婴儿期共划分为以下六个时期。

新生儿期：出生至4周。

婴儿期：出生后4周至1岁。

儿童早期：1~6岁。

儿童中期：7~10岁。

儿童后期（发育期）：女性9~15岁；男性12~16岁。

青少年期：发育期至成年。

2. 影响儿童少年生长发育的因素有哪些？

儿童少年的生长发育存在显著的个体差异，造成这种差异的原因，除了机体自身的遗传因素之外，还受到各种因素的影响，如营养、疾病、体育运动等。

（1）营养。儿童少年处在生长发育的关键阶段，必须向外界吸收足够的各种营养素作为生长发育的物质基础。营养丰富又平衡的膳食能促进生长发育；反之，缺乏营养的膳食不仅会影响发育，而且会导致疾病，影响学习和劳动能力。

（2）疾病。急性疾病对儿童少年的生长发育影响最为明显。严重的慢性病、传染病、流行病和地方病，对儿童少年生长发育的影响很大。

（3）气候和季节。气温等自然环境条件，对儿童少年的身体发育有一定的影响。生活在热带和温带地区的儿童少年，性成熟期出现较早，身体发育水平略低；而生活在寒冷地区的儿童少年，性成熟期出现较晚，身体发育水平也略高。同一地区的各个季节对生长发育也有影响，春季身高增长最快，秋季体重增长最快。

（4）社会因素。社会因素对儿童生长发育的影响是综合性的。其中，主要的决定因素是经济发展的情况，以及与之有关的营养、居住、医疗和体育等条件。

（5）体育运动。体育运动和身体活动是促进身体发育和增强体质的最有利因素。体育锻炼通过调节机体的新陈代谢及神经内分泌系统的作用机制，对人的形态、功能、素质和适应能力起到明显的促进作用，从而增强人的体质。但是，这需要一个长期的、科学的积累过程，运动不足和运动过量都会阻碍儿童少年的生长发育过程。

3. 儿童少年心血管和呼吸机能对运动的应激反应是什么？

（1）静息和亚极限运动。在静息状态和亚极限运动状态下，儿童少年的血压在20岁之前呈现渐进性升高，直至成人水平，期间血压在总体上低于成人水平。血压与体型密切相关。身材高大的血压通常较高，因此儿童少年血压较低的一部分原因是体型较小。另外，儿童少年血管的外周阻力较小，在身体活动时，集中至骨骼肌的血液多于成人，这也是造成儿童少年血压低的原因。

儿童少年的心脏较小，总血容量低，无论是静息状态还是运动状态，其总心输出量都低于成年人。在一定强度的亚极限负荷运动时，由于耗氧量绝对值是相等的，儿童少年的心脏出现代偿性反应，其心率高于成年人。随着儿童少年年龄的增加，其心脏大小和血容量同身材一起增长。因此，随着身材增大，每搏输出量增加，心脏输出功率也增加。

然而儿童少年在亚极限状态下，虽然心率较高，但仍无法完全弥补每搏输出量较低的不足。所以，在一定的负荷强度运动时，儿童少年的心输出量略低于成人。亚极限运动时，运动肌群的血流量增加，为了保证足够的摄氧量，儿童少年的动脉—静脉血氧含量差增大，以进一步弥补较低的每搏输出量。

（2）最大强度运动。儿童少年的最大心率高于成人的水平，但随着儿童少年年龄的增加呈线性下降趋势。在最大强度运动中，儿童少年同样由于心脏较小和血容量较少，而使每搏输出量受限。与成人相比，虽然其最大心率较高，但心输出量较低，氧运输能力较弱，这限制了儿童少年在运动负荷较高时的运动能力。但在移动相对自身体重负荷较高的情况下运动时，儿童少年最大心输出量较低的限制就不那么明显。

4. 儿童少年代谢机能的发育特点是什么？

（1）有氧能力。在不同程度的运动中，心血管和呼吸机能适应性变化的目的是保证骨骼肌运动时氧的供应。儿童少年在生长过程中随着年龄增加，心血管和呼吸机能提高，表明有氧能力增强。最大摄氧量是评价有氧耐力的重要指标，最大摄氧量峰值出现在17～21岁，然后随着年龄的增长呈线性下降，女性最大摄氧量开始下降的年龄比男性早。

最大摄氧量绝对值的变化可能无法准确反映儿童少年生长过程中运动能力的变化，以及循环系统的发育状况，因此多用体重变化反映心脏呼吸机能和代谢系统的变化，即最大摄氧量的相对值。虽然用相对值表示最大摄氧量有诸多优势，但不应该用体重去衡量身材不一致的儿童少年的最大摄氧量。首先，尽管用相对体重表示的最大摄氧量，随年龄增长保持稳定或者有所下降，但是耐力运动能力却平稳增加。其次，随着耐力训练，儿童少年最大摄氧量的增加幅度较成年人小，但儿童少年运动能力提高的幅度却相对较大。因此，对于不同身材的儿童少年来说，最大摄氧量并不是计算有氧能力最适宜的指标。

（2）无氧能力。儿童少年进行无氧运动的能力是有限的。在极限运动时，儿童少年肌肉或血液中乳酸浓度都未达到成年人的水平，表明儿童少年的糖酵解能力较低。乳酸水平较低意味着无氧糖酵解过程中重要的限速酶——磷酸果糖激酶的浓度较低。儿童少年的乳酸脱氢酶活性似乎也较低。用最大摄氧量来反映有氧代谢情况时，发现影响儿童少年乳酸阈的因素除上述的酶外，还有磷酸原系统供能。儿童少年的乳酸阈接近甚至略高于有训练的成年人，而且儿童少年在安静情况下的ATP-CP水平与成人的相近，表明儿童少年在15s以内的运动项目中是极具竞争力的。在15～120s无氧糖酵解供能的运动项目中，儿童少年的能力相对较弱。儿童少年在最大运动或力竭性运动中，呼吸商不高，表明在相同耗氧量的情况下，儿童少年体内产生的CO_2较少，提示体内乳酸的缓冲较少。在一定范围内，随着年龄增长，无氧功率不断增加。

5. 根据儿童少年身体机能的发展特点，如何合理安排力量训练？

多年来，对青春期之前或青春期的儿童少年进行肌肉力量和耐力训练的做法始终备受争议。但有研究发现，青春期之前或青春期儿童少年进行抗阻训练时，发生运动损伤的风险并不高。相反，抗阻训练可加强关节周围的肌肉力量，起到预防损伤的作用。目前，值得推荐的方法是为儿童少年制订抗阻训练的运动处方，合理安排运动强度和运动量，这对肌肉力量的提高非常有效。

青春期力量的增加主要源于神经适应和肌肉大小、特异紧张状态的增强。在训练计划及运动处方中，7岁以下的儿童少年需要了解并进行负重运动，理解训练阶段的概念，掌握运动技巧，进行基本体操或双人活动，进行轻度的抗阻运动，维持小运动量。8～10岁逐渐增加更多运动项目，进行运动机能训练，逐渐给予运动负荷，保持动作简单，略微增加运动量，监控运动的耐受程度。11～13 岁学习全部的基本运动技术，逐渐增加各个项目的负荷，逐步学习更高难度的技术，保持之前的运动负荷，进行青少年适应的抗阻训练，学习并掌握运动项目的特异性，逐渐增加运动量。14～15 岁进行青少年适应的抗阻训练，学习并掌握运动项目的特异性，强调运动技术、技巧，逐渐增加运动量。16 岁以上掌握全部背景知识、训练经验，尝试进行初步的成年人训练计划，根据个体情况调整运动量。需要强调的是，任何儿童少年进行抗阻训练时必须由专业人士进行指导。

6. 儿童少年力量素质的发展特点是什么？

力量的主要表现形式包括速度力量、力量耐力、绝对力量、相对力量。通过对绝对力量和相对力量的测试发现，肌肉力量会随着年龄增长并在 25～29 岁达到高峰，但是在不同性别之间差异很大。身体左右两侧的肌肉力量基本是平衡发展的，但优势侧的力量会更大一些。腿部力量占全部力量的 60% 左右。在儿童时期，男性和女性的力量随着年龄的增长而增长。在 3 岁时，男性的力量有略微的增长。在青春期时，男性由于雄激素的作用，肌肉的力量和重量都较女性更高。

在人体的主要肌肉群上，男性比女性多 30%～50%，两者在躯干和腿部的肌肉差异要小于肩部和手臂。上述差异主要与青春期后雄激素分泌的增加及体重的增长有关。肌肉力量在达到峰值以后开始下降（25～29 岁），表现为肌肉重量随着年龄的增长会减少 25%～30%。所以，儿童少年力量素质发展的敏感期主要为女性 11～15 岁、男性 12～16 岁。在青春发育期前期，由于肌肉主要是纵向发展，肌肉长度增加；而在中后期肌肉开始横向发育，此时肌纤维逐渐增粗，肌力逐渐增加，及时进行力量训练，效果会比较明显。

儿童少年的速度力量（如立定跳远）自然增长最快时期为男性 7～16 岁、女性 7～13 岁；男性 16 岁以后、女性 13 岁以后趋于稳定。绝对肌力（如背力、握力）的自然增长最快时期，男性和女性都是 15～17 岁。相对力量（如握力、背肌力指数）自然增长最快时期，男性和女性都在 10～14 岁，16～17 岁趋于稳定。力量耐力的自然增长最快时期为男性 7～17 岁、女性 7～13 岁，但女性在 15 岁后开始停滞，甚至下降。

总的来说，儿童少年力量素质在自然增长过程中，速度力量增长的百分率最低，说明速度力量更受先天遗传的影响；而绝对力量的变化，除随年龄增长、肌肉体积增加而增大外，更受环境与训练的影响，即后天训练能更大程度地提高；相对力量受遗传的影响较大，后天变化较小。

7. 儿童少年速度素质的发展特点是什么？

速度素质包括反应速度、动作速度和位移速度。目前认为，速度素质发展的敏感期是 7～12 岁，是提高短跑成绩的黄金时期，如果在 7～11 岁时不予以训练，再提高步频几乎是不可能的。

反应速度（如反应时）作为速度素质的一种，其发展时期也较早，儿童少年 8～12 岁反应速度大幅度提高。人的反应速度是天生的，是一个纯生理过程，这个生理过程主要是由先天遗传决定的，在以后的训练中很难提高，训练只能把获得的遗传因素巩固下来。但是，注意力的集中和对信号反应的动作熟练程度也会影响反应速度，所以后天训练仍是必要的，特别是对注意力的培养及对动作熟练程度的训练，对提高反应速度十分关键。反应速度在9～12岁时提高最为显著，应抓紧这个时期训练反应速度。

动作速度和位移速度不仅具有性别差异，还要依靠后天训练提高。针对动作速度的研究发现，儿童少年随着生长发育，投掷速度大幅度提高，在9岁时的投掷速度可达3岁时的2倍左右，性别差异也很早就体现出来。在位移速度方面，随着年龄增加、体型改变和肌肉力量增加，跑速会提高。儿童少年男性随着年龄的增加，直至17岁，速度会不断加快，而女性从13岁开始，速度便不再增加，甚至减慢。也有研究提出，13岁或14岁时女性的跑速没有下降，但确定儿童少年的速度峰值处于17岁。速度的发展与动作频率有着密切的联系。儿童从7岁起步频有较快的自然增长，13岁后下降，故7～13岁是训练动作频率的敏感期，在此阶段可对儿童少年进行提高步频的训练。

8. 儿童少年耐力素质的发展特点是什么？

耐力素质包括有氧耐力和无氧耐力。

有氧耐力发展的敏感期，男性为10～17岁、女性为9～14岁及16～17岁。如果是以提高心肺功能和整体健康为目的的有氧练习，其强度较小，可以较早进行，特别要在青春期给予着重发展。如果是以提高耐力专项能力为目的的大强度训练，必须相对较晚，通常为16～17岁。最大摄氧量是评价有氧耐力的重要指标。在儿童时期，最大摄氧量是随着年龄增长而增长的。在12岁前，男性和女性的最大摄氧量基本相同，男性的最大摄氧量在18岁时达到峰值，女性14岁之后的最大摄氧量变化很小。男性的最大摄氧量与其雄激素水平的增长有着显著的相关性。男性和女性通过训练可以提高5%～20%的有氧能力，最大摄氧量与体重、遗传等因素之间有很强的相关性。

无氧工作能力在儿童时期与年龄的增长关系不大，与体重也没有明显相关性。由于无氧工作能力与体重无显著相关性且可能随着体重的增长而降低，因此无氧工作能力是随着发育而增长的。女性的无氧工作能力不如男性，尤其是青春期后。儿童少年的无氧耐力发展的敏感期，男子为10～20岁、女子为9～18岁。由于儿童少年的糖酵解能力和无氧代谢能量储备不及成人，限制了其速度耐力练习的适应能力。一般来说，儿童少年在青春发育期以后进行无氧耐力训练更为合理。

六、实践应用题

1. 根据儿童少年期学生身体素质发展特点，试为他们的速度素质发展提供合理的建议。

【参考解答】

（1）儿童少年随生长发育使身体素质得到发展，又由于从事体育锻炼和训练而得到提高。儿童少年身体素质的发展特点有：①身体素质的自然增长。在不同年龄段，各项身体素质的增长速度不同，即使在同一年龄阶段，不同的身体素质的发展变化也不一样。

在青春发育期（男 15 岁、女 12 岁左右），身体素质自然增长的速度快且幅度大。在性成熟期结束时，身体素质增长的速度开始减慢，直到 25 岁左右身体素质的自然增长结束。此后若不进行训练，身体素质一般不会进一步提高。②身体素质发展的阶段性。各种身体素质的自然增长包括增长阶段和稳定阶段。身体素质由增长阶段过渡到稳定阶段有先后之别，在不受训练等因素影响的自然增长情况下，按先后顺序排列如下，首先是男子的速度、速度耐力、腰腹肌力量的增长；其次是下肢的爆发力；最后是臂肌静力力量、耐力。女子各项素质的增长随年龄变化表现出不同的特点，7～12 岁，与男子的增长是一致的；在 13～17 岁，首先是速度、速度耐力、下肢爆发力增长，其次是腰腹肌力量，最后是臂肌静力性力量、耐力，且出现不同程度的停滞和下降趋势。③在不同的年龄阶段，各项素质增长的速度不同。把身体素质增长速度快的年龄阶段叫作身体素质增长敏感期。④各项身体素质达到最高水平的年龄不一致。

（2）根据以上特点，儿童少年期学生发展速度素质应注意以下三点。

①速度素质包括反应速度、动作速度和位移速度。目前认为，速度素质发展的敏感期是 7～12 岁，是提高短跑成绩的黄金时期，抓住这一有利阶段对儿童进行科学的教学和训练，对挖掘未来速度的潜力有较大的影响，但如果在 7～11 岁时不予以训练，以后再提高步频几乎是不可能的。

②反应速度（如反应时）作为速度素质的一种，其发展时期也较早，儿童少年 8～12 岁反应速度大幅度提高。国外的神经生理学研究结果认为，人的反应速度是天生的，是一个纯生理过程，这个生理过程主要是由先天遗传决定的，在以后的训练中很难提高，训练只能把获得的遗传因素巩固下来。但是，注意力的集中和对信号反应的动作熟练程度也会影响反应速度，所以后天训练仍是必要的，特别是对注意力的培养及对动作熟练程度的训练，对提高反应速度很关键。反应速度在 9～12 岁时提高最为显著，应抓紧这个时期训练反应速度。

③动作速度和位移速度主要依靠后天训练提高。速度的发展与动作频率有着密切的联系。儿童从 7 岁起步频有较快的自然增长，13 岁后下降，故 7～13 岁是训练动作频率的敏感期，在此阶段可对儿童少年进行提高步频的训练。

2. 很多人认为青少年进行负重训练会导致运动损伤，甚至影响生长发育过程，但有研究发现，青春期之前或青春期少年进行抗阻训练时，发生运动损伤的风险并不高。试为青少年力量训练提供合理的建议。

【参考解答】

（1）青少年身体素质随着身体的发育会发生相应的变化。①在骨骼方面，儿童少年软骨成分较多，骨密质较差，骨富有弹性而坚固不足，不易完全骨折，而易于发生弯曲和变形。随着年龄增长，骨矿化增加、水分减少，坚固性增强而韧性降低。到 15～16 岁时，水分和胶质逐渐减少，钙质增多，但很多部位的骨组织未完成骨化，坚固性仍较差。青春期少年骨化还未完全完成，骨的坚韧程度不如成人，但优于儿童少年期。另外，儿童关节面软骨相对较厚，关节囊及韧带的伸展性大，关节活动范围大于成人，牢固性相对较差，在外力作用下较易脱位。②在肌肉方面，儿童少年的肌肉中水分多，收缩功能较弱，耐力差，易疲劳。随着年龄增长，肌肉中的有机物增多、水分减少，肌肉重量不断增加，肌力也相应增强。儿童少年不同肌肉的生长发育不均衡，肌力的逐年增长也是不均匀的。在生长加速期，肌肉主要为纵向发展，长度增加较快，但仍落后于骨骼增长，所以肌肉收缩力量和能力都较差。生长加速期结束后，身高的增长缓慢，肌肉横向发展较快，这时肌纤维明显增粗，肌力显著增加。

（2）根据青少年骨骼、肌肉发育的特点，在力量训练中应注意以下四点。

①根据年龄特点安排运动负荷。在12~13岁肌肉体积和力量增长速度加快，可增加一些抗阻（如拉橡皮筋）或哑铃等的力量练习。15~18岁，肌肉体积和力量增长的速度最快，在练习中，可以增加阻力或负重，以有效地发展肌肉力量。儿童少年力量素质发展的敏感期是女性11~15岁、男性12~16岁。在青春发育期的前期，由于肌肉主要是纵向发展，肌肉长度增加，此时要想使肌肉变粗，效果不是很明显；而在青春发育期的中后期，肌肉开始横向发育，此时肌纤维逐渐增粗，肌力逐渐增加，应及时进行力量训练，效果会比较明显。

绝对肌力（如背力、握力）的自然增长，男性和女性都在15~17岁增长速度最快。相对力量（如握力、背力指数）的自然增长，男性和女性都在10~14岁增长速度最快，16~17岁时趋向稳定。力量耐力的自然增长，男性7~17岁、女性7~13岁前持续上升，但女性在15岁后开始停滞，甚至下降。

力量练习时，应以动力性力量练习为主，辅以适宜的静力性练习。负荷不宜过大，组数不宜过多，练习结束后，注意做好放松活动。

②力量训练时应注意负荷的重量。青少年骨化过程还未完全完成，骺软骨承受压力的能力比成人差。如果负重过大、静力性动作过多或剧烈震动，容易造成脊柱弯曲、骨盆和腿型畸形，这也会使骨化过程过早完成或损伤骺软骨，影响骨的生长发育。15岁以后，再进行较大重量的力量练习应以动力性练习为主。进行必要的静力性练习时，需要控制时间，做到动静结合，不宜在过硬的场地上经常用力踏跳等。

③根据肌力发展规律安排训练。由于儿童少年肌肉的生长发育不均衡，在运动训练中，应注意全面身体训练，在注意发展大肌群（如腹背肌肉等）的同时，也要注意发展小肌肉群的力量和耐力。在身高增长加速时，肌肉的长度增加较快，肌肉收缩力量和耐力都较差，宜采用伸长肢体练习、弹跳和支撑自身重量的力量练习，重负荷力量练习宜少采用。生长加速期结束后，身高增长缓慢，肌纤维增粗加快，肌力显著增加，可以适当增加力量性练习。

④应预防关节损伤的发生。青少年的关节柔韧性较好，但也要重视发展关节的牢固性，以防在运动中损伤关节，如发现青少年有腰、膝及肘部疼痛时，应引起重视，并及早进行诊断及治疗。

第二十章 女性与体育运动

习题部分

一、名词解释

1. 青春期
2. 性成熟期
3. 更年期
4. 绝经后骨质疏松症
5. 月经
6. 月经周期
7. 月经初潮
8. 月经前综合征
9. 运动性月经失调
10. 痛经
11. 女运动员"三联征"

二、单选题

1. 成年女子骨骼肌的重量占体重的（　　）。
   A. 35%　　　　　　B. 45%　　　　　　C. 15%　　　　　　D. 55%
2. 女子有氧能力低（　　）。
   A. 与女子胸廓小且呼吸肌能力较弱有关
   B. 与组织的耐酸能力高有关
   C. 与女子肌纤维中的琥珀酸脱氢酶的活性高有关
   D. 与有效利用有氧代谢供能和尽快地消除乳酸能力高有关
3. 女性一生根据其性腺卵巢分泌机能的变化可依次分为五个生理阶段，即（　　）。
   A. 幼年期、青春期、更年期、性成熟期、老年期
   B. 幼年期、青春期、性成熟期、更年期、老年期

C. 幼年期、性成熟期、青春期、更年期、老年期

D. 幼年期、青春期、更年期、性成熟期、老年期

4. 女性胸廓较小，安静时呼吸频率较男子快（　　）。

　　A. 8～10 次/分　　　　　　　　　　B. 10～15 次/分

　　C. 4～6 次/分　　　　　　　　　　 D. 13～15 次/分

5. 女性的肺活量约为男性的（　　），最大摄氧量比男性少 0.5～1L。因此，女性的呼吸机能较男性低。

　　A. 95%　　　　B. 50%　　　　C. 30%　　　　D. 70%

6. 卵巢及子宫的周期性变化，受到（　　）的调控。

　　A. 下丘脑—垂体—肾上腺轴

　　B. 下丘脑—垂体—甲状腺轴

　　C. 下丘脑—垂体—生长激素轴

　　D. 下丘脑—垂体—卵巢轴

7. 成年女子骨骼的重量占体重的（　　）。

　　A. 35%　　　　B. 45%　　　　C. 15%　　　　D. 55%

8. 女性在（　　）岁以后，随着年龄的增长，骨量逐渐丢失。

　　A. 30　　　　　B. 50　　　　　C. 70　　　　　D. 60

9. 以下表述正确的是（　　）。

　　女性脊椎骨较长，四肢骨细而短，形成上身_____、下身_____的特点。

　　A. 短　短　　　B. 短　长　　　C. 长　长　　　D. 长　短

10. 女子生理阶段的划分主要以（　　）为根据。

　　A. 生长发育规律　　　　　　　　B. 形态与机能

　　C. 心理　　　　　　　　　　　　D. 性腺卵巢分泌机能的变化

11. 女运动员运动性月经失调的发病率以（　　）运动员为最高。

　　A. 投掷　　　　B. 举重　　　　C. 长跑　　　　D. 柔道

12. 以下表述正确的是（　　）。

　　女性青春期的生长加速期比男性约提前_____年出现，女孩从_____岁开始，男孩从 12～14 岁开始。

　　A. 2　10～12　　　　　　　　　　B. 2　9～11

　　C. 1　10～12　　　　　　　　　　D. 3　10～14

13. 以下表述正确的是（　　）。

　　女子骨骼与男子骨骼相比，重量较_____，抗弯能力较_____。

　　A. 轻　好　　　　　　　　　　　 B. 轻　差

　　C. 重　差　　　　　　　　　　　 D. 重　好

三、多选题

1. 女运动员"三联征"包括的症状有（　　）。
   A. 骨质疏松　　　　B. 肥胖　　　　　　C. 闭经　　　　　　D. 膳食障碍
2. 更年期女性应多进行（　　），有助于预防和治疗骨质疏松、维持体内雌激素水平和延缓衰老。
   A. 有氧运动　　　　　　　　　　　　　B. 大强度抗阻训练
   C. 低强度抗阻训练　　　　　　　　　　D. 无氧运动
3. 从事（　　）运动项目的女性运动员较容易发生女运动员"三联征"。
   A. 艺术体操　　　　B. 举重　　　　　　C. 马拉松　　　　　D. 短跑
4. 与女性运动性月经失调发生的有关因素有（　　）。
   A. 体脂含量　　　　B. 运动类型　　　　C. 运动负荷　　　　D. 饮食营养
5. 孕期运动锻炼需考虑的因素主要有（　　）。
   A. 运动的类型
   B. 运动的强度和持续时间
   C. 孕前的锻炼水平
   D. 孕期其他会使母体和胎儿有风险的因素
6. 妊娠期可选择的运动方式有（　　）。
   A. 散步　　　　　　B. 瑜伽　　　　　　C. 短跑　　　　　　D. 篮球
7. 妊娠对女性心血管系统的影响有（　　）。
   A. 心输出量增加　　　　　　　　　　　B. 每搏输出量增加
   C. 心率增加　　　　　　　　　　　　　D. 血容量减少
8. 女性适宜的体脂主要分布在（　　）等部位的皮下。
   A. 胸部　　　　　　B. 腹部　　　　　　C. 臀部　　　　　　D. 腰部
9. 有研究证实，在月经周期中，女性有氧工作能力及整体较强的是（　　）。
   A. 经前期　　　　　B. 黄体期　　　　　C. 排卵期　　　　　D. 卵泡期
10. 月经期女性可能会出现的现象有（　　）。
    A. 头痛　　　　　　B. 失眠　　　　　　C. 腰酸　　　　　　D. 情绪波动

四、判断题

1. 运动能有效地降低骨钙的流失程度。（　　）
2. 由于女性特有的肩窄盆宽体型，决定了女性具有身体重心较低的特点，因此平衡能力强于男性。（　　）

3. 一般认为，女性经期不适宜运动。（　　）
4. 引起女性运动员"三联征"的核心和起始是饮食紊乱。（　　）
5. 一般来说，女子的红细胞、血红蛋白含量和心血管系统机能均低于男子。（　　）
6. 女子有氧能力、无氧能力，以及力量、速度、柔韧等运动能力都低于同龄男子。（　　）
7. 男性与女性的每单位肌肉横截面积的肌肉力量无明显差异。（　　）
8. 女性运动员在月经期不能参加比赛。（　　）
9. 经常会有处于经期的女性运动员在赛场上取得优异的成绩甚至打破世界纪录。（　　）
10. 运动性月经失调可以作为女性运动员过度训练的标志。（　　）

五、思考题

1. 女性的心肺功能与男性比有哪些形态、生理特点？
2. 女性与男性相比，其运动系统有哪些生理特点？
3. 什么是女性运动员"三联征"？具体表现和发生原因有哪些？并举例说明。
4. 从女性运动能力与月经周期的关系考虑，应如何安排运动负荷？
5. 孕期运动有哪些风险和禁忌证？

六、实践应用题

假如你是一名高中体育教师，在体育教学与训练中针对女生的生理特点，应注意哪些问题？

参考答案

一、名词解释

1. **青春期**：青春期是指卵巢机能由幼稚向成熟状态过渡的年龄阶段。此阶段从10～12岁开始到17～18岁结束，女孩以月经来潮为进入青春期的标志。
2. **性成熟期**：性成熟期又称为生育期，是指卵巢功能成熟的年龄阶段。约从18岁开始，持续近30年。
3. **更年期**：更年期又称为绝经期，是女性从性成熟期进入老年期的过渡时期。更年期指卵巢功能由旺盛向衰退过渡，直至萎缩的年龄阶段，一般在44～54岁。
4. **绝经后骨质疏松症**：在更年期，骨量的流失率显著增加。骨量丢失的主要原因是女性雌激素水平降低。绝经后，女性骨量减少更加明显，极易产生绝经后骨质疏松症。

5. **月经**：女性在卵巢雌性激素的影响下，子宫内膜发生周期性剥落产生的流血现象称为月经。

6. **月经周期**：月经来潮的第一天到下一次月经来潮的第一天为一个月经周期。根据子宫内膜的周期性变化将月经周期分为经前期、月经期、经后期和排卵期。

7. **月经初潮**：第一次月经来潮为月经初潮。一般在 12～15 岁。初潮年龄一般受遗传、营养、健康与社会环境等因素的影响。运动员选材时，常把女性运动员月经初潮的早晚作为判断其发育早晚的条件之一。

8. **月经前综合征**：经前期女性运动员的身体机能状况最差，称为月经前综合征。月经前综合征易受血内激素浓度的影响，可表现为痉挛性锐利腹痛、盆腔部位膨胀感，有时伴有腹泻、头痛、疲乏、头晕、恶心、呕吐、协调能力差和注意力不集中等症状。

9. **运动性月经失调**：大多数运动项目对女性的月经周期没有影响，但高强度、长时间的剧烈运动易引起运动性月经失调，表现为周期延长或缩短、月经过多或过少，甚至闭经。

10. **痛经**：痛经是指月经期前后或行经期间出现的下腹剧烈疼痛、腰酸，甚至恶心、呕吐的现象，是女性的常见病。

11. **女运动员"三联征"**：女运动员"三联征"是指在运动训练影响下，以连锁形式出现的一组综合征，表现为膳食障碍、闭经和骨质疏松。

二、单选题

1. A 2. A 3. B 4. C 5. D 6. D 7. C 8. A 9. D 10. D
11. C 12. A 13. B

三、多选题

1. ACD 2. AC 3. AC 4. ABCD 5. ABCD 6. AB 7. ABC 8. ABC 9. BCD 10. ABCD

四、判断题

1. √ 2. √ 3. × 4. √ 5. √ 6. × 7. √ 8. × 9. √ 10. √

五、思考题

1. **女性的心肺功能与男性比有哪些形态、生理特点？**

女性心脏重量较男性轻 10%～15%，体积约小 18%，容量小 150～200mL；安静状态女性心率较快，快于男性 10 次/分左右，每搏输出量少于男性 10~15mL，收缩压平均低于男性 10.5mmHg，舒张压约低 5.1mmHg。所以，女性的心血管机能弱于男性，运动中必须依靠加快心率来保证足够的心输出量，运动后的恢复过程中，女性心率的恢复速度较慢。

女性的胸廓和肺部的容积都较小，男性肺总容量为 3.61~9.41L，而女性仅为 2.81~6.81L，再加上女性呼吸肌力量较弱，胸廓活动度小，因此女性的肺通气功能和换气功能都较低，这导致女性安静时呼吸频率较男性快 4~6 次/分，且呼吸深度浅；女性的肺活量约为男性的 70%，最大摄氧量比男性少 0.5~1L。因此，女性的呼吸机能较男性低，制约了女性运动中机体氧的供应。

综上，一般来说女性的心肺机能较男性水平低，限制了氧的利用能力，导致女性的有氧能力较男性低。

2. 女性与男性相比，其运动系统有哪些生理特点？

女性骨骼重量占体重的 15%，较男性轻 10% 左右，抗弯能力较差，但韧性较佳。脊柱椎骨间软骨较厚，弹性和韧性优于男性。女性上体长而窄，下肢短而粗，肩窄骨盆宽，这种特殊体型使身体重心低且稳定性好，有利于完成平衡动作，但奔跑速度及负重能力均受到一定限制。

一般来说，女性的肌肉力量弱于男性，女性身体肌肉占体重的 21%~35%，仅为男性肌肉重量的 80%~89%。有资料显示，女性上肢的肌肉力量比男性弱 40%~60%，下肢肌肉力量比男性弱 25%~30%。这种差异主要是由于女性比男性的肌肉体积和肌肉重量小很多。

3. 什么是女性运动员"三联征"？具体表现和发生原因有哪些？并举例说明。

女性运动员"三联征"是指在运动训练影响下，以连锁形式出现的一组综合征，表现为膳食障碍、闭经和骨质疏松。由于最初发现于运动员人群而得名。

"三联征"的突出表现为各种形式的月经失调（AMI，包括闭经）及多发或复发性应力性骨折。国际运动医学界认为，引起"三联征"的核心和起始是饮食紊乱，随之发生的是由于代谢紊乱和低雌激素水平诱导的闭经。而在饮食紊乱和长期低雌激素的影响下，骨钙沉积不良、骨密度低下，逐渐产生骨量降低和骨质疏松。

"三联征"的发生与运动项目高度相关。国外调查显示，越野跑、长跑、花样滑冰、芭蕾舞和体操是"三联征"发病率最高的项目。越野跑、长跑是大运动量的运动，女性运动员容易因为大运动量导致体重过轻、体脂过少、营养不良等，进而引发女性运动员"三联征"；体操项目则需要女性运动员控制体重，而且其又是一项强度很大的运动，女性运动员也容易因为饮食紊乱同时大强度运动导致"三联征"。

4. 从女性运动能力与月经周期的关系考虑，应如何安排运动负荷？

月经周期中，由于雌性激素水平的规律性波动，导致机体的运动能力发生相应变化。在月经周期的不同时相中，人体运动能力的变化具有明显的个体差异。但有研究证实，人体有氧工作能力及整体体能以黄体期最强,卵泡期及排卵期次之,经前期及月经期最弱。因此,在女性运动员的训练和竞赛安排中,应充分注意其体能与月经周期的关系,根据各时相体能的变化规律,合理安排训练负荷量,大负荷训练应与体能的高峰时期相吻合,以使负荷作用达到最佳状态,从而提高训练效果和比赛成绩。

5. 孕期运动有哪些风险和禁忌证?

孕期运动有一定的风险和禁忌证,运动风险包括母体会出现低血糖、疲劳和骨骼肌损伤等,胎儿会出现急性缺氧、高热、急性血糖利用率减少,诱发先兆流产、早产和体重下降等。

妊娠女性运动前应进行运动风险评估,了解可能存在的禁忌证,这对于医生和妊娠女性都非常重要。妊娠期的运动禁忌证,分为绝对禁忌证和相对禁忌证。绝对禁忌证包括妊娠性高血压、先兆子痫、宫颈闭锁不全、中后孕期阴道出血、多胎妊娠且有早产迹象、前置胎盘和早产等。相对禁忌证包括宫内发育迟缓、超重和低剂量药物控制的疾病等(如 1 型糖尿病、惊厥和甲状腺疾病等)。

六、实践应用题

假如你是一名高中体育教师,在体育教学与训练中针对女生的生理特点,应注意哪些问题?

【参考解答】

高中女生处于青春期后期,身体各器官系统具有显著的生理特点,在体育教学和训练中要结合这些特点,科学教学和训练,以促进她们健康地生长发育,减少运动损伤。

(1) 高中女生氧运输系统特点。

女性心脏重量较男性心脏轻 10%~15%,体积约小 18%,容量小 150~200mL;安静状态下,女性心率较快,每搏输出量少于男性,血压平均值低于男性。所以,女性的心血管机能弱于男性,运动中必须依靠加快心率来保证足够的心输出量。运动后的恢复过程中,女性心率的恢复速度较慢。

女性胸廓和肺部的容积都较小,男性肺总容量为 3.61~9.41L,而女性仅为 2.81~6.81L,再加上女性呼吸肌力量较弱,胸廓活动度小,因此女性的肺通气功能和换气功能都较低,这导致女性安静时呼吸频率较男性快 4~6 次/分,且呼吸深度浅;女性的肺活量约为男性的 70%,最大摄氧量比男性少 0.5~1L,因此,女性的呼吸机能较男性低,制约了女性运动中机体氧的供应。

女性血量约占体重的 7%,男性则达 8%;女性的红细胞数量为每立方毫米 380 万~460 万,血红蛋白为 110~150g/L,均低于男性,女性每千克体重的血红蛋白约为 8.3g,男性则可达 11.6g,全血中血红蛋白的总量,女性仅为男性的 56%。因此,女性机体运输氧的能力较男性差,有氧工作能力较男性低,约为男性的 70%。

总之，女性的呼吸、循环机能水平低，血液的携氧能力差，限制了氧的利用能力，导致女性的有氧能力较男性低，因此体育训练和教学过程中，高中女生有氧运动的强度开始不宜过高，应从中、小强度的有氧运动循序渐进过渡到高强度有氧运动。

（2）高中女生运动系统特点。

在青春发育期，女性的肌肉发育慢于男性，肌肉体积及重量均低于男性，肌肉力量弱于男性。因此，力量训练时不能要求女性的负荷或动作标准跟男性一样。女性的静力性运动比男性适应得快，所以需要注意力量训练的方式。

女性骨骼重量较男性轻，抗弯能力较差，但韧性较佳。脊柱椎骨间软骨较厚，弹性和韧性优于男性。因此，女性柔韧性优于男性。女性属于上体长而窄、下肢短而粗、肩窄盆宽的特殊体型。这种体型使身体重心低且稳定性高，有利于完成平衡动作，但奔跑速度及负重能力均受到一定限制。

（3）高中女生身体成分特点。

女性适宜的体脂含量应占体重的20%左右，主要分布在胸、腹、臀和大腿等部位的皮下。女性皮下脂肪含量约为男性的2倍。青春期后期的高中女生一般比较丰满。有研究证实，较厚体脂与运动员的有氧和无氧运动成绩呈负相关。所以，女性在完成跑、跳、爬山等抗重力做功使身体腾空或移动的运动时，较厚的体脂成为限制运动能力的因素。而且，运动中机体的散热能力也会受到较厚皮下脂肪的影响。但较厚的皮下脂肪具有很好的保温及保护作用，可增加机体的浮力，有利于参加冰雪及游泳类运动。

第二十一章　衰老与运动

习题部分

一、名词解释

1. 衰老
2. 实际年龄
3. 衰老的随机理论
4. 衰老的系统理论
5. 衰老的细胞理论
6. 衰老的基因调节理论
7. 失健
8. 健化

二、单选题

1. 造成老年人动作迟缓的主要原因是（　　）。
   A. 心血管系统衰老　　B. 神经系统衰老　　C. 呼吸系统衰老　　D. 感觉器官衰老
2. 下列不是影响衰老的因素是（　　）。
   A. 先天遗传
   B. 后天遗传
   C. 自由基产生过多
   D. 能量供应降低
3. 世界卫生组织对老年人的划分标准是（　　）。
   A. 60～65 岁　　　　B. 60 岁　　　　C. 60～74 岁　　　　D. 75 岁以上
4. 下列叙述不属于衰老学说的是（　　）。
   A. 内环境稳定性失调
   B. 机体随年龄的增长，免疫系统功能下降
   C. 垂体胸腺等内分泌退化的结果
   D. 衰老过程源于自由基对细胞及组织的损害

5. 影响身体脂肪含量的有关因素是（   ）。
   A. 心泵血功能　　　　B. 体力活动　　　　C. 肺活量大小　　　　D. 肌肉的体积
6. 身高随年龄增长而降低的原因是（   ）。
   A. 钙含量减少　　　　　　　　　　　　　B. 椎间盘压缩和椎骨退化
   C. 氧运输系统能力降低　　　　　　　　　D. 肌肉力量下降
7. 不属于神经系统衰老表现的是（   ）。
   A. 睡眠稳定　　　　　　　　　　　　　　B. 视力下降
   C. 记忆力减退　　　　　　　　　　　　　D. 神经细胞数量减少
8. 下列选项中，老年人在运动前要进行的医学检查是（   ）。
   A. 尿十项测定　　　　　　　　　　　　　B. 血乳酸测定
   C. 运动机能评定　　　　　　　　　　　　D. 身体素质评定
9. 骨骼肌发生退行性变化的主要特征是（   ）。
   A. 肌纤维的体积和数量减少　　　　　　　B. 肌肉弹性下降
   C. 肌肉硬度增加　　　　　　　　　　　　D. 肌肉易疲劳
10. 老年人呼吸系统的功能会随着年龄的增长而下降，其主要原因是（   ）。
    A. 肺泡体积逐渐减小　　　　　　　　　　B. 肺的通气和扩散能力下降
    C. 肺血管口径变宽　　　　　　　　　　　D. 肺动脉压减小

三、多选题

1. 影响一个人衰老程度的因素有（   ）。
   A. 实际年龄　　　　B. 阴历年龄　　　　C. 心理年龄　　　　D. 生理年龄
2. 衰老的机理复杂，目前尚无定论，以下关于学术界主要研究的理论有（   ）。
   A. 随机理论　　　　　　　　　　　　　　B. 系统理论
   C. 细胞理论　　　　　　　　　　　　　　D. 基因调节理论
3. 细胞理论认为单个细胞内部成分 DNA 的改变是衰老发生的诱因，下列学说支持该理论假说的有（   ）。
   A. 体细胞突变和 DNA 损伤学说　　　　　B. 程序衰老学说
   C. 线粒体 DNA 突变　　　　　　　　　　D. 端粒学说
4. 属于神经系统衰老表现的是（   ）。
   A. 脑组织丢失　　　　　　　　　　　　　B. 姿势稳定
   C. 神经传导速度下降　　　　　　　　　　D. 神经细胞数量减少
5. 属于生理性老化的感觉系统变化的是（   ）。
   A. 虹膜肌力下降，瞳孔变小　　　　　　　B. 听力受损，交流能力下降
   C. 味觉、嗅觉减退或者失灵　　　　　　　D. 记忆力减退

6. 以下属于骨骼肌因衰老而发生的最明显变化的是（　　）。
   A. 骨骼肌横截面面积下降　　　　　　B. 肌肉收缩速度变慢
   C. 收缩蛋白量减少　　　　　　　　　D. 骨骼肌的有氧能力下降

7. 不属于呼吸系统衰老表现的是（　　）。
   A. 肺泡内 CO_2 分压下降
   B. 动脉血氧饱和度上升
   C. 肺通气储备下降
   D. 肺组织的纤维组织增多

8. 老年人容易出现胃肠扩张、下垂、消化不良和便秘现象是由于（　　）。
   A. 胃肠黏膜变薄、绒毛萎缩
   B. 肝脏和胰腺功能减退
   C. 消化酶分泌减少
   D. 肌纤维萎缩且弹性降低

9. 属于老年人运动健身的原则有（　　）。
   A. 重视有氧运动原则与适当加强力量训练原则
   B. 经常性原则与循序渐进原则
   C. 个别对待原则
   D. 自我监督原则

10. 长期适当的有氧运动后，老年人会出现的适应性变化有（　　）。
    A. 降低骨质流失速度、增加骨量
    B. 肌纤维适应性肥大
    C. 心血管机能下降、血液黏稠
    D. 降低血清 TG 和 LDL-C

四、判断题

1. 运动项目特点、训练强度对老年人的各系统器官机能没有影响。（　　）
2. 身高随年龄增长而降低，主要原因是钙质流失、肌肉萎缩。（　　）
3. 机体对糖、脂肪的有氧代谢能力具有年龄差异，年龄大的人有氧代谢酶活性比年龄小的高。（　　）
4. 老年人血压常会升高，其原因是血管壁生理性硬化、血管壁脂质沉积、外周阻力增加等。（　　）
5. 中老年妇女积极参加体力活动可延缓衰老过程中的骨质流失。（　　）
6. 无氧训练可起到缓解和改善老年人运动和感觉神经减弱的作用。（　　）
7. 老年人只要进行体育锻炼就能提高健康水平。（　　）

8. 老年人在锻炼前应做一次全面的身体检查，通过检查可了解自己的健康状况和各脏器的功能水平。（ ）

9. 每周锻炼不应少于3～4次，每周锻炼不低于120min。同时要合理安排锻炼时间，养成按时锻炼的良好习惯。（ ）

10. 老年人的适宜运动心率可用"220-年龄"这个公式来掌握。（ ）

11. 进行适当的力量训练可以减缓中老年人骨质流失的速度，防止肌肉萎缩，维持各器官的正常功能。（ ）

12. 老年人健身时可以采取不同类型的运动项目，运动强度从温和到略微剧烈不等，也就是说，训练时不低于最大心率的50%为宜。（ ）

13. 长期坚持抗阻练习可有效提高高密度脂蛋白胆固醇水平，降低血清甘油三酯、低密度脂蛋白胆固醇、极低密度脂蛋白胆固醇及载脂蛋白水平。（ ）

14. 运动训练使机体对自由基损伤产生适应，长期运动训练可提高器官、组织的血供调节能力，组织相对缺氧较轻。（ ）

15. 衰老的过程是同一生物种属随年龄增长发生的普遍现象，主要是内在因素而不是单纯外部环境因素造成的。（ ）

16. 衰老过程同时伴随着姿势控制系统的退化，限制精确控制身体运动的能力，导致平衡能力和运动协调性减退。（ ）

17. 适宜的健身活动可延缓运动系统的功能退化，是防止老年性骨质疏松的良好方法。（ ）

18. 衰老常伴有胶原纤维降解，关节软骨变薄及钙化、弹性丧失，滑膜面纤维化、关节面退化。（ ）

五、思考题

1. 简述老年人健身运动的原则。
2. 体育锻炼对老年人血脂代谢有哪些影响？
3. 试述衰老的产生的机制。
4. 老年人适宜的运动项目有哪些？
5. 试述运动对老年人运动系统、氧运输系统、神经系统和免疫机能的影响。

六、实践应用题

老年人出现肌肉萎缩、骨质疏松，因而肌肉力量下降，骨骼脆性变大容易骨折。因此，有人建议老年人不应再做抗阻运动锻炼，防止出现跌倒、摔伤或者骨折。请用运动生理学原理来判断此观点是否正确并加以说明。

第二十一章 衰老与运动

参考答案

一、名词解释

1. **衰老**：衰老又称老化，是生物体自成熟期开始，随增龄发生的、渐进的、受遗传因素影响的、全身复杂的形态结构与生理功能发生不可逆的退行性变化，具有普遍性、内因性、进行性、累积性及有害性等特点。

2. **实际年龄**：实际年龄是一种不以人类意志为转移的客观现象，年复一年地增加。

3. **衰老的随机理论**：衰老的随机理论包含了四个学说，即自由基学说、交联学说、差误成灾学说和耗尽学说，认为衰老的发生是随机的。

4. **衰老的系统理论**：衰老的系统理论是总结和综合了与衰老密切相关的两大系统的研究成果，提出了神经内分泌学说和免疫学说。

5. **衰老的细胞理论**：衰老的细胞理论以细胞为单位，认为单个细胞内部成分 DNA 的改变是衰老发生的诱因，包括体细胞突变和 DNA 损伤学说、程序衰老学说、线粒体 DNA 突变、端粒学说。

6. **衰老的基因调节理论**：衰老的基因调节理论认为衰老是由于在生物体分化生长过程中某些基因发生了有顺序的激活和阻遏。

7. **失健**：衰老使老年人活动能力下降，导致原来的健康状态减退，并且由于各种急慢性伤病常使老年人被迫制动和休息，这种制动和休息虽然使残损所带来的功能障碍得到部分恢复，但是会带来全身器官、整个系统的废用性变化，这一现象称为失健。

8. **健化**：运动训练可对人体各种功能产生相应的影响，不仅重新获得原有丧失的功能，并有可能比原有的功能获得更高的功能。训练引起的效应称为健化。

二、单选题

1. B 2. D 3. D 4. A 5. B 6. B 7. A 8. C 9. A 10. B

三、多选题

1. ACD 2. ABCD 3. ABCD 4. ACD 5. ABC 6. AC 7. AB 8. ABCD
9. ABCD 10. AD

四、判断题

1. × 2. × 3. × 4. √ 5. √ 6. × 7. × 8. √ 9. × 10. ×

11. √ 12. × 13. × 14. √ 15. √ 16. √ 17. √ 18. √

五、思考题

1. 简述老年人健身运动的原则。

老年人在进行体育锻炼时，为了安全有效，应该遵循以下几个原则。

（1）个别对待原则。老年人在锻炼前应做一次全面的身体检查。通过检查可了解自己的健康状况和各脏器的功能水平。

（2）循序渐进原则。在进行健身运动的初期，运动负荷和运动量要小，经过锻炼对运动负荷和运动量适应后再逐步增加和达到适宜的运动负荷和运动量。

（3）经常性原则。健身运动一定要持之以恒。每周锻炼不应少于2~3次，每次锻炼不低于30min。同时要合理安排锻炼时间，养成按时锻炼的良好习惯。

（4）自我监督原则。老年人参加体育锻炼要加强医务监督。学会观察、记录自己的脉搏、血压及健康状况，以便进行自我监督，防止过度疲劳，避免发生运动损伤，提高锻炼效果和健康水平。运动时要注意适当安排短暂休息，运动前后要认真做好准备活动和整理活动。

（5）重视有氧运动原则与适当加强力量练习原则。一方面，老年人进行健身运动时，适宜从事耐力性项目，而不宜进行速度性项目；另一方面，适度的力量练习可以减缓中老年人骨质流失的速度，对于防止肌肉萎缩、维持各器官的正常功能均能起到积极的作用。

2. 体育锻炼对老年人血脂代谢有哪些影响？

体育锻炼对老年人血脂代谢的影响表现为：老年人长期坚持健身跑、打太极拳、练太极剑、步行、跳健身舞等中等强度有氧运动能有效地改善脂蛋白和载脂蛋白的代谢，可有效提高高密度脂蛋白胆固醇水平，降低血清甘油三酯、低密度脂蛋白胆固醇、极低密度脂蛋白胆固醇及载脂蛋白水平。而抗阻练习对血中胆固醇、甘油三酯及脂蛋白的水平影响不大。

3. 试述衰老的产生的机制。

衰老的机制目前尚无一个为学术界所公认的理论或者学说，随着科学在衰老成因方面进行长时间探索，主要可以归纳为四个研究层面：随机理论、系统理论、细胞理论和基因调节理论。

（1）随机理论。该理论体现了衰老发生的随机性。主要有四个学说：自由基学说、交联学说、差错成灾学说、耗尽学说。自由基学说被多数科学家所认可，交联学说与自由基学说在一定限度上有交叉。

（2）系统理论。该理论总结和综合了与衰老密切相关的两大系统的研究成果，提出了神经内分泌学说和免疫学说。

（3）细胞理论。该理论以细胞为单位，认为单个细胞内部成分 DNA 的改变是衰老发生的诱因。包括体细胞突变和 DNA 损伤学说、程序衰老学说、线粒体 DNA 突变、端粒学说。

（4）基因调节理论。该理论认为衰老是由于在生物体分化生长过程中某些基因发生了有顺序的激活和阻遏。物种的发育期、生殖期及衰老期的长短取决于被顺序地激活和阻遏的若干套特殊的基因，这些时期的持续时间在一定限度内可以改变，并可受内在因素及一些外在因素（如营养等）的影响，于是形成了同一物种不同个体间寿命的不同。

（5）其他。如衰老相关基因的理论。其研究显示，人体存在长寿基因和衰老基因，这些基因具有引起或延缓衰老的作用。

4. 老年人适宜的运动项目有哪些？

适合老年人的健身保健运动大致可分为三类，即轻度到中度强度的耐力性运动、伸展运动及适度的力量训练。耐力性运动有步行、慢跑、太极拳、五禽戏、门球、老年健身操、气功、游泳及室内步行车等；伸展运动通常作为准备活动暖身，还可以增加肌肉、韧带弹性，改善不良姿势；适当的力量训练可以增加肌力，应选择那些轻量、安全的训练项目，如举小沙袋、握小杠铃、拉轻型弹簧带等，而且每次练习的时间也不宜过长，以免对身体造成伤害。

5. 试述运动对老年人运动系统、氧运输系统、神经系统和免疫机能的影响。

（1）运动对老年人运动系统的影响。适宜的健身活动可减缓运动系统功能的退化，防治老年性骨质疏松症。进行健身运动时，肢体不断移动。肌肉急剧收缩、强有力地牵拉所附着的骨骼，刺激了骨细胞的生成，使骨质含量增加，因而产生了对骨的良性影响。不同的运动方式对运动系统的影响是有差异的，老年人的健骨锻炼应增加力量练习内容，以增强肌肉力量，并注意保持较高的瘦体重，降低体脂百分比。

（2）运动对老年人氧运输系统的影响。长期进行太极拳、长跑、舞蹈、门球锻炼对老年人血液流变学指标可产生良好影响，从而可起到预防动脉硬化、冠心病等心血管疾病的作用。长期有规律的运动可以减缓衰老导致的人的心功能下降的情况。老年人经常进行有氧运动可以增加呼吸肌的力量和耐力，推迟呼吸肌的老化过程，提高肺通气量、增加潮气量。

（3）运动对老年人神经系统的影响。研究表明，适当运动有助于维持中枢神经系统紧张度，调节自主神经系统的兴奋性。老年人随着年龄的增加，存在感觉和运动神经传导速度减弱的现象，而有氧运动可以起到缓解和改善运动和感觉神经减弱的作用。

（4）运动对老年人免疫系统的影响。大量的研究表明，运动可以改善老年人免疫机能。其可能机制是运动调节神经内分泌，改善心血管系统机能和消化系统机能，间接促进免疫系统的功能。

六、实践应用题

老年人出现肌肉萎缩、骨质疏松，因而肌肉力量下降，骨骼脆性变大容易骨折。因此，有人建议老年人不应再做抗阻运动锻炼，防止出现跌倒、摔伤或者骨折。请用运动生理学原理来判断此观点是否正确并加以说明。

【参考解答】

此观点说法错误。老年人应做抗阻运动锻炼。

（1）在衰老过程中，人体全身各器官系统会出现许多显而易见的生理学改变。主要体现在以下几方面。

①神经系统。伴随衰老，神经系统发生许多重要改变，包括功能能力和认知能力的改变。同时姿势控制系统退化，限制其精确控制身体运动的能力，导致平衡能力和运动协调性减退。

②感觉系统。老年人视觉敏感性下降，听力受损，同时嗅觉和味觉感受器同样受到影响。

③运动系统。骨骼肌随着衰老的发生，出现横截面积下降和收缩蛋白量减少，出现收缩力量和收缩速度的下降；关节的稳定性和活动性逐渐变差；骨质疏松、骨密度下降导致骨折发病率升高。

④心血管系统。心脏体积减小，收缩功能下降；血管老化容易出现一些心脑血管疾病。

⑤呼吸系统。肺功能指标随着年龄的增长而衰退。肺活量、最大通气量、时间肺活量等指标下降。

⑥其他。如消化系统、血液系统、免疫系统、抗氧化系统等都出现不同程度的功能减退。血糖、血脂代谢紊乱，出现高血糖、高血脂和高血压等症状。

（2）运动对老年人的健身作用。经过系统的运动干预后，机体可出现形态和机能上的暂时不可逆改变。运动时，心率和血压反应降低，耗氧量减少，出现机能节省化，工作效率提高，称为人体对运动的适应。规律的运动可使老年人身体各系统产生适应性变化，可以使机能维持在较好的功能状态，延缓衰老的过程，提高老年人的认识能力、活动能力和日常生活自理能力。特别是老年人需要进行一定量的抗阻运动。

①骨骼。经常参加运动的人群，其骨密度明显高于没有体育锻炼习惯的人群，尤其是前者的股骨、胫骨、跟骨的骨密度明显高于后者，其下肢骨折发生率明显低于后者。运动使骨密度的增加受负荷方式、骨骼局部应力及运动量等因素的影响，负重运动能增加负重骨的骨质量，使骨骼变得粗壮，没有负荷应激时则骨质减少。

②骨骼肌。经常进行抗阻训练能促进蛋白质的合成，保持肌肉体积及力量，降低其衰老的速度。

（3）老年人健身运动原则。

①重视有氧运动原则。老年人进行健身运动时，适宜从事耐力性项目，而不宜进行速度性项目。

②适当加强力量练习原则。适度的力量练习可以减缓中老年人骨质流失的速度，对防止肌肉萎缩、维持各器官的正常功能均能起到积极的作用。当然，中老年人在进行力量练习时，应选择那些轻量、安全的训练项目，如举小沙袋、握小杠铃、拉轻型弹簧带等。每次练习的时间不宜过长，以免对身体造成伤害。

③循序渐进原则。在进行健身运动的初期，运动负荷和运动量要小，经过锻炼对运动负荷和运动量适应后，再逐步增加和达到适宜的运动负荷和运动量。

④经常性原则。健身运动一定要持之以恒。每周锻炼不应少于2～3次，每次锻炼不低于30min。

⑤个别对待原则。老年人在锻炼前应做一次全面的身体检查，通过检查可了解自己的健康状况和各脏器的功能水平。要根据老年人的年龄、性别、体力特点、健康状况、运动基础及运动习惯来选择最适宜的运动项目，制订合理的锻炼计划，并要因人而异。

⑥自我监督原则。老年人参加体育锻炼要加强医务监督，要学会观察、记录自己的脉搏、血压及健康状况，以便进行自我监督。防止过度疲劳，避免发生运动损伤，提高锻炼效果和健康水平。

第二十二章 运动健身的生理学基础

习题部分

一、名词解释

1. 运动性胃肠综合征
2. 运动处方
3. 体适能
4. 健康体适能
5. 主观用力感觉等级（RPE）

二、单选题

1. 速度、爆发力运动对骨骼肌的影响，以下叙述不正确的是（　　）。
   A. 增加肌纤维体积　　　　　　　　B. 增加肌肉围度
   C. 增加线粒体数量　　　　　　　　D. 增加快肌百分比

2. 当人体进行大强度运动时，心脏每分钟射出的血量会急剧增加，其中血液供应最多的是（　　）。
   A. 肌肉　　　　B. 大脑　　　　C. 肝脏　　　　D. 皮肤

3. 准备活动后应有一个短时间的休息间歇，然后开始正式运动，间歇的时间不宜长，约（　　）为宜。
   A. 10min　　　B. 3min　　　C. 15min　　　D. 45min

4. 在健身运动处方中，运动负荷常采用靶心率，该靶心率指健康成年人中等强度运动时最大心率的（　　）。
   A. 30%～40%　　　　　　　　　　B. 64%～76%
   C. 50%～60%　　　　　　　　　　D. 85%以上

5. 糖尿病患者空腹运动时容易发生的情况是（   ）。
   A. 腹痛　　　　　　B. 低血糖　　　　　C. 肌肉痉挛　　　　D. 休克
6. 患有慢性疾病或残疾的老年人，如果能够运动，应该每周至少进行（   ）的中等强度有氧运动。
   A. 75~100min　　　B. 75~150min　　　C. 150~250min　　　D. 150~300min
7. 锻炼心血管功能的健身运动处方，必要的运动时间至少应在（   ）以上才有作用。
   A. 5min　　　　　　B. 15min　　　　　C. 30min　　　　　　D. 45min
8. 主观用力感觉等级中，（   ）是安静坐位时的主观感受。
   A. 19~20　　　　　B. 8~9　　　　　　C. 6~7　　　　　　　D. 12~15
9. 对一位健康、习惯步行的人来说，以（   ）的速度步行能够促进心肺耐力的提升。
   A. 1.0~1.5km/h　　　　　　　　　　　B. 4.7~6.3km/h
   C. 4.5~5.0km/h　　　　　　　　　　　D. 10.0~12.0km/h

三、多选题

1. 健身运动对骨骼肌的影响包括（   ）。
   A. 增加肌肉体积和肌肉力量　　　　　B. 提高肌肉对糖、脂肪、蛋白质的代谢
   C. 降低发生肌少症的风险　　　　　　D. 增加肌纤维中线粒体的数量和体积
2. 为达到全面身体锻炼的效果，应包括的主要运动类型有（   ）。
   A. 有氧耐力性运动　　　　　　　　　B. 抗阻力性力量运动
   C. 伸展柔韧性运动　　　　　　　　　D. 百米冲刺等无氧运动
3. 以下指标可以反映肌肉耐力测试结果的是（   ）。
   A. 立位体前屈　　　B. 俯卧撑　　　　C. 仰卧起坐　　　　D. 30s 坐站
4. 运动处方的基本原则是 FITT-VP，即每一种运动处方都应该包括（   ）、运动总量和运动进阶六个方面。
   A. 运动频率　　　　B. 运动强度　　　C. 运动方式　　　　D. 运动时间
5. 评定运动强度的客观指标有（   ）。
   A. 摄氧量　　　　　B. 梅脱（METs）　C. RPE　　　　　　D. 心率
6. 运动适量的标志是睡眠良好、次日晨起疲劳感完全消除，感觉轻松愉快、（   ）。
   A. 体力充沛　　　　B. 感到疲倦　　　C. 有食欲感　　　　D. 有运动兴趣和欲望
7. 对一般的运动者来说，运动时的主观用力感觉等级在（   ），中老年人达到（   ），说明负荷强度是合理的。
   A. 12~15　　　　　B. 8~13　　　　　C. 11~13　　　　　　D. 14~15
8. 高血压病运动处方不宜选择的运动类型有（   ）。
   A. 静力性运动　　　B. 动力性运动　　C. 憋气练习　　　　D. 太极拳

9. 一般认为，健骨运动处方中的有氧运动应选择对骨主要产生一定纵向压力的站姿运动方式，如（　　）及跳健身操等。

　　A. 举重　　　　　B. 慢跑　　　　　C. 登山　　　　　D. 瑜伽

四、判断题

1. 在全球范围内引起死亡的主要危险因素中，缺乏体力活动已位于第一。（　　）
2. 运动类型是确定运动处方性质的重要因素，必须根据运动目的选择适当的运动类型。（　　）
3. 中等强度的有氧运动是运动处方中经常采用的运动负荷。（　　）
4. 为了保证安全，应对心血管病患者进行最大摄氧量和最大心率的测定，以便根据测试数据确定患者进行运动的负荷。（　　）
5. 对不常运动的人，运动时应选择以周期性运动为主、动作简单、强度易于控制的运动项目。（　　）
6. 运动时间乘以负荷强度就是运动量，所以运动时间是组成运动量的重要因素。（　　）
7. 低血糖患者可以在清晨空腹时运动，从而增强抵抗力。（　　）
8. 准备活动的量与强度应高于正式活动，这样才能适应后面的运动量。（　　）
9. 健康情况欠佳的人，以及很久没有从事体育活动的人一定要谨慎实施运动处方，不能强度过大。（　　）
10. 运动减肥时不能进行力量练习，这样会越练肌肉越粗壮，不利于减肥。（　　）
11. 要达到减肥的目的，初始锻炼者运动时间要在60min以上。（　　）
12. 运动结合饮食控制和生活方式的改变是减体重的最佳方法。（　　）
13. 高血压病患者运动类型的选择要以有氧代谢运动为原则，避免在运动中做推、拉、举之类的静力性力量练习或憋气练习。（　　）
14. 高血压患者的运动强度以中等强度及低强度为宜，要避免运动强度过大使血压突然升高，或大量排汗使血液浓度、黏性增加而使血压升高。（　　）
15. 糖尿病患者如果运动后大汗、胸闷、气促，明显疲倦，饮食、睡眠差，次日身体乏力，无运动欲望时应继续保持运动强度，维持运动量以适应。（　　）
16. 如果运动间歇超过3~4天，糖尿病患者已经获得的胰岛素敏感性会降低，运动效果及积累作用会减少。（　　）
17. 骨组织的代谢与全身和局部的功能活动量成正比，因此骨质疏松运动处方的强度应是一定生理承受范围内偏大的值。（　　）
18. 女性随着年龄增长，骨骼会变脆，男性则不会出现这种情况。（　　）

五、思考题

1. 试述健身运动对心血管系统的影响。
2. 试述健身运动对呼吸系统的影响。
3. 简述制订运动处方的基本流程。
4. 人体运动处方中的运动目的主要包括哪些方面？
5. 健身运动处方中运动方式选择的基本原则有哪些？
6. 锻炼心血管功能的健身运动处方，必要的运动时间是多久？为什么？
7. 在实施运动处方之前，对人体进行怎样的预检和健康评价？
8. 进行健身运动时，怎样确定合理负荷强度？
9. 运动处方实施过程中应该如何进行自我监控？

六、实践应用题

1. 张先生，现年52岁，不吸烟。45岁患有冠心病，做过心脏康复。目前每天服用降脂药和降血压药，每周坚持3～4天健步走40～50min的运动，其习惯已有3年。最近想参加一项5km的定向越野跑比赛。请对张先生进行运动风险评估分析。
2. 一位48岁的男性，大学时期是一名游泳爱好者，毕业后一直坚持跑步运动。有肩关节、跟腱的慢性劳损。最近几周感觉体力不支，自觉劳累时胸前有紧缩感、压迫感，休息后有所缓解，但会感觉到头晕。请从生理学的角度说明该男性能否继续坚持跑步运动。

参考答案

一、名词解释

1. **运动性胃肠综合征**：在一些大强度的运动训练及比赛中，运动者经常会出现腹泻、腹痛、呕吐、恶心和吐酸水等胃肠症状。运动医学中将这种由运动引起的胃肠系统功能紊乱现象称为运动性胃肠综合征。

2. **运动处方**：运动处方是由运动处方师、运动健康指导师、康复医师、康复治疗师、社会体育指导员和临床医生等专业人员依据参加体育活动者的年龄、性别、个人健康信息、医学检查、体育活动的经历及心肺耐力等进行健康体适能测试的结果，并根据健身目的，用处方的形式制订的系统化、个性化的体育活动指导方案。它是指导人们有目的、有计划、科学地进行运动的一种重要方法。
3. **体适能**：体适能是指人们除了足以胜任日常工作外，还能从事休闲活动、应对压力和突发状况的身体适应能力，是从体育学角度评价健康的一个综合指标。
4. **健康体适能**：健康体适能主要由心肺耐力、肌肉力量、肌肉耐力、身体成分、柔韧性五大要素组成，它是机体维护自身健康的基础，是机体保持愉快、完成日常工作和降低慢性疾病发生概率的前提，其目的是追求健康的身体和优质的生活。
5. **主观用力感觉等级（RPE）**：主观用力感觉等级是对机体运动时主观上的用力感觉进行描述，是评价运动强度常用的主观指标。

二、单选题

1. C　　2. A　　3. B　　4. B　　5. B　　6. D　　7. B　　8. C　　9. B

三、多选题

1. ABCD　2. ABC　3. BCD　4. ABCD　5. ABD　6. AD　7. AC　8. AC　9. ABC

四、判断题

1. ×　2. √　3. √　4. ×　5. √　6. √　7. ×　8. ×　9. √　10. ×
11. ×　12. √　13. √　14. √　15. ×　16. √　17. √　18. ×

五、思考题

1. 试述健身运动对心血管系统的影响。

规律的运动可通过改善中枢和外周的适应能力来提高最大摄氧量；改善心肌血流的灌注；降低运动时心率和血压上升的幅度；使心脏的做功减少；提高心绞痛发作的阈值；增加骨骼肌毛细血管密度等。主要通过以下适应性变化来实现。

（1）提高心脏泵血能力。长期运动能够提高心肌收缩能力、增大心脏容积，进而提高心脏泵血功能。主要表现为心脏的每搏输出量增加、安静时心率降低。在同等强度的运动中，心脏每搏输出量增加、心率减慢，心肌可得到较长时间的血供，有利于改善心肌的血液循环、增加氧气的供应。

（2）增加冠状动脉血流，促进侧支循环的形成。运动对冠状动脉血流的直接影响，主要是由于运动引起心肌代谢能力增强、耗氧量提高而刺激心肌血流量增加，继而引起冠状动脉舒张。侧支循环的建立是心肌适应缺血的自我防御措施之一。长期坚持运动，可以促使冠状动脉侧支循环的形成，增加缺血区域的血液供应，提高心肌供氧量。

（3）延缓冠状动脉粥样硬化的进展。长时间规律运动对机体脂代谢有良好的调节作用，可使血液中低密度脂蛋白胆固醇下降、高密度脂蛋白胆固醇升高，减少胆固醇在冠状动脉管壁上的沉积，从而缓解动脉粥样硬化的进展，减轻冠状动脉的狭窄或阻塞，改善心肌血液供应。

（4）改善冠状动脉血管内皮功能。血管内皮细胞通过分泌多种生物活性物质参与血管舒缩、抗血栓、免疫等功能。运动可以通过增加一氧化氮与降低内皮素-1的浓度，改善冠状动脉血管内皮功能的障碍。

（5）减轻心脏的后负荷。通过运动，机体的交感神经兴奋性下降，血液中儿茶酚胺浓度降低，动脉管壁的紧张度随之下降，血压下降，从而减轻心脏的后负荷。

2. 试述健身运动对呼吸系统的影响。

运动时机体为适应高代谢的需求，会摄入更多的 O_2、排出更多的 CO_2，通气功能会发生相应的变化。具体表现为呼吸加深、加快，潮气量从安静时的 500mL 上升到 2000mL 以上，呼吸频率随运动强度而增加，可由每分钟 16～18 次增加到每分钟 40～60 次。由于潮气量与呼吸频率的变化，运动时的每分通气量可从安静时的 6～8L 增加到 80～150L，较安静状态增加 10～20 倍。

运动对呼吸系统产生良好效果的机制包括：①呼吸加深、加快，提高肺通气量；②提高运动时的氧利用率，可由安静时的 26% 升高到 77%～100%；③躯干部位肌肉力量的加强，可以确保 O_2 的快速吸入和 CO_2 的缓慢呼出，降低气道发生呼气性塌陷的危险；④可促进体位性引流和痰液的排出；⑤消除不良的心理因素。

有氧运动是治疗、康复某些慢性呼吸系统疾病（如哮喘、慢性阻塞性肺疾病等）非常有效的方法。如游泳对改善哮喘特别有帮助，一方面是因为游泳需要掌握调节呼吸的方法，另一方面是由于游泳需要在潮湿的环境中运动，周围潮湿的空气相对于其他干燥的运动环境而言，更有助于减少黏液分泌，降低运动性支气管痉挛的发生。

3. 简述制订运动处方的基本流程。

（1）健康筛查。通过询问、观察和运动者本人填写调查问卷等方式，全面了解受试者的病史、症状、体征、运动习惯等，主要包括病史、症状、体征、体力活动水平及心血管疾病危险因素。

（2）基于体力活动水平的运动风险评估。根据美国运动医学会（ACSM）的推荐，应首先对受试者的体力活动水平进行调查，然后根据有无心血管、代谢或肾脏疾病及其相关症状、体征来决定是否进行医学检查。

（3）健康体适能评测。健康体适能主要由心肺耐力、肌肉力量、肌肉耐力、身体成分、柔韧性五大要素组成。即进行心肺耐力测试、肌肉力量和耐力的测评和柔韧性测评。

4. 人体运动处方中的运动目的主要包括哪些方面？

根据需要的不同类型制定的运动处方中，运动目的主要有以下方面。

（1）促进生长发育。
（2）增强体质，防止疾病，促进健康。
（3）保持健康，延缓衰老。
（4）运动康复，治疗疾病。
（5）缓解压力，提高工作效率。
（6）丰富文化生活，调节心理状态，提高生活质量。
（7）增强专项体能，提高竞技水平。
（8）锻炼身体不同部位肌肉，塑造形体美。

5. 健身运动处方中运动方式选择的基本原则有哪些？

运动方式选择的基本原则主要有三点。
（1）以有氧供能为主的有氧耐力性运动，兼顾个人运动习惯和爱好。
（2）参与运动的主要大肌群的动力性运动与静力性运动结合，全身运动与局部运动结合，以全身动力性运动为主，局部静力性运动为辅。
（3）对于不常运动的人，动作结构上应以简单、强度易于控制的周期性运动为主。

6. 锻炼心血管功能的健身运动处方，必要的运动时间是多久？为什么？

锻炼心血管功能的健身运动处方，必要的运动时间至少应在 15min 以上才有作用。其原因包括三方面：首先，在进行运动时，人体各器官系统的工作效率是在运动开始后一段时间内逐步提高的，人体开始运动 20~60s 后心率即可达到必要的水平，而心输出量、吸氧量和氧脉搏在开始运动后 2~3min 才急剧增加，其后逐渐增加到较高水平需 4~7min。其次，人体通过一段时间的运动，从相对安静状态到进入适宜强度的运动状态，并非达到了运动目的，只是完成了克服生理惰性，激发和动员心脏储备力的工作。研究表明，健康人心率达到 150 次/分以上、所持续运动的最少时间必须在 5min 以上才开始产生效果。最后，在完成正式的运动以后，应逐渐降低负荷强度继续运动 5min 以上，使人体由较紧张的肌肉活动状态逐步过渡到相对放松状态，以利于身体的恢复，即进行整理活动。据研究，每次运动持续 20~60min 对提高心血管系统机能和有氧工作能力较适宜。

7. 在实施运动处方之前，对人体进行怎样的预检和健康评价？

通过询问、观察和本人填写调查表等方法，全面了解受试者的病史、运动爱好、饮食情况、生活方式、运动目的和居住环境等情况，并进行一般体检、人体测量及身体成分测定，其目的是对受试者的健康状况做出初步评价，即健康评价。

健康评价不能仅限于躯体的健康，还应包括精神、心理状态、道德行为及社会适应能力等方面，需要进行多指标的综合评判。所以，此处的健康调查与评价限于条件，只能是初步的定性评价。

8. 进行健身运动时，怎样确定合理负荷强度？

运动强度（负荷强度）是指运动中的费力程度。运动强度是运动处方的重要组成要素，是决定运动量的基础。运动强度是否恰当，关系运动的效果和运动者的安全，应该根据个人的特点,确定运动时应达到的有效强度和安全有效范围。

在确定运动强度之前应考虑:①运动强度的设定应当与运动者的健身目标一致。低运动能力人群、久坐少动人群和某些疾病患者进行低强度长时间的运动可以改善身体素质;运动能力较高的人群,应选择推荐强度范围的上限以改善和维持身体素质;运动员的运动强度在90%储备摄氧量以上可达到提高竞技水平的目的。②运动者是否患有相关疾病,如骨关节疾病、哮喘或代谢性疾病等。③是否服用了影响心率的药物。④运动者对运动强度的适应性。

确定科学、合理运动强度的最好方法是将运动中的心率(靶心率)和主观用力感觉两种指标相结合。评定运动强度的客观指标有摄氧量、梅脱(METs)、心率(HR),主观指标有主观用力感觉等级(RPE)。以靶心率为指标、健康成年人的中等强度为年龄预测最大心率的64%~76%。

9. 运动处方实施过程中应该如何进行自我监控?

在运动处方的实施过程中,除了按照运动处方中设定的运动类型、负荷强度、运动时间、运动间歇和重复次数等进行锻炼外,还应根据运动过程中和运动后身体的反应情况,掌握运动量的自我监测和调节。

(1) 心率自我监测。首先要学会计算自己的目标心率(靶心率),并能熟练地测定自己的脉搏。常在手腕桡动脉处或耳前方颞浅动脉处用手指触扪动脉搏动次数,也可把手放在左胸部,直接测心跳次数。但不可在颈总动脉处测定,因为触摸颈动脉的压力有时会引起心率明显减慢,并有可能出现心脏活动异常。通常用运动停止后即刻测得的10s脉搏数乘以6,近似地作为运动时的每分钟心率。

(2) 主观强度感觉。主观强度感觉判定法是已被广泛应用的一种简易而有效的评价运动量的方法,通常以RPE表示,也是介于心理和生理之间的一种指标。可以说RPE的表现形式是心理的,但反映的却是生理机能的变化。

心率结合RPE是最常用且简易的方法。

(3) 自我感觉与基础指标检查。观察每次运动后疲劳的消除情况,运动量适宜的标志是:睡眠良好、次日晨起疲劳感完全消除、感觉轻松愉快、体力充沛、有运动兴趣和运动欲望。

运动后次日在基础状态下测定基础心率,每分钟波动不超过3~4次;呼吸频率每分钟不超过2~3次;血压变化范围不超过10mmHg;体重减少在0.5kg以内,则认为未发生运动性疲劳。如果数日内有脉搏、血压明显持续上升,或肺活量、体重等明显持续下降,则说明运动量偏大,有疲劳积累的征兆,应及时减少运动量。

六、实践应用题

1. 张先生，现年 52 岁，不吸烟。45 岁患有冠心病，做过心脏康复。目前每天服用降脂药和降血压药，每周坚持 3~4 天健步走 40~50min 的运动，其习惯已有 3 年。最近想参加一项 5km 的定向越野跑比赛。请对张先生进行运动风险评估分析。

【参考解答】

该位先生目前的情况是：①有规律运动习惯；②有心脏病；③无相关心血管、代谢或肾脏疾病的症状/体征；④期望的运动强度较大。

拟进行 5km 的定向越野跑比赛，运动风险较大，需要先进行医学检查，再确定是否能参加比赛。

2. 一位 48 岁的男性，大学时期是一名游泳爱好者，毕业后一直坚持跑步运动。有肩关节、跟腱的慢性劳损。最近几周感觉体力不支，自觉劳累时胸前有紧缩感、压迫感，休息后有所缓解，但会感觉到头晕。请从生理学的角度说明该男性能否继续坚持跑步运动。

【参考解答】

该位男性有跑步的运动习惯，但是最近有胸部不适症状，出现了心肌缺血，其头晕症状与脑供血不足有关。目前出现了心血管疾病的症状，建议停止跑步运动，并前往医院做进一步的医学检查。